高等职业教育“十二五”规划教材

Luji Shigong Jishu

路基施工技术

王红霞　付清华　任小艳　主　编
吴敏刚　王其功　主　审

人民交通出版社

内 容 提 要

本书为高等职业教育“十二五”规划教材之一。主要内容包括:公路基本知识,路基构造及施工准备,路基土石方工程,路基排水工程施工,路基防护与加固工程施工,特殊路基施工,路基的整修与验收,路基施工管理及施工机械,路基边坡稳定性验算,施工图设计文件。

本书可作为高职高专院校道路与桥梁工程技术专业、市政工程技术专业等交通土建类专业教材,也可作为继续教育和职业培训教材,亦可供从事道路与桥梁工程、市政工程技术人员参考。

图书在版编目(CIP)数据

路基施工技术/王红霞,付清华,任小艳主编.—北京:人民交通出版社,2013.3

高等职业教育“十二五”规划教材

ISBN 978-7-114-10357-5

Ⅰ.①路… Ⅱ.①王… ②付… ③任… Ⅲ.①公路路基—工程施工—高等职业教育—教材 Ⅳ.①U416.104

中国版本图书馆CIP数据核字(2013)第023205号

高等职业教育“十二五”规划教材

书　　名:**路基施工技术**
著 作 者:王红霞　付清华　任小艳
责任编辑:袁　方　王绍科
出版发行:人民交通出版社股份有限公司
地　　址:(100011)北京市朝阳区安定门外外馆斜街3号
网　　址:http://www.ccpress.com.cn
销售电话:(010)59757973
总 经 销:人民交通出版社股份有限公司发行部
经　　销:各地新华书店
印　　刷:北京市密东印刷有限公司
开　　本:787×1092　1/16
印　　张:11.5
字　　数:277千
版　　次:2013年3月　第1版
印　　次:2016年8月　第4次印刷
书　　号:ISBN 978-7-114-10357-5
定　　价:33.00元

前　言

本教材主要内容包括:公路基本知识、路基构造及施工准备、路基土石方工程施工、路基排水工程施工、路基防护与加固工程施工、特殊路基施工、路基整修与验收、路基施工管理与施工机械、路基边坡稳定性验算与分析、施工图文件。其中模块1由公路工程建设项目切入到具体的路基的性能指标,完成课程的衔接、补充与过渡;模块2~模块5是路基构造与施工的基本项目;模块6~模块8在基本项的基础上分别对特殊路基和路基的检验评定、路基施工过程管理和施工机械组织做了强调;模块9属于拓展提升知识;模块10提供了系统的施工图文件便于综合实训项目的开展。模块设置便于取舍。在每一个教学模块中明确了教学目标及思考训练项目,在教学中可根据学员之前所学课程的情况来设计教学过程,思考训练项目可用于课程的衔接导入、教学中的训练、课后的拓展或学生的课外作业。思考训练项目并不局限于本教材中现有的内容,其深度可由授课教师视需要控制。

全书由甘肃交通职业技术学院王红霞、付清华、任小艳主编。其中模块1、2、8由付清华编写;模块3、4、6由王红霞编写;模块5、7、9由任小艳编写;模块10的综合实训文件由吴雷编写。全书由王红霞统稿并完成教学目标的设定及思考训练项目的设计。

本书特邀甘肃省公路局总工程师兼副局长吴敏刚、副总工程师王其功主审。两位总工程师在百忙之中对本书内容作了全面的审校,提出了宝贵的意见与建议,提高了本书的质量。此外,本书出版得到人民交通出版社卢仲贤主任、袁方编辑的支持与帮助。在此一并致谢。

由于编者水平及认识的局限,本书不当之处在所难免,敬请读者批评指正。

编　者

2012年12月

目 录

模块1 公路基本知识

教学目标

通过模块1的学习，能够明确公路的基本组成、公路路基的基本性能要求及指标控制，尤其是土和水的控制；明确公路路基建设的行业依据及现行规程。

1.1 公路发展概况及其基本组成

1.1.1 公路运输的特点

现代交通运输由铁路、公路、水运、航空及管道运输五种运输方式组成。铁路运输对于中、远程的大宗货物及人流运输具有运输量大、成本低的特点；水运在通航地区具有运量大、运价低廉的特点；航空运输具有速达作用，但成本高、能耗大；管道运输则多用于运输液体、气态或散装物品。与其他运输方式相比，公路运输具有如下特点：

(1)机动灵活性高，能迅速集中和分散货物，在规定的时间和地点可做到直达运输而不需要中转，节约时间和费用，货损少，经济效益高。

(2)适应性强，服务面广，适应于小批量运输和大宗运输，可以深入到城市、乡村及工矿企业，可独立实现"门到门"的直达运输。

(3)建设投资相对较省，见效快，经济效益和社会效益显著。

(4)由于公路运输服务人员多、单位运量小，故运输费用比铁路和水运高。

1.1.2 公路的发展

据史料考证，早在公元前2000年，我国已修建有可供行驶牛、马车的道路。西周时期道路建设已初具规模。在道路规划方面，《周礼》中有以下记载："匠人营国，国中九经九纬，经涂九轨，环涂七环，野涂五轨"；在道路管理方面，《周语》中有以下记载："司空视途"，"列树以表道，立鄙食以守路"，"雨毕而除道，水涸而成梁"；在道路质量方面，《诗经》中有以下记载："周道如砥，其直如矢"。唐代是我国古代道路发展的鼎盛时期，初步建成了以城市为中心的四通八达的道路网。其间在道路结构、施工方法等方面作了许多创新。到了清代，已经对道路进行了分级，即"官马大道"、"大路"、"小路"三个等级。其中仅"官马大道"已达2000km以上。

20世纪初，第一辆汽车输入我国后，通行汽车的公路开始发展起来，1908年建成了我国历史上第一条公路，即广西龙州至那堪公路(长30km)。从推翻清政府到新中国成立以前，是我国近代道路发展时期，但发展缓慢，且屡遭破坏，30多年时间仅修建公路75000km，其中铺有高级、次高级路面的还不到350km。这一时期，修建的多为天然泥土路、泥石路或泥结碎石路。施工方式主要是人工挑抬，石碾压实。虽引进了一些筑路机械，但由于机械配件和燃料供应困难，而很少使用。到解放初期，全国仅有推土机240台，挖掘机5台，压路机91台，拌和机104台，汽车118辆。

新中国成立后，随着我国公路建设事业的蓬勃发展，公路施工技术水平也相应得到了较快的提高。全国从上到下成立了公路专业施工队伍，并颁布了各种公路技术标准，使公路施工及管理迅速地走上正轨。20世纪50年代，由专业施工队伍负责承担施工任务的康藏公路、海南岛公路、成都至阿坝公路等10余条重点公路工程相继竣工。这些公路具有自然条件复杂、工程艰巨、工期短等特点，在施工中探索、创造了土石方大爆破施工、泥结碎石路面施工及泥结碎石路面加铺级配磨耗层和保护层施工、软土等特殊地基的处理等一系列的公路施工技术，使我国的公路施工技术水平得到了一个整体上的提升。20世纪60～80年代初，是我国公路发展的普及时期，这个时期共修建公路80多万km，其中高级、次高级路面（主要是渣油表处路面）达10万km。这些公路以三、四级公路为主，当时施工机械的发展和推广应用方面比较缓慢，基本上是采取发动群众、用手工操作方式组织施工。

1988年，我国高速公路实现了零的突破，结束了中国内地没有高速公路的历史，这是中国公路迈入现代化的新起点。为适应高等级公路高标准和高质量的要求，进入20世纪80年代以来，我国公路施工技术也获得了前所未有的发展。

2004年，交通部（现交通运输部）推出了新一轮国家高速公路网规划，如图1.1所示。我国将建成布局为“7918”的高速公路网，即7条北京放射线、9条南北纵线、18条东西横线，总里程约8.5万km。规划的国家高速公路网将连接319个现状人口在20万以上的城市，包括所有的省会城市以及香港、澳门、台北。规划中，东部地区平均半小时可上高速公路，中部地区平均1小时可上高速公路，西部地区平均2小时可上高速公路。

此外，国家高速公路网还包括辽中环线、成渝环线、海南环线、珠三角环线、杭州湾环线、台湾环线共6条环线，2段并行线和35条联络线，见表1.1。

“7918”高速公路网 表1.1

(1)7条北京放射线：		
北京—上海(1245km) 北京—昆明(2865km) 北京—哈尔滨(1280km)	北京—台北(1973km) 北京—拉萨(3733km)	北京—香港、澳门(2387km) 北京—乌鲁木齐(2582km)
(2)9条南北纵线：		
鹤岗—大连(1394km) 济南—广州(2110km) 包头—茂名(3132km)	沈阳—海口(3711km) 大庆—广州(3460km) 兰州—海口(2577km)	长春—深圳(3618km) 二连浩特—广州(2685km) 重庆—昆明(838km)
(3)18条东西横线：		
绥芬河—满洲里(1523km) 荣成—乌海(1880km) 连云港—霍尔果斯(4286km) 上海—成都(1960km) 上海—昆明(2336km) 厦门—成都(2307km)	珲春—乌兰浩特(887km) 青岛—银川(1601km) 南京—洛阳(712km) 上海—重庆(1898km) 福州—银川(2488km) 汕头—昆明(1029km)	丹东—锡林浩特(960km) 青岛—兰州(920km) 上海—西安(1490km) 杭州—瑞丽(3405km) 泉州—南宁(1250km) 广州—昆明(1610km)

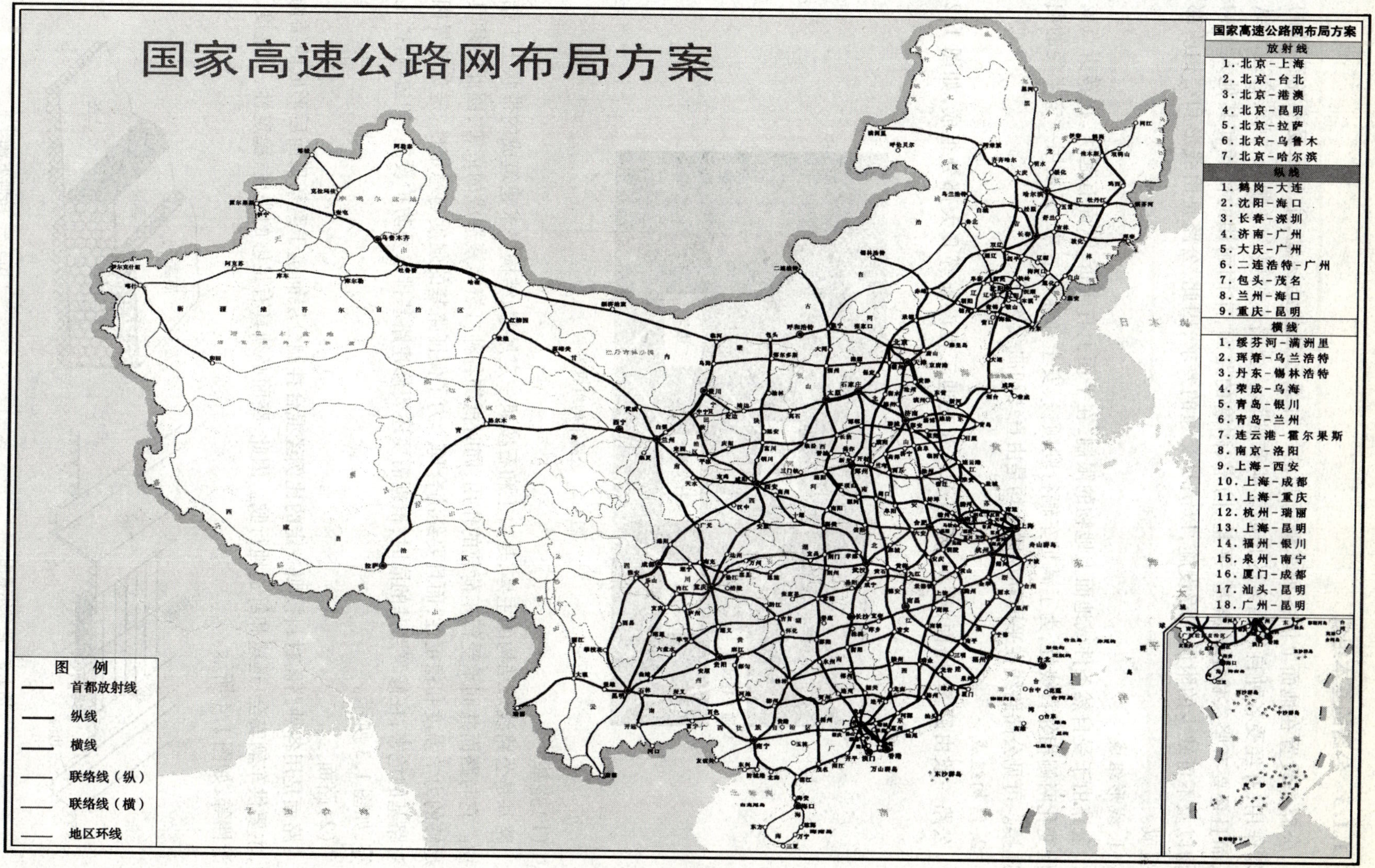
国家高速公路网布局方案
国家高速公路网布局方案
放射线
1. 北京-上海
2. 北京-台北
3. 北京-港澳
4. 北京-昆明
5. 北京-拉萨
6. 北京-乌鲁木
7. 北京-哈尔滨
纵线
1. 鹤岗-大连
2. 沈阳-海口
3. 长春-深圳
4. 济南-广州
5. 大庆-广州
6. 二连浩特-广州
7. 包头-茂名
8. 兰州-海口
9. 重庆-昆明
横线
1. 绥芬河-满洲里
2. 珲春-乌兰浩特
3. 丹东-锡林浩特
4. 荣成-乌海
5. 青岛-银川
6. 青岛-兰州
7. 连云港-霍尔果斯
8. 南京-洛阳
9. 上海-西安
10. 上海-成都
11. 上海-重庆
12. 杭州-瑞丽
13. 上海-昆明
14. 福州-银川
15. 泉州-南宁
16. 厦门-成都
17. 汕头-昆明
18. 广州-昆明
图例
首都放射线
纵线
横线
联络线（纵）
联络线（横）
地区环线

图 1.1 国家高速公路网

1.1.3 公路的基本组成

公路是设置在地面上供各种车辆行驶的一种线形带状结构物，主要承受车轮荷载的反复作用，并经受各种自然因素的长期影响和破坏。公路不仅要有平顺的线形、合适的纵坡，而且还要有坚实稳定的路基，平整、防滑、耐磨的路面，牢固耐用的桥涵和其他人工构造物以及不可缺少的附属工程设施，以满足交通的要求，因此，公路是由线形和结构两部分组成。

1. 线形组成

公路由于受自然条件或地面上地物的限制，在平面上有转折、纵面有起伏，在转折点或起伏变化两侧相邻直线处，为了满足车辆行驶顺畅、安全和速度要求，必须用一定半径的曲线连接。可见公路路线在平面和纵面上均是由直线和曲线构成。

2. 结构组成

公路一般由路基、路面、桥梁、隧道工程和交通工程设施等几大部分组成，如图 1.2 所示。

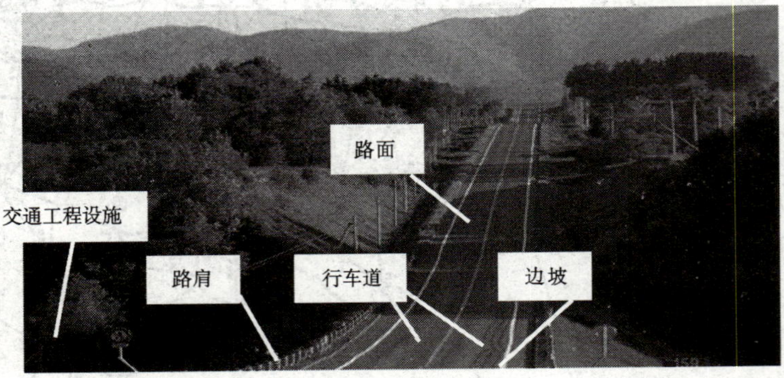

图 1.2 公路结构组成图

(1)路基

路基是公路线形结构的主体，是由土和石按照一定尺寸、结构要求建筑成的带状土工结构物。它与路面共同承受行车荷载的作用，同时抵御各种自然因素造成的危害，因此必须具有足够的力学强度和稳定性，而且要经济合理。为了保证路基的强度与稳定性，避免外界因素对路基的危害，在修筑路基的同时，根据需要还要修建路基排水及防护设施，如边沟、挡土墙等，如图 1.3 所示。

(2)路面

路面是用各种路面材料按照一定的比例经混合拌制分层铺筑于路基顶面后形成的结构物，主要供车辆安全、迅速和舒适地行驶。因此，路面必须具有足够的强度、稳定性、平整度、抗滑性等，如图 1.4 所示。

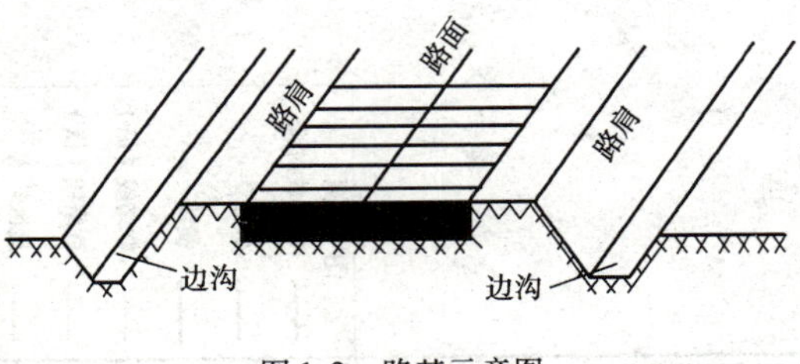

图 1.3 路基示意图

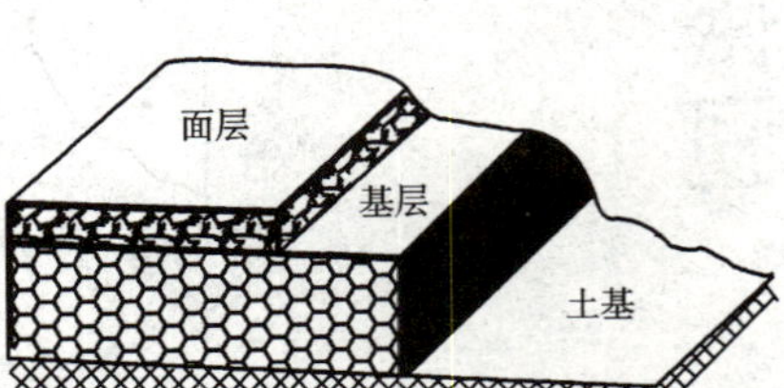

图 1.4 路面示意图

路面底面以下 80cm 范围内的路基部分，承受由路面传来的荷载，称为路床。路床是路面的基础，在结构上分为上路床(0～30cm)及下路床(30～80cm)两层。路床，特别是上路床的土质、粒径、压实度都有严格要求，必须均匀、密实、强度高，不得有松散和软弹现象。

(3)桥梁、涵洞

公路跨越河流、沟谷以及其他线路时，为了保证公路的连续性，需要修建桥梁或涵洞等结构物来跨越。当结构物的单孔跨径小于 5m 或多孔跨径之和小于 8m 时，称为涵洞；当大于上述值时，则称为桥梁，如图 1.5、图 1.6 所示。

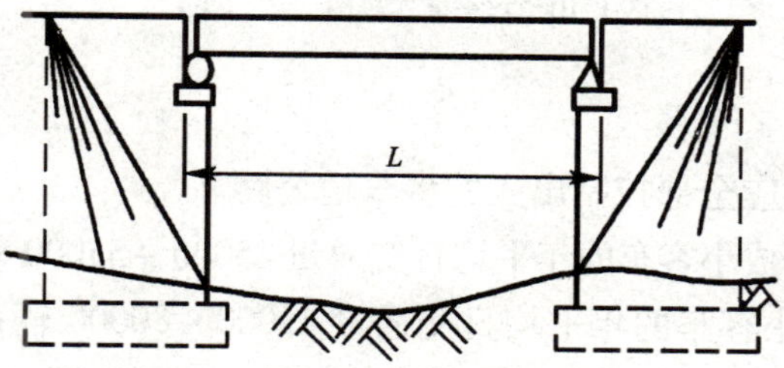

图 1.5　桥梁示意图

图 1.6　桥梁实景图

(4)隧道

在山区修筑公路，经常有较高的山岭阻拦，如果选择绕过山岭的方式，有可能造成里程大大增加，而且纵坡陡峻，线形迂回较多，使公路技术标准偏低。在这种情况下，可以考虑在一个适当的高程和地形处，打通一条山洞连接山岭两侧的公路，这样就可以避免上述路线的缺点而取得一条捷径，这类山洞就是隧道，如图 1.7、图 1.8 所示。还有一种情况，当公路需要穿越深水层或所跨越的江海湖泊不适宜修建桥梁时，也可以考虑隧道方案。

图 1.7　隧道示意图

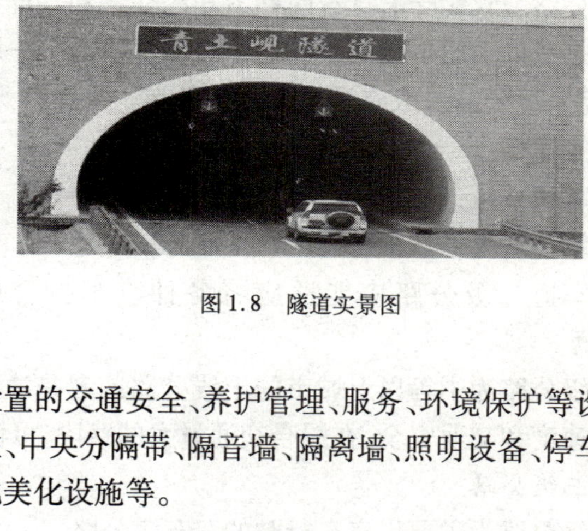

图 1.8　隧道实景图

(5)交通服务设施

交通服务设施一般是指公路沿线设置的交通安全、养护管理、服务、环境保护等设施，包括交通标志、交通标线、护栏、护墙、护柱、中央分隔带、隔音墙、隔离墙、照明设备、停车场、加油站、汽车修理站、养护管理房屋和绿化美化设施等。

(6)特殊结构物

山区公路在翻山越岭时，往往要在横坡陡峻的山坡上修筑公路，为了保证路基稳定和减少工程数量，常需修筑挡土墙，如图 1.9、图 1.10 所示。在悬岩峭壁上修筑公路时，需要修筑悬臂式路台。通过沙漠地带的道路，需要修筑防沙栏栅。

1.1.4　公路公级

现行的国家行业标准《公路工程技术标准》(JTG B01—2003)(以下简称《标准》)根据功能和适应的交通量将公路分为五个等级，即高速公路、一级公路、二级公路、三级公路、四级公路。

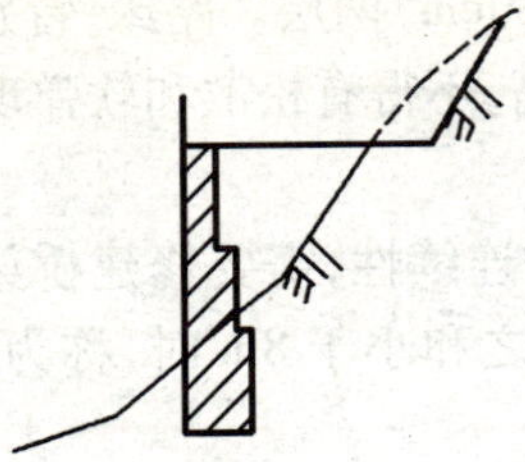

图 1.9　挡土墙示意图

图 1.10　挡土墙实景图

1. 高速公路

高速公路为专供汽车分向、分车道行驶并应全部控制出入的多车道公路。

四车道高速公路应能适应将各种汽车折合成小客车的年平均日交通量 25000 ~ 55000 辆；六车道高速公路应能适应将各种汽车折合成小客车的年平均日交通量 45000 ~ 80000 辆；八车道高速公路应能适应将各种汽车折合成小客车的年平均日交通量 60000 ~ 100000 辆。

2. 一级公路

一级公路为供汽车分向、分车道行驶，并可根据需要控制出入的多车道公路。

四车道一级公路应能适应将各种汽车折合成小客车的年平均日交通量 15000 ~ 30000 辆；六车道一级公路应能适应将各种汽车折合成小客车的年平均日交通量 25000 ~ 55000 辆。

一级公路是联结高速公路或某些大城市的城乡结合部、开发区经济带及人烟稀少地区的干线公路。它实际上具有两种不同的任务和功能：一种是具有干线功能，部分控制出入；另一种是可以采用平交的距离不长的连接线等。一级公路强调必须分向、分车道行驶，《标准》规定一级公路一般应设置中央分隔带。当受特殊条件限制时，必须使用分隔设置，不允许用画线代替。

3. 二级公路

二级公路为供汽车行驶的双车道公路。

双车道二级公路应能适应将各种汽车折合成小客车的年平均日交通量 5000 ~ 15000 辆。

二级公路为中等以上城市的干线公路或者是通往大工矿区、港口的公路。为保证汽车的行驶速度和交通安全，在混合交通量大的路段，可设置慢车道供非机动车行驶。

4. 三级公路

三级公路为主要供汽车行驶的双车道公路。

双车道三级公路应能适应将各种车辆折合成小客车的年平均日交通量 2000 ~ 6000 辆。

5. 四级公路

四级公路为主要供汽车行驶的双车道或单车道公路。

双车道四级公路应能适应将各种车辆折合成小客车的年平均日交通量 2000 辆以下；单车道四级公路应能适应将各种车辆折合成小客车的年平均日交通量 400 辆以下。

三、四级公路为“主要供汽车行驶的双车道公路”，是指公路应按汽车行驶的要求设计，同时也允许拖拉机、畜力车、人力车等非汽车交通使用车道，其混合交通特征明显。

1.2 路基的特点及基本要求

1.2.1 路基的特点

作为公路建筑的主体，路基工程具有工程数量大、耗费劳动力多、涉及面广、投资高等特点。以平原微丘区三级公路为例，土石方数量为 8000 ~ 16000m^3/km，而山岭重丘区三级公路可达 20000 ~ 60000m^3/km。据资料分析，一般公路的路基修建投资占公路总投资的 25% ~ 45%，个别山区公路可达 65%，对于高速公路，数量更为可观。路基施工改变了沿线原有自然状态，挖、填、借、弃土石方对当地生态平衡、水土保持和农田水利等自然环境均有影响。

路基工程对施工期限的影响也较大。在工程地质和水文条件复杂的路段，不但工程技术问题多，施工难度大，工程投资大，而且成为影响全线工期的关键。路基工程质量对公路的质量和运营具有十分重要的影响。路基稳定与否，对路面工程质量影响甚大，关系到公路能否正常投入使用。

1.2.2 路基的基本要求

路基是公路的重要组成部分，它与路面共同承受行车荷载和自然因素的影响，因此它既是路线的主体又是路面的基础，其本身的强度与稳定性直接影响路面的使用寿命和公路的使用质量。为保证公路的使用质量，对路基的基本要求有以下几个方面。

（1）符合规范要求

路基横断面形式及尺寸，应符合现行国家行业标准《公路工程技术标准》（JTG B01—2003）的有关规定。

（2）具有足够的强度

路基的强度是指在行车荷载作用下，路基抵抗变形与破坏的能力。行车荷载及路基路面自重会对路基及路基以下的地基产生一定的压力，这些压力可使路基产生一定的变形，当其超过某一限度时，将导致自身的损坏并直接损坏路面的使用品质。为保证在外力因素作用下，不产生超过允许范围的变形，要求路基要具有足够的强度。

根据土基简化的力学模型及破坏原因的不同，国内外表征路基强度的指标主要有土基的弹性模量 E_0、土基反应模量 K_0、加州承载比 CBR 及土的抗剪强度指标 c、φ。

（3）具有足够的整体稳定性

路基的整体稳定性是指路基整体在车辆及自然因素作用下，不致产生不允许的变形和破坏的性能。在地表面上修筑路基，必然产生填筑或开挖，这种不填即挖的结果改变了原地表面的天然平衡状态，有可能导致路基失稳。因此，为保证路基的安全与稳定，必须采用正确的路基断面形式与尺寸，采取有效的路基排水、工程防护与加固等措施，确保路基在最不利的行车荷载与自然因素条件下具有足够的整体结构的稳定性。

（4）具有足够的水温稳定性

路基的水温稳定性是指路基在水和温度的作用下保持其强度的能力，包括水稳定性和温度稳定性。路基在地面水和地下水作用下，其强度会显著降低。特别是季节性冰冻地区，由于水温状况的变化，路基将发生周期性冻融，形成冻胀和翻浆，使路基强度急剧下降。因此，不仅要求路基具有足够的强度，而且还应保证在最不利的水温状况下，强度不致显著降低，这就要求路基具有足够的水温稳定性。

影响路基稳定性的因素主要包括自然因素和人为因素。自然因素主要是地形、气候、水文与水文地质、地质条件、植被情况等。人为因素主要指荷载作用、路基结构、施工方法、养护措施。此外还有沿线附近的人为设施，如水库、排灌渠道、水田以及人为活动等。

1.2.3 路基工程与其他工程项目的关系

(1)路基工程与路面工程的关系

路基是路面的基础，路基的强度与稳定性是保证路面强度与稳定性的基本条件，提高路基的强度与稳定性，可以适当减小路面厚度，降低工程造价。

(2)路基工程与桥涵工程的关系

桥头引道路基，与桥位选择和桥孔设计关系密切，在设计中必须相互配合。在路线纵断面设计中对路基与桥涵在布置与高程方面应综合考虑。

(3)路基工程与隧道工程的关系

隧道内的路基应具有足够的承载力，足够的水稳定性，设置良好、完善的排水设施。隧道洞口两端路基与隧道内路基的纵坡、高程、路基材料等要配合恰当。

1.2.4 保证路基强度和稳定性的措施

(1)合理选择路基断面形式，正确确定边坡坡度。

(2)选择强度和水温稳定性良好的土填筑路基，并采取正确的施工方法。

(3)充分压实路基，提高路基的强度和稳定性。

(4)搞好地面排水，保证水流畅通，防止路基过湿或水毁。

(5)保证路基有足够高度，保持路基工作区干燥。

(6)设置隔离层或隔温层，切断毛细水上升，阻止水分迁移，减少负温差的不利影响。

(7)采取边坡加固与防护措施，并修筑支挡结构物。

1.3 路基土的分类及工程性质

1.3.1 路基土的分类

(1)土的分类指标

不同粒径组成的土，其工程性质也不同，如用来修筑路基，不仅使用效果不同，而且对路基的强度和稳定性影响很大。

我国公路用土依据土的颗粒组成特征、土的塑性指标和土中有机质存在的情况，分为巨粒土、粗粒土、细粒土和特殊土四类，并进一步细分为12种土，如图1.11所示。土的颗

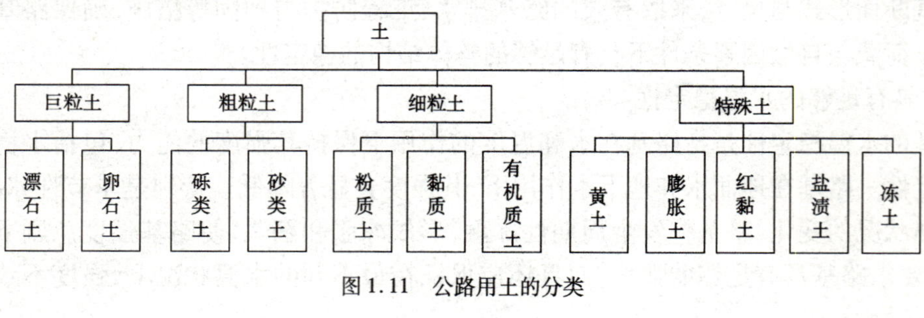

图1.11 公路用土的分类

粒组成特征用不同粒径粒组在土中的百分率表示。表1.2为不同粒组的划分界限及范围。

公路用土粒组划分表 表1.2

<table>
<tr><td>200</td><td>60</td><td>20</td><td>5</td><td>2</td><td>0.5</td><td>0.25</td><td>0.075</td><td>0.002(mm)</td><td></td></tr>
<tr><td colspan="2">巨粒组</td><td colspan="6">粗粒组</td><td colspan="2">细粒组</td></tr>
<tr><td rowspan="2">漂石
(块石)</td><td rowspan="2">卵石
(小块石)</td><td colspan="3">砾(角砾)</td><td colspan="3">砂</td><td rowspan="2">粉粒</td><td rowspan="2">黏粒</td></tr>
<tr><td>粗</td><td>中</td><td>细</td><td>粗</td><td>中</td><td>细</td></tr>
</table>

公路用土的成分、级配、液限及特殊土的基本代号规定构成见表1.3。

公路用土的成分、级配、液限及特殊土的基本代号 表1.3

<table>
<tr><td rowspan="5">土的成分代号</td><td colspan="2">成分</td><td>代号</td><td colspan="2">成分</td><td>代号</td><td colspan="2">成分</td><td colspan="2">代号</td></tr>
<tr><td colspan="2">漂石</td><td>B</td><td colspan="2">砾</td><td>G</td><td colspan="2">黏土</td><td colspan="2">C</td></tr>
<tr><td colspan="2">块石</td><td>Ba</td><td colspan="2">角砾</td><td>Ga</td><td colspan="2">细粒土(黏土、粉土)</td><td colspan="2">F</td></tr>
<tr><td colspan="2">卵石</td><td>Cb</td><td colspan="2">砂</td><td>S</td><td colspan="2">(混合)土(粗粒、细粒)</td><td colspan="2">Sl</td></tr>
<tr><td colspan="2">小块石</td><td>Cba</td><td colspan="2">粉土</td><td>M</td><td colspan="2">有机质土</td><td colspan="2">O</td></tr>
<tr><td>级配代号</td><td colspan="2">级配良好</td><td colspan="3">W</td><td>级配不良</td><td colspan="4">P</td></tr>
<tr><td>液限高低代号</td><td colspan="2">高液限</td><td colspan="3">H</td><td>低液限</td><td colspan="4">L</td></tr>
<tr><td>特殊土代号</td><td>黄土</td><td>Y</td><td>膨胀土</td><td>E</td><td>红黏土</td><td>R</td><td>盐渍土</td><td>St</td><td>冻土</td><td>Ft</td></tr>
</table>

(2)巨粒土分类

在粗(巨)粒土中巨粒土质量大于或等于粗粒土质量的土称巨粒土,其分类体系示意图见图1.12。

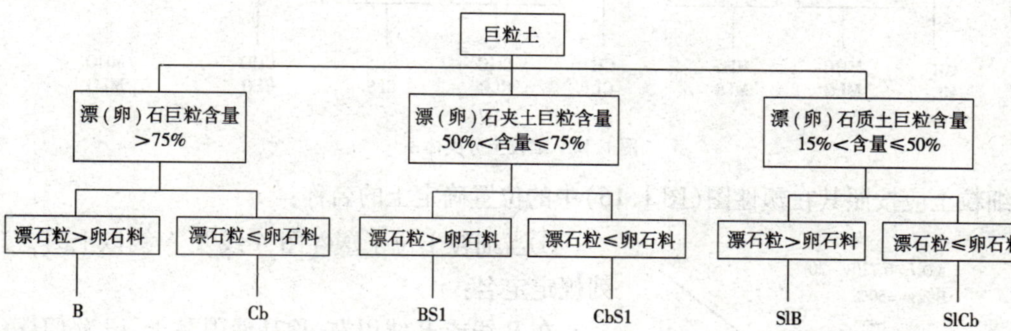

图1.12 巨粒土分类体系

(3)粗粒土分类

试样中巨粒组中土粒质量小于或等于总质量的15%,且巨粒组土粒与粗粒组土粒质量之和大于总土质量50%的土称粗粒土。粗粒土中砾类组质量大于砂粒组质量的土称砾类土,砾类组质量小于或等于砂粒组质量的土称砂类土。砾类土和砂类土分类体系分别见图1.13和图1.14。

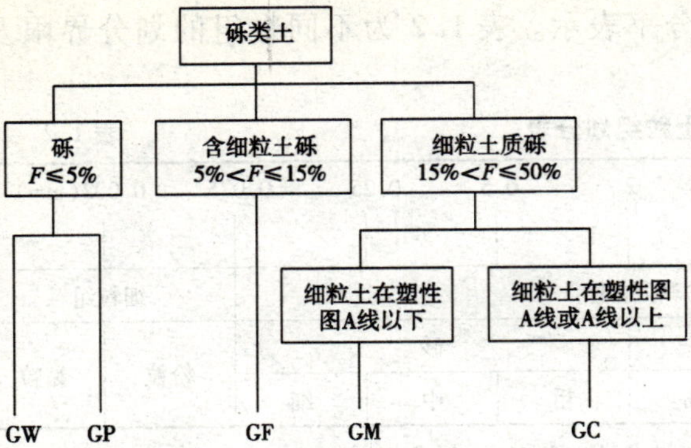

图 1.13　砾类土分类体系

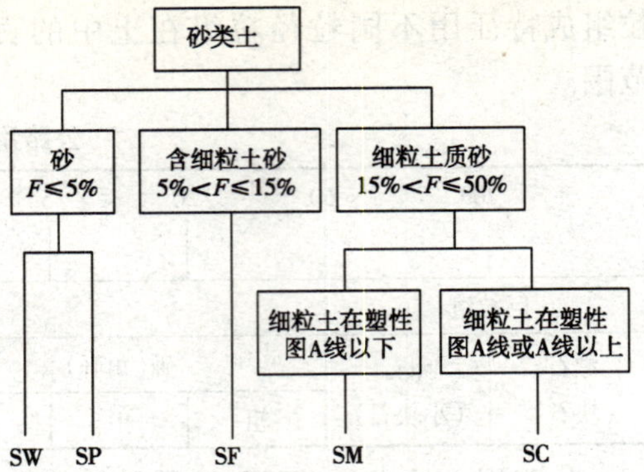

图 1.14　砂类土分类体系

(4)细粒土分类

试样中细粒组土粒质量大于或等于总质量 50% 的土称细粒土。细粒土中粗粒组质量小于或等于总质量 25% 的土称粉质土或黏质土。细粒土中粗粒组质量为总质量 25% ~50%(含 50%)的土称含粗粒的粉质土或含粗粒的黏质土。试样中有机质含量大于或等于总质量的 5%,且小于总质量 10% 的土称有机质土。试样中有机质含量大于或等于 10% 的土称有机土。细粒土分类体系见图 1.15。

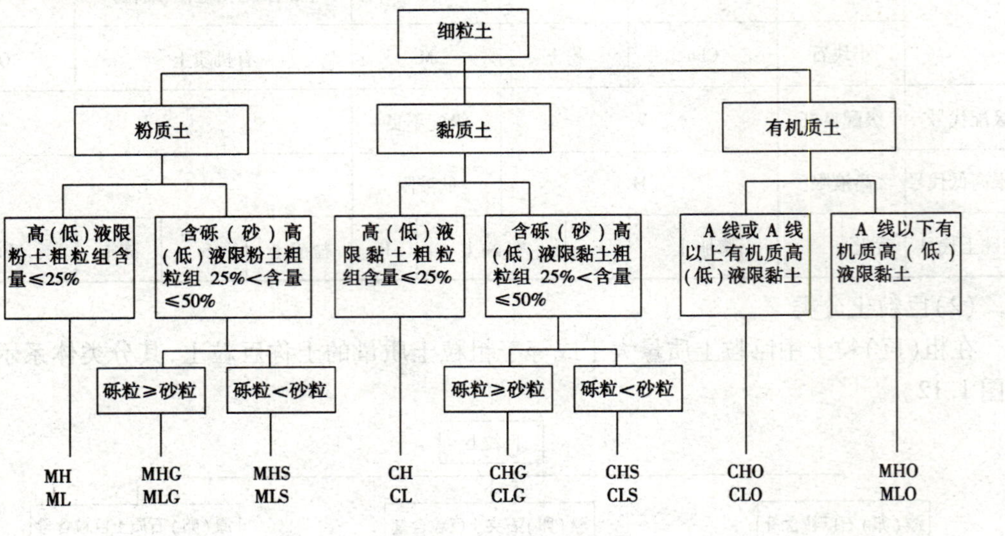

图 1.15　细粒土分类体系

细粒土应按照其在塑性图(图 1.16)中的位置确定土的名称:

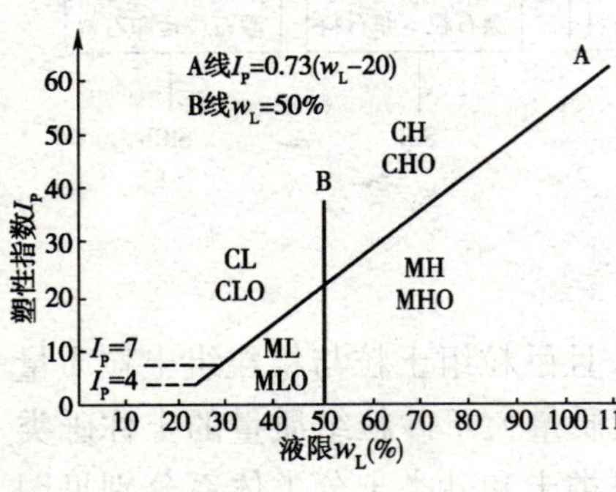

图 1.16　塑性图

①当细粒土位于塑性图 A 线及 A 线以上时,按下列规定定名:

在 B 线或 B 线以右,称高液限黏土,记为 CH;

在 B 线以左,I_p =7 线以上,称低液限黏土,记为 CL。

②当细粒土位于 A 线以下时,按下列规定定名:

在 B 线及 B 线以右,称高液限粉土,记为 MH;

在 B 线以左,I_p =4 线以下,称低液限粉土,记为 ML。

③黏土—粉土过渡区(CL-ML)的土可以按相邻土层的类别考虑细分。

1.3.2 新老土名对照

土的原有土名中土名是按照颗粒组成机械地划分，不同于新的分类体系，要完全套用新土名和代号有一定的困难，与现分类土名大致对照见表 1.4。

新老土名对照表　　表 1.4

老土组	老土名	颗粒组成（按质量百分比计）砂粒 0.074~2mm	黏粒 <0.002mm	塑性指数 (I_p)	液限 w_L (%)		新土名	土名代号	砂粒含量 (%)
砂土	砂土	>80	0~3				砂 含细粒土砂	S SF	
砂性土	粉质砂土 粗亚砂土 细亚砂土	50~80 >50 粗砂 多于细砂 >50 细砂 多于粗砂	0~3 3~10 3~10			细粒土质砂	粉土质砂	SM	
粉性土	粉质亚砂土粉土	20~50 <20	0~10 0~10	>2 >2	<50	粉质土	含砂低液限粉土 低液限粉土	MLS ML	
	粉质轻亚黏土 粉质重亚黏土	<45 <40	10~20 20~30	>10 >18	<50		含砂低液限粉土 低液限黏土	MLS CL	>25
黏性土	轻亚黏土 重亚黏土	>45 >40	10~20 20~30	>10 >18	<50	黏质土	黏土质砂 含砂低液限黏土	SC CLS	>50
	轻黏土 重黏土	<70 <45	30~50 >50	>26 >50	>50		高液限黏土质砂 含砂高液限黏土 高液限黏土	SCH CHS CH	>25

1.3.3 土的工程性质

各类公路用土具有不同的工程性质，在选择路基填筑材料以及修筑稳定土路面结构层时，应根据不同的土类分别采取不同的工程技术措施。

(1)巨粒土

巨粒土有很高的强度和稳定性，是填筑路基很好的材料，在填筑时，应正确选用边坡值，应保证有足够的密实度，以保证路基稳定。

(2)粗粒土

粗粒土的可压实性、强度、压缩性和渗透性等均与土的级配有关。Cu 和 Cc 两指标是国际通用指标。

砾类土由于粒径较大，内摩擦力也大，因而强度和稳定性均能满足要求。级配良好的砾类土混合料，密实度好。对于级配不良的砾类土混合料，填筑时应保证密实度，防止由于空隙大而造成路基积水、不均匀沉陷或表面松散等病害。

砂类土又可分为砂、含细粒土砂(或称砂土)和细粒土质砂(或称砂性土)三种。

砂和砂土无塑性，透水性强，毛细水上升高度小，具有较大的内摩擦系数，强度和水稳定性均较好，但由于黏性小，易松散，因此压实困难，需要用振动法或灌水法才能压实。为了加强压实和提高稳定性，可掺加少量黏土，以改善级配组成，从而改善路基使用质量。

砂性土既含有一定数量的粗颗粒，使路基具有足够的强度和水稳定性，又含有一定数量的细粒土，使其具有一定的黏性，不致过分松散，且一般遇水疏散快，不膨胀，干时有相当的黏结性,扬尘少,容易被压实。因此,砂性土是修筑路基的良好材料。

(3)细粒土

粉质土为最差的筑路材料。它含有较多的粉土颗粒,干时虽有黏性,但易于破碎,浸水时容易成为流动状态,且毛细作用强烈,毛细上升高度大(一般可达0.9~1.5m)。在季节性冰冻地区,水分积聚现象严重,容易造成路基冻胀、翻浆等病害。如必须用粉性土填筑路基,则应采取技术措施改良土质,并加强排水以及采取设置隔离层等措施。

黏质土透水性很差,黏聚力大,因而干时坚硬,不易挖掘。具有较大的可塑性、黏结性和膨胀性,毛细现象也很显著,有较大的变形,用来填筑路基较粉质土好,但不如砂性土。对于黏质土,如在适当含水率时加以充分压实并有良好的排水设施,筑成的路基也能获得稳定。

有机质土(如泥炭、腐殖土等)不宜作为路基填料,如遇有机质土均应在设计和施工上采取适当措施。

(4)特殊土

黄土属大孔和多孔结构,具有湿陷性;膨胀土受水浸湿发生膨胀,失水则收缩;红黏土失水后体积收缩量大;盐渍土潮湿时承载力很低。因此,特殊土也不宜做路基填料。

毛细水强烈上升高度与土质的颗粒粗细、矿物成分和地下水矿化度有关。根据以往观测资料,毛细水强烈上升高度见表1.5,可参考使用。

毛细水强烈上升高度参考值 表1.5

土质类别	砾类土	粗、中砂	风积沙	粉质土	黏质土
毛细水上升高度(m)	0.40	0.60	0.80	3.00~4.00	2.00~3.00

1.3.4 路基土的工程分级与野外鉴定

(1)在施工中,路基土石按其开挖的难易程度分为6级,如表1.6所示。

(2)根据各土组的分类标准,通过土的颗粒分析及必要时塑性指数和液限试验,即可划分土类。但在路基设计中通常仅需判断土组即可,并且判断方法简便。表1.7列出了路基用土的野外鉴定方法。

土、石工程分级 表1.6

土石等级	土石类别	土、石名称	钻1m所需时间(min)			爆破$1m^3$所需炮眼长度(m)		开挖方法
			湿式凿岩一字合金钻头净钻时间	湿式凿岩普通淬火钻头净钻时间	双人打眼(人工)	路堑	隧道导坑	
Ⅰ	松土	砂类土、腐殖土、种植土、中密的黏性土及砂性土、松散的水分不大的黏土、含有30mm以下树根或灌木根的泥炭土						用铁锹挖,脚蹬一下到底的松散土层
Ⅱ	普通土	水分较大的黏土、密实的黏性土及砂性土、半干半硬状态的黄土、含有30mm以上的树根或灌木根的泥炭土、碎石类土(不包括块石土及漂石土)						部分用镐刨松。再用锹挖,用脚蹬锹连蹬数次才能挖动

续上表

土石等级	土石类别	土、石名称	钻1m所需时间(min)			爆破$1m^3$所需炮眼长度(m)		开挖方法
			湿式凿岩一字合金钻头净钻时间	湿式凿岩普通淬火钻头净钻时间	双人打眼(人工)	路堑	隧道导坑	
Ⅲ	硬土	硬黏土、密实的硬黄土、含有较多的块石土及漂石土、各种分化成土块的岩石						必须用镐先整个刨松才能挖动
Ⅳ	软石	各种松软岩石、盐岩、胶结不紧的砾泥质页岩、砂岩、煤、较坚实的泥灰岩、块石土及漂石土、软的结理多的石灰岩		7以内	0.2以内	0.2以内	2.0以内	部分用撬棍或十字镐及大锤开挖,部分用爆破法开挖
Ⅴ	次坚石	硅质页岩、砂岩、白云岩、石灰岩、坚实的泥灰岩、软玄武岩、片麻岩、正长岩、花岗岩	15以内	7~20	0.1~0.2	0.2~0.4	2.0~3.5	用爆破法开挖
Ⅵ	坚石	硬玄武岩、坚实的石灰岩、白云岩、大理岩、石英岩、闪长岩、粗粒花岗岩、正长岩	15以上	20以上	1.0以上	0.4以上	3.5以上	用爆破法开挖

土的野外鉴定方法 表1.7

土组	土名	用手搓捻时的感觉	用肉眼及放大镜观察时的情况	土的状态		
				干时	潮湿时	潮湿时将土搓捻的情况
砂土	粗砂	感到是粗糙的砂粒	看到比较粗的砂居多	疏散	无塑性	不能搓成土条
砂土	中砂	感到是不太粗的砂粒	看到砂粒不太粗	疏散	无塑性	不能搓成土条
砂土	细砂	感到是细的砂粒	看到是细的砂粒多	疏散	无塑性	不能搓成土条
砂土	极细砂	感到是极细的砂粒	看到是极细的砂粒多	疏散	无塑性	不能搓成土条
砂性土	粉质砂土	在手掌上揉搓时粘有很多粉土粒	看到砂粒而夹有粉土粒	疏散	无塑性	不能搓成土条
砂性土	粗亚砂土	含砂粒较多,湿润时用力可握成土团,干后有少量黏土粘在手上不易去掉	看到砂粒而夹有粉土粒	土块用手挤及在铲上抛掷时易破碎	无塑性	不能搓成土条
砂性土	细亚砂土	感到含细颗粒较多	看到细砂粒而夹有粉土粒	没胶结	无塑性	难搓成细土条,搓至直径3~5mm即断

续上表

土组	土名	用手搓捻时的感觉	用肉眼及放大镜观察时的情况	土的状态		
				干时	潮湿时	潮湿时将土搓捻的情况
粉性土	粉质亚砂土	有干粉末感	明显看出砂粒少粉土粒多	没胶结,干土块用手轻压即碎	流动的溶解状态	摇动易使土球成为饼状,不能搓成细土条
	粉土	有干粉末感	看到粉土粒更多	没胶结,干土块用手轻压即碎	流动的溶解状态	摇动易使土球成为饼状,不能搓成细土条
	粉质轻亚黏土	感到砂粒多,土饼易于压碎	可以看到细的粉土颗粒	土块不硬,用锤打时易成细块		
	粉质重亚黏土	感到砂粒多,土块易于压碎	可以看到细的粉土颗粒	土块不硬,用锤打时易成细块	有塑性、黏着性,但塑性程度较大	不能搓成长的细土条,搓成细土条稍长
黏性土	轻亚黏土	感到有砂粒,湿润后有黏土粘手,土块易压碎	明显看出细粒粉末中有砂粒	干土块压碎时,常要用力	塑性与黏着性低微	不能搓成长的细土条
	重亚黏土	干时用手揉搓感觉不到砂粒,土块难压碎	可以看到细的粉土颗粒	土块不硬,用锤打时易成细块	塑性与黏着性较大	可揉搓成1～2mm直径的细土条,将小土球压成扁块时,周边不易发生破裂
	轻黏土	潮湿时用手揉搓感觉不到砂粒,土块很难压碎	粉土构成的均匀细粉末物质,几乎不含大于0.25mm的颗粒	土块不硬,用锤打将大土块变成小土块,但不易成粉末,干土块不易用手压碎	塑性与黏着性极大,易于粘手涂污	可以搓成小于1mm直径的细土条,易于团成小球,将小土球压成扁块时,周边不易发生破裂
重黏土	重黏土	潮湿时用手揉搓感觉不到砂粒,土块很难压碎	粉土构成的均匀细粉末物质,几乎不含大于0.25mm的颗粒	土块不硬,用锤打将大土块变成小土块,但不易成粉末,干土块不易用手压碎	塑性与黏着性极大,易于粘手涂污,塑性与黏着性更大	可以搓成小于1mm直径的细土条,易于团成小球,将小土球压成扁块时,周边不易发生破裂

1.4 土工合成材料

1.4.1 土工合成材料定义及其运用性

(1)定义

土工合成材料(geosynthetics)是以人工合成的聚合物为原料制成的各种类型产品,是岩土工程中应用的合成材料的总称。可置于岩土或其他工程结构内部、表面或各结构层之间,是具有加强、保护岩土或其他结构功能的一种新型工程材料,在公路工程中路堤加筋、过滤与排水、台背路基填土加筋、路基防护、路面裂缝防治等项目上都得到了广泛的应用。

(2)适用性

应用土工合成材料需根据应用目的和具体的工程结构进行材料选择。与土工合成材料直接接触的岩土、路面材料或其他材料,不应含有严重损害土工合成材料物理力学性质的化学物质。

土工合成材料对某些强酸性物和强碱性物反应较敏感。国外有关试验表明:聚丙烯材料浸泡在 pH = 12.3 的氯化钙溶液中,强度降低约 9.5%;浸泡在 pH = 3.0 的硫酸溶液中,强度降低约 12.2%。聚脂纤维带浸泡在 pH = 12.3 的氧化钙 +0.03% Fe_2SO_4 溶液中强度降低至 25%,浸泡在的 pH = 10 的 $CaCO_3$ 溶液中强度降低约 10%,因此,应对与土工合成材料直接接触的填料加以限制。

1.4.2 土工合成材料分类

土工合成材料品种多,选用基材复杂,制造方式也千差万别。土工合成材料可分为土工织物、土工膜、特种土工合成材料和复合型土工合成材料等类型,见图 1.17。

- 土工合成材料
  - 土工织物
    - 针织型
    - 无纺型(非织造型)
    - 有纺型(机织型)
  - 土工膜
    - 沥青类
    - 聚合物类
  - 特种土工合成材料
    - 土工格栅
    - 土工网
    - 土工模袋
    - 土工垫
    - 土工格室
  - 复合型土工合成材料
    - 复合土工膜
    - 复合排水材料

图 1.17 土工合成材料分类

土工织物(geotextile)是透水性的平面土工合成材料,按制造方法分为无纺(非织造 non-woven)土工织物和有纺(织造 woven)土工织物。无纺土工织物是由细丝或纤维按定向排列或非定向排列并结合在一起的织物;有纺土工织物是两组平行细丝或纱按一定方式交织而成的织物。

土工网 (geonet) 是指合成材料条带或合成树脂压制成的平面结构网状土工合成材料。

土工格栅(geogrid)是指聚合物材料经过定向拉伸形成的具有开孔网格、较高强度的平面网状材料。

土工模袋(fabriform)是指双层聚合化纤织物制成的连续(或单独的)袋状材料。可以代替模板用高压泵把混凝土或砂浆灌入模袋之中,最后形成板状或其他形状的结构。

土工复合排水材料(geocomposite drain)是以无纺土工织物和土工网、土工膜或不同形状的合成材料芯材复合而成的土工排水材料。

玻纤网 (glass geogrid)是以玻璃纤维制成的平面网格状材料。

土工垫(geomat)是以热塑性树脂为原料,经挤出、拉伸等工序形成的相互缠绕,并在接点上相互熔合,底部为高模量基础层的三维网垫。

1.5 公路自然区划与路基干湿类型

1.5.1 公路自然区划

我国幅员辽阔,各地气候、地形、地貌、水文地质等相差很大,而自然条件与公路建设密切相关,各种自然因素对公路构造物产生的影响和造成的病害也各不相同,在不同地区修筑路基,考虑的问题有不同侧重。

现行区划标准《公路自然区划标准》(JTJ 003—86)是根据道路工程特征相似的原则、地表气候区划差异性的原则以及自然气候因素等原则制定的。公路自然区划分为一级区划、二级区划和三级区划。

(1)一级区划是以不同地理、气候、构造、地貌界限的交错和叠合情况作为控制指标,共划分为以下7个区,其代号与名称为:

Ⅰ——北部多年冻土区;

Ⅱ——东部温润季冻区;

Ⅲ——黄土高原干湿过渡区;

Ⅳ——东南湿热区;

Ⅴ——西南潮暖区;

Ⅵ——西北干旱区;

Ⅶ——青藏高寒区。

(2)二级区划是在各一级区划内,考虑水温状况不同,以年蒸发量与年降雨量之比的潮湿系数为主要控制指标,按公路工程的相似性及地表气候的差异,进一步划分二级区划以及与二级区划相当的副区。全国共划分33个二级区和19个二级副区。

(3)三级区划是二级区划的具体划分,划分的方法有两种:一种以水热、地理和地貌为依据,分为若干个具有相似性的区域;另一种是以地表的地貌、水文和土质为依据,分为若干个类型单元。三级区划未列入全国性的区划中,由各地区结合当地情况自行划分。

全国公路自然区划图见图1.18。

1.5.2 路基的干湿类型

1)路基湿度变化的水源

路基在使用过程中,受到各种外界因素的影响,使湿度发生变化。影响路基湿度的水源可分为以下几方面(见图1.19):

(1)大气降水。大气降水通过路面、路肩边坡和边沟渗入路基。

(2)地面水。边沟水以及排水不良时,地表水渗入路基。

(3)地下水。路基下面一定范围内的地下水浸入路基。

(4)毛细水。路基下的地下水,通过毛细作用上升到路基内部。

(5)水蒸气凝结水。在土的空隙中流动的水蒸气,遇冷凝结成水。

(6)薄膜移动水。在土的结构中,水以薄膜的形式从含水率较高处向较低处流动,或由温度较高处向冻结中心周围流动。

上述各种导致路基湿度变化的水源,其影响程度随当地自然条件、气候特点以及所采取的工程措施等而不同。

2)路基的干湿类型及其划分方法

路基的强度和稳定性与路基的干湿状态有密切的关系。

路基的干湿状态可分为干燥、中湿、潮湿和过湿四类。为了保证路基路面结构的稳定性,一般要求路基处于干燥或中湿状态。潮湿、过湿状态的路基必须经处理后方可铺筑路面。

路基的干湿类型划分方法有:

(1)平均稠度法

①稠度:土的稠度较准确地表示了土的各种形态与湿度的关系,稠度指标综合了土的塑性特性,包含了液限与塑限,全面直观地反映了土的硬软程度,物理概念明确。因此,对于已建路基,采用土的稠度作为划分土质路基干湿类型的指标,其计算公式为

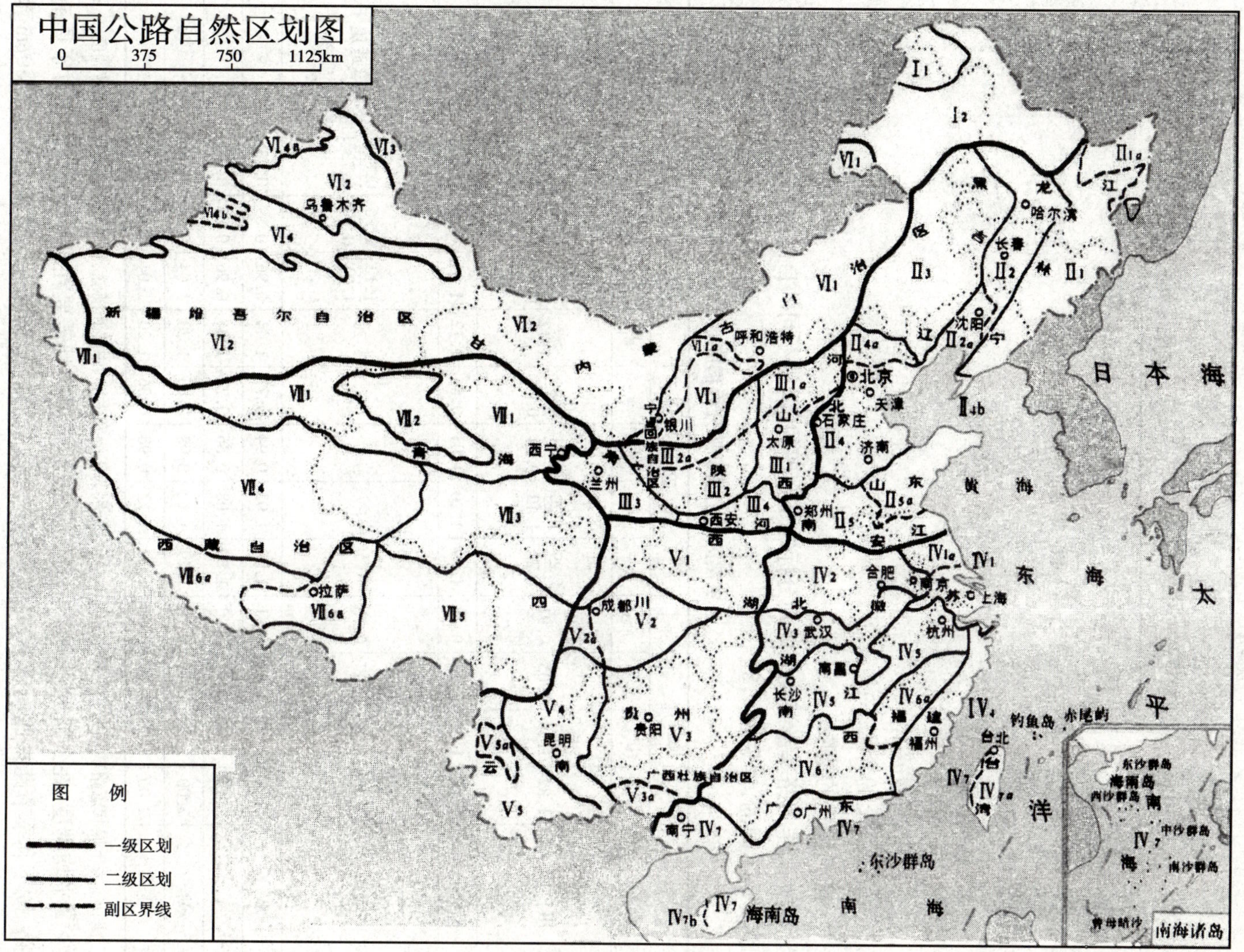

图 1.18　全国公路自然区划图

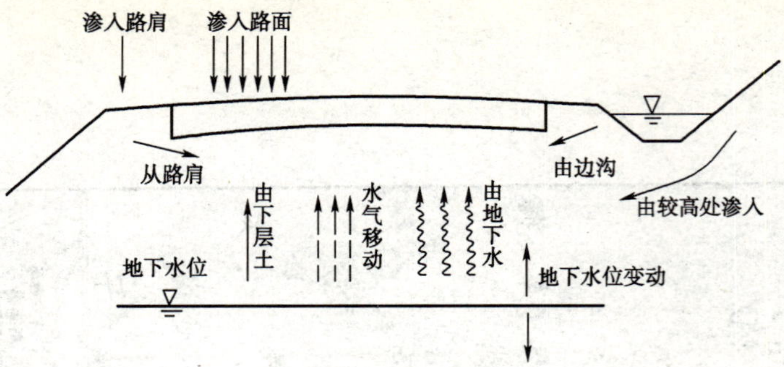

图 1.19　影响路基湿度的水源

$$w_c = \frac{w_L - w}{w_L - w_P} \tag{1.1}$$

式中：w_c ——土的稠度；

w_L ——土的液限；

w ——土的含水率；

w_P ——土的塑限。

以稠度作为路基干湿类型的划分标准是合理的，但是不同的自然区划、不同的土组其分界稠度是不同的，详见表 1.8。

各自然区划土基干湿分界稠度　　表 1.8

土组 / 自然区划	土质砂				黏质土				粉质土				附注
	w_{c0}	w_{c1}	w_{c2}	w_{c3}	w_{c0}	w_{c1}	w_{c2}	w_{c3}	w_{c0}	w_{c1}	w_{c2}	w_{c3}	
Ⅱ$_{1,2,3}$	1.87	1.19	1.05	0.91	$\frac{1.29}{1.20}$	$\frac{1.20}{1.12}$	$\frac{1.03}{0.94}$	$\frac{0.86}{0.77}$	1.12	$\frac{1.04}{0.96}$	$\frac{0.96}{0.89}$	$\frac{0.81}{0.73}$	黏性土：分母适用于Ⅱ$_{1,2}$区。粉性土：分母适用于Ⅱ$_{2a}$区
Ⅱ$_4$、Ⅱ$_5$	1.87	1.05	0.91	0.78	1.29	1.20	1.03	0.86	1.12	1.04	0.89	0.73	
Ⅲ	2.00	1.19	0.97	0.78					1.20	$\frac{1.12}{1.04}$	$\frac{0.96}{0.89}$	$\frac{0.81}{0.73}$	分子适用于粉土地区；分母适用于粉质亚黏土地区
Ⅳ	1.73	2.32	1.05	0.91	1.20	1.03	0.94	0.77	1.04	0.96	0.89	0.73	
Ⅴ					1.20	1.08	0.86	0.77	1.04	0.96	0.81	0.73	
Ⅵ	2.00	1.19	0.97	0.78	1.29	1.12	0.98	0.86	1.20	1.04	0.89	0.73	
Ⅶ	2.00	1.32	1.10	0.91	1.29	1.12	0.98	0.86	1.20	1.04	0.89	0.73	

注：w_{c0} 为干燥状态路基常见下限稠度；w_{c1}、w_{c2}、w_{c3} 分别为干燥和中湿、中湿和潮湿、潮湿和过湿状态的分界稠度。

②平均稠度：在公路勘测设计中，确定路基的干湿类型需要在现场进行勘查，对于原有公路，按不利季节路槽底面以下 80cm 深度内土的平均稠度确定。于路槽底面以下 80cm 范围内，每 10cm 取土样测定其含水率、塑限。含水率和液限含水率，按式(1.2)、式(1.3)计算：

$$w_{ci} = \frac{w_{Li} - w_i}{w_{Li} - w_{Pi}} \tag{1.2}$$

$$\bar{w}_c = \frac{\sum_{i=1}^{8} w_{ci}}{8} \quad (1.3)$$

式中：w_i ——路槽底面以下 80cm 范围内，每 10cm 为一层，第 i 层土的天然含水率；

w_{Li} ——同一层土的液限含水率；

w_{Pi} ——同一层土的塑限含水率；

w_{ci} ——第 i 层土的稠度；

$\bar{w}_c$ ——路槽以下 80cm 内土的算术平均稠度。

③判断干湿类型：根据 $\bar{w}_c$ 判断路基干湿类型，要按照道路所在的自然区划和路基土的类别查表 1.8，与分界稠度作比较，并按表 1.9 确定道路所属的路基干湿类型。

路基干湿类型 表 1.9

路基干湿类型	路基平均稠度 $\bar{w}_c$ 与分界稠度的关系	一般特性
干燥	$\bar{w}_c > w_{c1}$	路基干燥稳定，路面强度和稳定性不受地下水和地表积水影响，路基高度 $H > H_1$
中湿	$w_{c2} < \bar{w}_c \leqslant w_{c1}$	路基上部土层处于地下水或地表积水的过渡带区内，路基高度 $H_2 < H \leqslant H_1$
潮湿	$w_{c3} < \bar{w}_c \leqslant w_{c2}$	路基上部土层处于地下水或地表积水毛细影响区内，路基高度 $H_3 < H \leqslant H_2$
过湿	$\bar{w}_c \leqslant w_{c3}$	路基极不稳定，冰冻区春融翻浆，路基经处理后方可铺筑路面，路基高度 $H \leqslant H_3$

注：①H 为不利季节路槽底面距地下或地表积水水位的高度。

②地表积水指不利季节积水 20d 以上。

③H_1、H_2、H_3 分别为干燥、中湿和潮湿状态的路基临界高度。

（2）临界高度判断法

对于新建道路，路基尚未建成，无法按照上述方法勘查路基的湿度状况，可以用临界高度作为判别标准。路基临界高度 H 是指在最不利季节，当路基分别处于干燥、中湿或潮湿状态时，路槽底距地下水位或长期地表积水水位的最小高度。

当路基的高度 H 变化时，平均含水率将变化，土的平均稠度亦随之改变，路基的干湿状态相应地变化。在路基的地下水位或地表长期积水水位一定的情况下，路基的湿度由下而上逐渐减小，如图 1.20 所示。

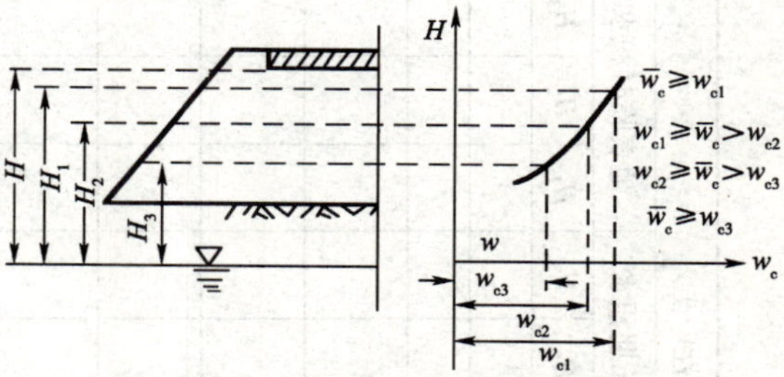

图 1.20 路基临界高度与干湿类型

H_1 对应于 w_{c1}，为干燥和中湿状态的分界标准。

H_2 对应于 w_{c2}，为中湿和潮湿状态的分界标准。

H_3 对应于 w_{c3}，为潮湿和过湿状态的分界标准。

为了保证路基的强度和稳定性不受地下水及地表长期积水的影响，在设计路基时，要求路基保持干燥或中湿状态，路槽底距地下水或地表积水的距离要大于或等于干燥、中湿状态所对应的临界高度。不同土质和自然区划的路基临界高度见表 1.10。

在确定新建公路土基干湿类型时，通常要根据路基土的平均稠度、路基高度、有无地下水、地表积水影响等因素，综合论证来确定。

路基临界高度参考值

表 1.10

自然区划	砂性土									黏性土									粉性土								
	地下水			地表长期积水			地表临时积水			地下水			地表长期积水			地表临时积水			地下水			地表长期积水			地表临时积水		
	H_1	H_2	H_3	H_1	H_2	H_3	H_1	H_2	H_3	H_1	H_2	H_3	H_1	H_2	H_3	H_1	H_2	H_3	H_1	H_2	H_3	H_1	H_2	H_3	H_1	H_2	H_3
Ⅱ$_1$										2.9	2.2								3.8	3.0	2.2						
Ⅱ$_2$										2.7	2.0								3.4	2.6	1.9						
Ⅱ$_3$	1.9~2.2	1.3~1.6								2.5	1.8								3.0	2.2	1.6						
Ⅱ$_4$										2.4~2.6	1.9~2.1	1.2~1.4							2.6~2.8	2.1~2.3	1.4~1.6						
Ⅱ$_5$	1.1~1.5	0.7~1.1								2.1~2.5	1.6~2.0								2.4~2.9	1.8~2.3							
Ⅲ$_1$																			2.4~3.0	1.7~2.4							
Ⅲ$_2$	1.3~1.6	1.1~1.3	0.9~1.1	1.1~1.3	0.9~1.1	0.6~0.9	0.9~1.1	0.6~0.9	0.4~0.6	2.2~2.75	1.7~2.2	1.3~1.7	1.75~2.2	1.3~1.7	0.9~1.3	1.3~1.75	0.9~1.3	0.45~0.9	2.4~2.85	1.9~2.4	1.4~1.9	1.9~2.4	1.0~1.9	1.0~1.4	1.4~1.9	1.0~1.4	0.5~1.0
Ⅲ$_3$	1.3~1.6	1.1~1.3	0.9~1.1	1.1~1.3	0.9~1.1	0.6~0.9	0.9~1.1	0.6~0.9	0.4~0.6	2.1~2.5	1.6~2.1	1.2~1.6	1.6~2.1	1.2~1.6	0.9~1.2	1.2~1.6	0.9~1.2	0.55~0.9	2.3~2.75	1.8~2.3	1.4~1.8	1.8~2.3	1.4~1.8	1.0~1.4	1.4~1.8	1.0~1.4	0.55~1.0
Ⅲ$_4$																			2.4~3.0	1.7~2.4							
Ⅲ$_{1a}$																			2.4~3.0	1.7~2.4							
Ⅲ$_{2a}$	1.4~1.7	1.0~1.3																	2.4~3.0	1.7~2.4							
Ⅳ$_1$ Ⅳ$_{1a}$										1.7~1.9	1.2~1.3	0.8~0.9							1.9~2.1	1.3~1.4	0.9~1.0						
Ⅳ$_2$										1.6~1.7	1.1~1.2	0.8~0.9							1.7~1.9	1.2~1.3	0.8~0.9						
Ⅳ$_3$										1.5~1.7	1.1~1.2	0.8~0.9	0.8~0.9	0.5~0.6	0.3~0.4				1.7~1.9	1.2~1.3	0.8~0.9	0.9~1.0	0.6~0.7	0.3~0.4			

续上表

自然区划	砂性土									黏性土									粉性土								
	地下水			地表长期积水			地表临时积水			地下水			地表长期积水			地表临时积水			地下水			地表长期积水			地表临时积水		
	H_1	H_2	H_3	H_1	H_2	H_3	H_1	H_2	H_3	H_1	H_2	H_3	H_1	H_2	H_3	H_1	H_2	H_3	H_1	H_2	H_3	H_1	H_2	H_3	H_1	H_2	H_3
Ⅳ$_4$	1.0 ~ 1.1	0.7 ~ 0.8								1.7 ~ 1.8	1.0 ~ 1.2	0.8 ~ 1.0															
Ⅳ$_5$										1.7 ~ 1.9	1.3 ~ 1.4	0.9 ~ 1.0	1.0 ~ 1.1	0.6 ~ 0.7	0.3 ~ 0.4				1.9 ~ 2.1	1.3 ~ 1.5	0.9 ~ 1.1						
Ⅳ$_6$	1.0 ~ 1.1	0.7 ~ 0.8								1.8 ~ 2.0	1.3 ~ 1.5	1.0 ~ 1.2	0.9 ~ 1.0	0.5 ~ 0.6	0.3 ~ 0.4				2.0 ~ 2.2	1.5 ~ 1.6	1.0 ~ 1.1						
Ⅳ$_{6a}$										1.6 ~ 1.7	1.1 ~ 1.2	0.7 ~ 0.8							1.8 ~ 2.0	1.3 ~ 1.4	0.9 ~ 1.1						
Ⅳ$_7$				0.9 ~ 1.0	0.7 ~ 0.8	0.6 ~ 0.7				1.7 ~ 1.8	1.4 ~ 1.5	1.1 ~ 1.2	1.0 ~ 1.1	0.7 ~ 0.8	0.4 ~ 0.5												
Ⅴ$_1$	1.3 ~ 1.6	1.1 ~ 1.3	0.9 ~ 1.1	1.1 ~ 1.3	0.9 ~ 1.1	0.6 ~ 0.9	0.9 ~ 1.1	0.6 ~ 0.9	0.4 ~ 0.6	2.0 ~ 2.4	1.6 ~ 2.0	1.2 ~ 1.6	1.6 ~ 2.0	1.2 ~ 1.6	0.8 ~ 1.2	1.2 ~ 1.6	0.8 ~ 1.2	0.45 ~ 0.8	2.2 ~ 2.65	1.7 ~ 2.2	1.3 ~ 1.7	1.7 ~ 2.2	1.3 ~ 1.7	0.9 ~ 1.3	1.3 ~ 1.7	0.9 ~ 1.3	0.55 ~ 0.9
Ⅴ$_2$、Ⅴ$_{2a}$（紫色土）										2.0 ~ 2.2	0.9 ~ 1.1	0.4 ~ 0.6							2.3 ~ 2.5	1.4 ~ 1.6	0.5 ~ 0.7						
Ⅴ$_3$										1.7 ~ 1.9	0.8 ~ 1.0	0.4 ~ 0.6							1.9 ~ 2.1	1.3 ~ 1.5	0.5 ~ 0.7						
Ⅴ$_2$、Ⅴ$_{2a}$（黄壤土、现代冲积土）										1.7 ~ 1.9	0.7 ~ 0.9	0.3 ~ 0.5							2.3 ~ 2.5	1.4 ~ 1.6	0.5 ~ 0.7						

续上表

自然区划	砂性土									黏性土									粉性土								
	地下水			地表长期积水			地表临时积水			地下水			地表长期积水			地表临时积水			地下水			地表长期积水			地表临时积水		
	H_1	H_2	H_3	H_1	H_2	H_3	H_1	H_2	H_3	H_1	H_2	H_3	H_1	H_2	H_3	H_1	H_2	H_3	H_1	H_2	H_3	H_1	H_2	H_3	H_1	H_2	H_3
Ⅴ$_4$、Ⅴ$_5$、Ⅴ$_{5a}$										1.7~1.9	0.9~1.1	0.4~0.6							2.2~2.5	1.4~1.6	0.5~0.7						
Ⅵ$_1$	(2.1)	(1.7)	(1.3)	(1.8)	(1.4)	(1.0)	0.7	0.3		(2.3)	(1.9)	(1.6)	(2.1)	(1.7)	(1.3)	0.9	0.5		(2.5)	(2.0)	(1.6)	(2.3)	(1.8)	(1.3)	(1.2)	0.7	0.1
Ⅵ$_{1a}$	(2.0)	(1.6)	(1.2)	(1.7)	(1.3)	(1.0)	(1.0)	(0.5)		(2.2)	(1.9)	(1.5)	(2.0)	(1.6)	(1.2)	(0.9)	(0.5)		(2.5)	(2.0)	(1.5)	(2.2)	(1.7)	(1.2)	0.6		
Ⅵ$_2$	1.4~1.7	1.1~1.4	0.9~1.1	1.1~1.4	0.9~1.1	0.6~0.9	0.9~1.1	0.76~0.9	0.4~0.6	2.2~2.75	1.65~2.2	1.2~1.65	1.65~2.2	1.2~1.65	0.75~1.2	1.2~1.65	0.75~1.2	0.45~0.75	2.3~2.15	1.85~2.3	1.4~1.85	1.85~2.3	1.4~1.85	0.9~1.4	1.4~1.85	0.9~1.4	0.5~0.9
Ⅵ$_3$	(2.1)	(1.7)	(1.3)	(1.9)	(1.5)	(1.1)				(2.4)	(2.0)	(1.6)	(2.1)	(1.7)	(1.4)	(0.8)	(0.6)		(2.6)	(2.1)	(1.6)	(2.4)	(1.8)	(1.4)	(1.3)	(0.7)	
Ⅵ$_4$	(2.2)	(1.8)	(1.4)	(1.9)	(1.5)	(1.2)	0.8			2.4	2.0	1.6	(2.2)	(1.7)	(1.3)	1.0	0.6		(2.6)	(2.2)	1.7	2.4	1.9	1.4	1.3	0.8	
Ⅵ$_{4a}$	(1.9)	(1.5)	(1.1)	(1.6)	(1.2)	(0.9)	(0.5)			(2.2)	(1.7)	(1.4)	(1.9)	(1.4)	(1.1)	0.7			(2.4)	(1.9)	1.4	2.1	1.6	1.1	1.0	0.5	
Ⅵ$_{4b}$	(2.0)	(1.6)	(1.2)	(1.7)	(1.3)	(1.0)				(2.3)	(1.8)	(1.4)	(2.0)	(1.6)	(1.2)	(0.8)			(2.5)	1.9	1.4	(2.2)	(1.7)	(1.2)	1.0	0.5	
Ⅶ$_1$	(2.2)	(1.9)	(1.6)	(2.1)	(1.6)	(1.3)	(0.8)	(0.4)		2.2	(1.9)	(1.5)	(2.1)	(1.6)	(1.2)	(0.9)	(0.5)		(2.5)	(2.0)	(1.5)	(2.4)	1.8	1.3	1.1	0.6	
Ⅶ$_2$										(2.3)	(1.9)	(1.6)	1.8	1.4	1.1	0.8	0.4		(2.5)	(2.1)	(1.6)	(2.2)	(1.6)	(1.1)	0.9	0.4	
Ⅶ$_3$	1.5~1.8	1.2~1.5	0.9~1.2	1.2~1.5	0.9~1.2	0.6~0.9	0.9~1.2	0.7~0.9	0.4~0.6	2.3~2.85	1.75~2.3	1.3~1.75	1.75~2.3	1.3~1.75	0.75~1.3	1.3~1.75	0.75~1.3	0.45~0.75	2.4~3.1	2.0~2.4	1.6~2.0	(2.0~2.4)	(1.6~2.0)	(1.0~1.6)	(1.6~2.0)	1.0~1.6	0.55~1.0
Ⅶ$_4$	(2.1)	(1.6)	1.3	(1.8)	(1.4)	1.0	(0.9)			(2.1)	(1.6)	(1.3)	(1.8)	(1.4)	(1.1)	(0.7)			(2.3)	(1.8)	(1.3)	(2.1)	(1.6)	(1.1)			
Ⅶ$_5$	(3.0)	(2.4)	1.9	(2.4)	(2.0)	1.6	(1.5)	(1.1)	(0.5)	(3.3)	(2.6)	(2.1)	(2.4)	(2.0)	(1.6)	(1.5)	(1.1)	(0.5)	(3.8)	(2.2)	(1.6)	(2.9)	(2.2)	(1.5)		(1.3)	(0.5)
Ⅶ$_{6a}$										(2.8)	2.4	1.9	2.5	2.0	1.6	1.4	(0.8)		(2.9)	(2.5)	1.8	(2.7)	2.1	1.5	1.6	1.1	

注：①表中 H_1 为路基干燥状态临界高度；H_2 为路基中湿状态临界高度；H_3 为路基潮湿状态临界高度；路槽底至水位高度小于 H_3 时为过湿路基，须经过处治后方能铺筑路面。

②Ⅵ、Ⅶ区有横线者，表示实测资料较少，有括号者表示没有实测资料，根据规律推算得到。

③新增Ⅲ$_2$、Ⅲ$_3$、Ⅵ$_1$、Ⅵ$_2$、Ⅶ$_3$ 资料为甘肃省 1984 年所提建议值，其他地区供参考。

④缺少资料的二级区可暂先论证地参考相邻二级区数值，并应积极调研积累本地区的资料。

1.6 道路工程项目建设程序与方法

1.6.1 道路工程项目施工的基本程序

施工单位从投标接受施工任务到竣工验收,大致要经过如图1.21所示的几个阶段。

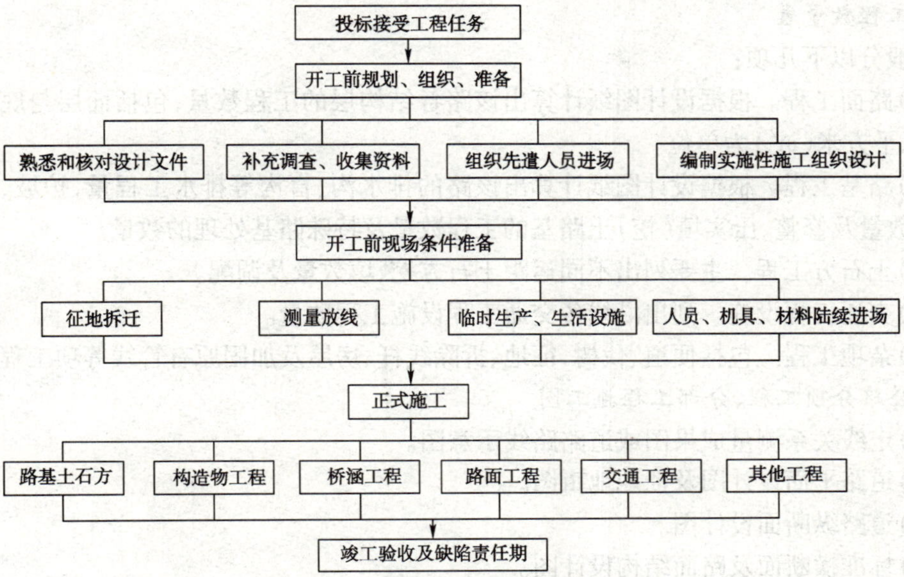

图1.21　高等级公路施工程序

1.6.2 设计文件组成

公路施工图,亦称公路设计文件。公路设计文件一般由专业的公路勘测设计部门负责设计,大致包括以下内容。

1.设计说明书

设计说明书用文字表述的方式说明设计意图,具体内容包括以下四大部分。

1)工程概况

主要说明工程来源、范围、修建理由、工程修建后的效益及设计标准等。

2)设计概要

设计图纸的简要说明,一般包括:

(1)平面设计。说明线路的平面位置关系,平曲线半径、超高、加宽情况,行车视距及与沿线有关路口的衔接处理等。

(2)纵断面设计。说明该公路的控制标高,最大纵坡与最小纵坡、竖曲线半径等。

(3)横断面设计。说明该公路的红线宽度,横断面的规划布置,机动车道宽度与车道分配,非机动车道宽度、分隔带、挡土墙等的布置,路面横坡及路拱曲线的形式等。

(4)路面结构设计。说明路基干湿类型、土基形变模量及对应的回弹模量,整体形变模量,路面结构组成与厚度,水泥混凝土路面传力杆与边缘、角隅钢筋的设置情况等。

(5)公路排水系统设计。说明公路排水系统的设计依据、公路汇水及排水规模、主要排水方式及边沟深度、断面尺寸、排水出口等。

(6)交通工程设计。说明各种交通安全、管理及服务等设施的设置情况,应达到的技术要求等。

(7)立交桥及道路照明设计。说明其设置理由、规模及其形式等。

(8)环境保护设计。说明公路对环境影响的程度及采取的措施等。

3)施工注意事项

设计人员交代施工范围内征地拆迁事项,沿线施工中应注意的问题,对施工方案及沿线施工配合的建议,对沿线特殊路段采取的施工技术措施等。

2. 工程数量表

一般分以下几项:

(1)路面工程。根据设计图纸计算出该路各结构层的工程数量,包括面层与底基层、基层,均以平方米(m^2)为单位。

(2)路基工程。根据设计图纸计算出该路的排水沟、盲沟等排水工程量,护坡、挡墙、桥涵工程数量及修整、压实填(挖)土路基的工程数量及特殊路基处理的数量。

(3)土石方工程。主要列出不同运距土石方挖、填数量及调配。

(4)交通工程设施。列出沿线各交通工程设施工程数量。

(5)杂项工程。包括便道、伐树、征地、拆除线杆、房屋及加固原有管线等项工程数量。

3. 公路分项工程、分部工程施工图

(1)定线关系测量成果图或道路路线示意图。

(2)道路平面设计图及征地地亩图。

(3)道路纵断面设计图。

(4)标准横断面及路面结构设计图。

(5)交叉口设计图。

(6)附属构造物设计图,如挡土墙、桥涵及护坡护面设计图等。

(7)其他附属工程设计图,如排水沟等。

(8)交通工程设施图。

1.6.3 建设项目的划分

一般建设项目的工程划分见表1.11。

单位、分部及分项工程的划分　　表1.11

单位工程	分部工程	分项工程
路基工程(每10km或每标段)	路基土石方工程*(1~3km路段)	土方路基*,石方路基*,软土地基*,土工合成材料处治层*等
	排水工程(1~3km路段)	管节预制,管道基础及管节安装*,检查(雨水)井砌筑*,土沟,浆砌排水沟*,盲沟,跌水,急流槽*,水簸箕,排水泵站等
	小桥及符合小桥标准的通道*,人行天桥,渡槽(每座)	基础及下部构造*,上部构造预制、安装或浇筑*,桥面*,栏杆,人行道等
	涵洞、通道(1~3km路段)	基础及下部构造*,主要构件预制、安装或浇筑*,填土,总体等
	砌筑防护工程(1~3km路段)	挡土墙*,墙背填土,抗滑桩*,锚喷防护*,锥、护坡,导流工程,石笼防护等
	大型挡土墙*,组合式挡土墙*(每处)	基础*,墙身*,墙背填土,构件预制*,构件安装*,筋带,锚杆、拉杆,总体*等

续上表

单位工程	分部工程	分项工程
路面工程(每10km或每标段)	路面工程(1~3km路段)*	底基层,基层*,面层*,垫层,联结层,路缘石,人行道,路肩,路面边缘排水系统等
桥梁工程(特大、大、中桥)	基础及下部构造*(每桥或每墩、台)	扩大基础,桩基*,地下连续墙*,承台,沉井*,桩的制作*,钢筋加工及安装,墩台身(砌体)浇筑*,墩台身安装,墩台帽*,组合桥台*,台背填土,支座垫石和挡块等
	上部构造预制和安装*	主要构件预制*,其他构件预制,钢筋加工及安装,预应力筋的加工和张拉*,梁板安装,悬臂拼装*,顶推施工梁*,拱圈节段预制,拱的安装,转体施工拱*,劲性骨架拱肋安装*,钢管拱肋制作*,钢管拱肋安装*,吊杆制作和安装*,钢梁制作*,钢梁安装,钢梁防护*等
桥梁工程(特大、大、中桥)	上部构造现场浇筑*	钢筋加工及安装,预应力筋的加工和张拉*,主要构件浇筑*,其他构件浇筑,悬臂浇筑*,劲性骨架混凝土拱*,钢管混凝土拱*等
	总体、桥面系和附属工程	桥梁总体*,桥面防水层施工,桥面铺装*,钢桥面铺装*,支座安装,搭板,伸缩缝安装,大型伸缩缝安装*,栏杆安装,混凝土护栏,人行道铺设,灯柱安装等
	防护工程	护坡,护岸*,导流工程*,石笼防护,砌石工程等
	引道工程	路基*,路面*,挡土墙*,小桥*,涵洞*,护栏等
互通立交工程	桥梁工程*(每座)	桥梁总体,基础及下部构造*,上部构造预制、安装或浇筑*,支座安装,支座垫石,桥面铺装*,护栏,人行道等
	主线路基路面工程*(1~3km路段)	(见路基、路面等分项工程)
	匝道工程(每条)	路基*,路面*,通道*,护坡,挡土墙*,护栏等
隧道工程	总体	隧道总体*等
	明洞	明洞浇筑,明洞防水层,明洞回填*等
	洞口工程	洞口开挖,洞口边仰坡防护,洞门和翼墙的浇(砌)筑,截水沟、洞口排水沟等
	洞身开挖	洞身开挖*(分段)等
	洞身衬砌	(钢纤维)喷射混凝土支护,锚杆支护,钢筋网支护,仰拱,混凝土衬砌*,钢支撑,衬砌钢筋等
	防排水	防水层、止水带、排水沟等
	隧道路面	基层*,面层*等
	装饰	装饰工程
	辅助施工措施	超前锚杆、超前钢管等
环保工程	声屏障(每处)	声屏障
	绿化工程(1~3km路段或每处)	中央分隔带绿化,路侧绿化,互通立交绿化,服务区绿化,取弃土场绿化等
交通安全设施(每20km或每标段)	标志*(5~10km路段)	标志*
	标线、突起路标(5~10km路段)	标线*,突起路标等
	护栏*、轮廓标(5~10km路段)	波形梁护栏*,缆索护栏*,混凝土护栏*,轮廓标等
	防眩设施(5~10km路段)	防眩板、网等
	隔离栅、防落网(5~10km路段)	隔离栅、防落网等

续上表

单位工程	分部工程	分项工程
机电工程	监控设施	车辆检测器，气象检测器，闭路电视监视系统，可变标志，光电缆线路，监控（分）中心设备安装及软件调测，大屏幕投影系统，地图板，计算机监控软件与网络等
	通信设施	通信管道与光电缆线路，光纤数字传输系统，数字程控交换系统，紧急电话系统，无线移动通信系统，通信电源等
	收费设施	入口车道设备，出口车道设备，收费站设备及软件，收费中心设备及软件，IC卡及发卡编码系统，闭路电视监视系统，内部有线对讲及紧急报警系统，收费站内光、电缆及塑料管道，收费系统计算机网络等
	低压配电设施	中心（站）内低压配电设备，外场设备电力电缆线路等
	照明设施	照明设施
	隧道机电设施	车辆检测器，气象检测器，闭路电视监视系统，紧急电话系统，环境检测设备，报警与诱导设施，可变标志，通风设施，照明设施，消防设施，控制器，隧道监控中心计算机控制系统，隧道监控中心计算机网络，低压供配电等
房屋建筑工程		（按其专业工程质量检验评定标准评定）

注：①表内标注＊号者为主要工程，评分时给以2的权值；不带＊号者为一般工程，权值为1。

②按路段长度划分的分部工程，高速公路、一级公路宜取低值，二级及二级以下公路可取高值。

③护岸参照挡土墙。

思考及训练

一、填空题

1. 我国公路用土依据土的颗粒组成、塑性指标和有机质存在情况，可分为______、______、______、______四类。

2. 粉性土的毛细水上升速度快而且______，水稳定性______。

3. 公路路基用土按粒径划分为______组、______组和细粒组。

4. 公路要求路基具有的基本性能包括______、______、______。

5. 公路自然区划是根据______、______、______三个原则制定的。

6. 公路自然区划分______个级别，其中一级区划分______区，二级区划的主要划分依据是______。

7. 路基干湿类型划分为______、______、______和______四种。

8. 路基的干湿类型以______或______来划分。对于原有公路，按不利季节______来确定，对于新建公路可以用______作为判别标准。

二、选择题

1. 用以下几类土作为填筑路堤材料时其工程性质由好到差的正确排列是（　　）。

A. 砂性土—粉性土—黏性土　　B. 砂性土—黏性土—粉性土

C. 粉性土—黏性土—砂性土　　D. 黏性土—砂性土—粉性土

2. 在公路土中，巨粒土和粗粒土的分界粒径是（　　）。

A. 200mm　　B. 60mm　　C. 20mm　　D. 5mm

3. 已知某路段预估路面厚度约30cm，路面表层距地下水位的高度为1.65m，查得临界高度 $H_1=1.7\sim1.9\text{m}$，$H_2=1.2\sim1.3\text{m}$，$H_3=0.8\sim0.9\text{m}$，则该路段干湿类型是(　　)。

A. 干燥　　B. 中湿　　C. 潮湿　　D. 过湿

4. 新建公路路基干湿类型判断的依据是(　　)。

A. 填方或挖方高度　　B. 地表水及地下水位

C. 临界高度　　D. 分界相对含水率

5. 确定新建公路路基干湿类型的指标是(　　)。

A. 平均稠度　　B. 平均相对含水率

C. 路基临界高度　　D. 路基设计高度

6. 公路自然区划中划分二级区划的标准是(　　)。

A. 地域特征　　B. 潮湿系数　　C. 工程特征　　D. 大气降水

三、简答题

1. 试述路基干湿类型有哪些划分方法？干湿状况对路基有哪些影响？
2. 路基工程的作用及特点有哪些？
3. 对路基有哪些基本要求？
4. 影响路基稳定性的因素主要有哪些？
5. 表征路基强度的指标有哪些？
6. 路基土分为哪几类？多少种？各类土又有什么工程性质？
7. 路基湿度的来源主要有哪几个方面？
8. 路基干湿类型是如何分类的？一般路基要求工作在何种状态？
9. 什么叫平均稠度和临界高度？在旧路改造和新建公路时如何判定路基干湿类型？
10. 什么叫路基工作区？确定该区有何意义？
11. 土基有哪些强度指标？
12. 如何确定土基回弹模量值？
13. 公路自然区划是根据什么原则制定的？

四、计算题

陕西省渭南地区某公路一段粉质黏土路基，经实地测定某路槽底面以下80cm范围内各土层的含水率见表1.12。已知土的液限为34%，土的塑限为17%，试判断该路段土的干湿类型。

表1.12

深度(cm)	1 ~ 10	10 ~ 20	20 ~ 30	30 ~ 40	40 ~ 50	50 ~ 60	60 ~ 70	70 ~ 80
天然含水率(%)	18.63	18.54	18.91	19.21	19.52	19.75	19.85	19.87

模块2　路基构造及施工准备

教学目标

通过模块2的学习，能够识读路基横断面图；明确路基的基本构造组成及附属构造物组成；明确路基断面几何要素的控制依据；明确公路施工准备的内容、路基施工的程序及路基放样的内容；能够从事具体的施工准备工作，或与前序的工程测量及公路勘测设计中的相关技能训练相结合，完成相应的路基放样工作。

2.1　路基典型横断面

路基设计高程低于天然地面时，需要开挖；路基设计高程高于天然地面时，需要填筑。由于填挖情况的不同，典型路基的断面形式有路堤、路堑、填挖结合三种。

2.1.1　路堤

路堤是指全部用岩土填筑而成的路基，见图2.1。路堤是高于原地面的填方路基，其作用是支承路床和路面。路床以下的路堤分上、下两层，路面底面以下80～150cm范围内的填方部分为上路堤，上路堤以下的填方部分为下路堤。

a)　　　　b)

图2.1　路堤

按填土高度的不同，路堤可划分为矮路堤、高路堤和一般路堤。路基填土高度小于1～1.5m的路堤称为矮路堤；填土高度大于1.8m（土质）或2.0m（石质）的路堤属于高路堤；填土高度为1.5～2.0m范围的路堤称为一般路堤。路堤常用横断面形式见图2.2。

2.1.2　路堑

路堑指全部在原地面开挖而成的路基，见图2.3。常见路堑横断面图见图2.4。路堑开挖后破坏了原地层的天然平衡状态，其稳定性主要取决于地质与水文条件，以及边坡深度和边坡坡度。

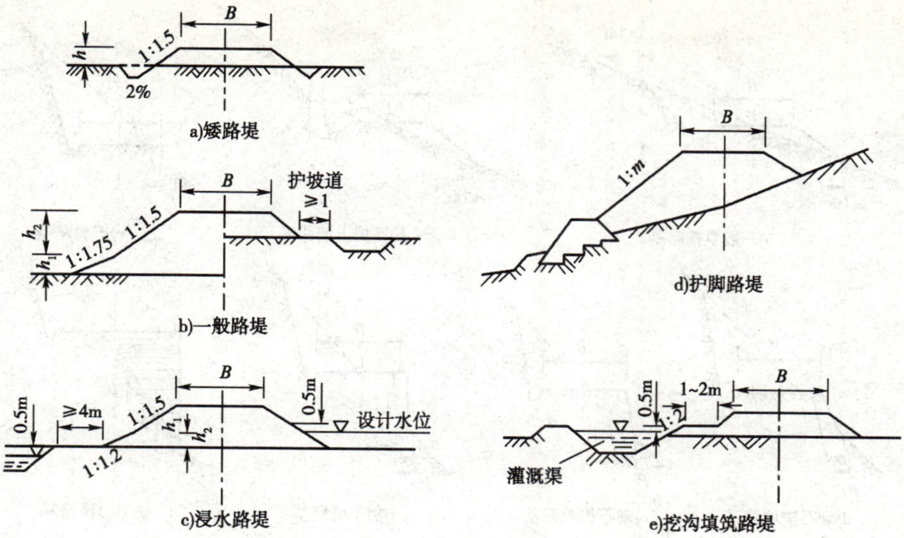

图 2.2　路堤的几种常用横断面形式

图 2.3　路堑

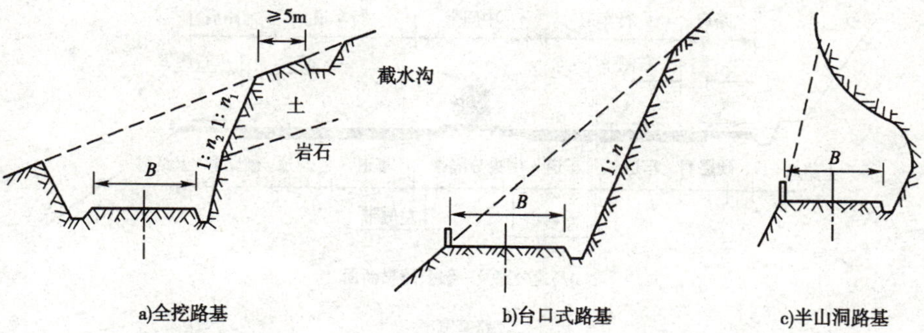

图 2.4　路堑常用横断面形式

2.1.3　填挖结合路基

填挖结合路基指原地面横坡度较大，且路基较宽，往往需要一侧开挖，一侧填筑而成，这种由部分填筑和部分开挖而形成的路基，叫填挖结合路基，也叫半填半挖路基。半填半挖路基较多适用于山区、丘陵区。填挖结合路基常用横断面形式见图 2.5。

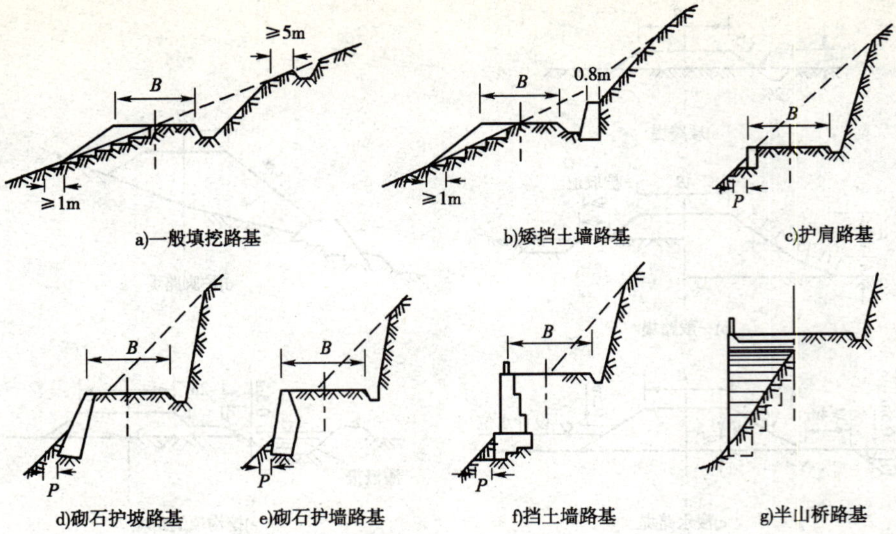

图 2.5　填挖结合路基常用横断面形式

2.2　路基基本构造

公路路基由宽度、高度和边坡坡度三者所构成。路基宽度取决于公路技术等级；路基高度取决于纵坡设计及地形；路基边坡坡度取决于地质、水文条件，并由边坡稳定性和横断面经济性等因素比较选定。路基宽度、路基高度、路基边坡坡度是路基断面的三个基本要素。

2.2.1　路基宽度

路基宽度为路面及两侧路肩宽度之和。路基宽度组成见图 2.6。根据现行《公路工程技术标准》(JTG B01—2003)路基宽度取值见表 2.1。

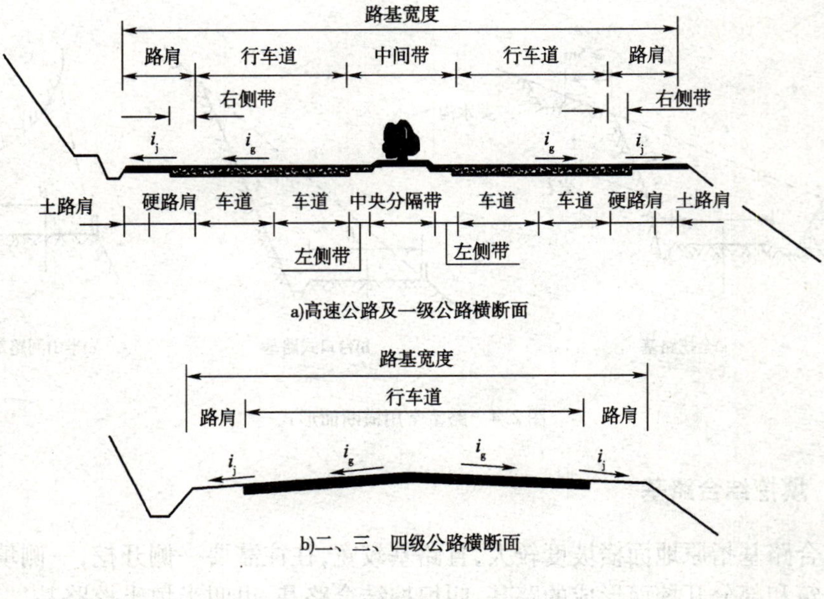

图 2.6　路基宽度示意图

各级公路路基宽度值　　表 2.1

公路等级		高速公路、一级公路								
设计速度(km/h)		120			100			80		60
车道数		8	6	4	8	6	4	6	4	4
路基宽度(m)	一般值	45.00	34.00	28.00	44.00	33.50	26.00	32.00	24.50	23.00
	最小值	42.00	—	26.00	41.00	—	24.00	—	21.50	20.00

公路等级		二级公路、三级公路、四级公路					
设计速度(km/h)		80	60	40	30	20	
车道数		2	2	2	2	2 或 1	
路基宽度(m)	一般值	12.00	10.00	8.50	7.50	6.5(双车道)	4.5(单车道)
	最小值	10.00	8.50	—	—	—	

注:①“一般值”为正常情况下的采用值,“最小值”为条件受限制时可采用的值。

②八车道高速公路路基宽度“一般值”为设置左侧硬路肩、内侧车道采用 3.50m 时的宽度,八车道高速公路路基宽度“最小值”为不设置左侧硬路肩、内侧车道采用 3.75m 时的宽度。

2.2.2 路基高度

路基高度:即施工高度,是路基设计标高与路中线原地面标高之差,指路堤的填筑高度或路堑的开挖深度。路基设计标高通常以路肩边缘为准,即路肩边缘的标高。

边坡高度:填方坡脚或挖方坡顶标高与路基设计标高之差。当原地面平坦时,路基高度与边坡高度相等,而山坡坡面上,两者不等,且两侧边坡高度也不相等。

路堤的最小填筑高度,应根据临界高度,并结合沿线具体条件和排水及防护措施,按照公路等级及有关的规定确定,一般应保证路基处于干燥或中湿状态。

2.2.3 路基边坡坡度

路基边坡即路肩的外边缘与坡脚(路堑则为边沟外侧沟顶与坡顶)所构成的坡面,是支撑路基主体的重要组成部分。路基边坡的坡度,习惯上用边坡的高度与宽度的比值表示,并取 $H=1$,如 1:0.5、1:1、1:1.5、1:1.75 等。路基坡度示意图见图 2.7。

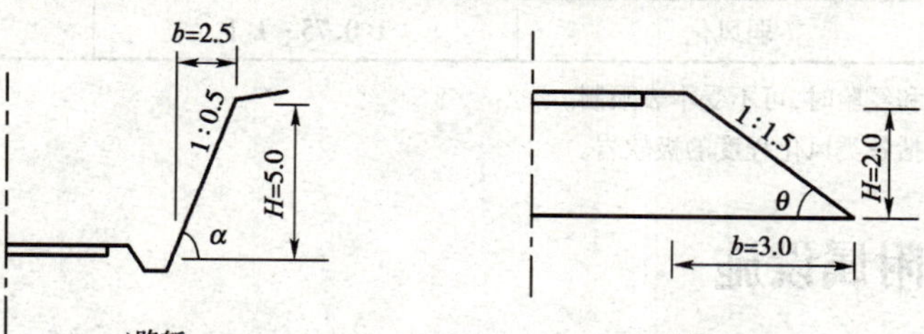

a)路堑　　b)路堤

图 2.7　路基坡度示意图

路基边坡坡度取值考虑因素:边坡土质、岩石性质、水文地质条件、边坡高度等。

现行《公路路基设计规范》(JTG D30—2004)规定,对不同情况下的路基边坡坡度值应不大于表 2.2 ~ 表 2.5 的规定值。

路堤边坡坡度表 表 2.2

填料类别	边坡坡度	
	上部高度(H≤8m)	下部高度(H≤12m)
细粒土	1:1.5	1:1.75
粗粒土	1:1.5	1:1.75
巨粒土	1:1.3	1:1.5

砌石边坡坡度表 表 2.3

序号	砌石高度(m)	内边坡坡度	外边坡坡度
1	≤5	1:0.3	1:0.5
2	≤10	1:0.5	1:0.67
3	≤15	1:0.6	1:0.75

土质路堑边坡坡度 表 2.4

土的类别		边坡坡度
黏土、粉质黏土、塑性指数大于 3 的粉土		1:1
中密以上的中砂、粗砂、砾砂		1:1.5
卵石土、碎石土、圆砾土、角砾土	胶结和密实	1:0.75
	中密	1:1

注:黄土、红黏土、高液限土、膨胀土等特殊土质挖方边坡形式及坡度应按有关规定确定。

岩质路堑边坡坡度 表 2.5

边坡岩体类型	风化程度	边坡坡度	
		$H<20$m	15m≤$H<30$m
Ⅰ类	未风化、微风化	1:0.1~1:0.3	1:0.1~1:0.3
	弱风化	1:0.1~1:0.3	1:0.3~1:0.5
Ⅱ类	未风化、微风化	1:0.1~1:0.3	1:0.3~1:0.5
	弱风化	1:0.3~1:0.5	1:0.5~1:0.75
Ⅲ类	未风化、微风化	1:0.3~1:0.5	
	弱风化	1:0.5~1:0.75	
Ⅳ类	弱风化	1:0.5~1:1	
	弱风化	1:0.75~1:1	

注:①有可靠的资料和经验时,可不受本表限制。

②Ⅳ类强风化包括各类风化程度的极软岩。

2.3 路基附属设施

除路基本体结构及排水、防护与加固等主体工程外,与一般路基工程有关的附属设施有取土坑、弃土堆、护坡道、碎落台、堆料坪及错车道等。

1. 取土坑

路基填方时,如果挖方挖出的填料不足以供应填方,根据需要可从路侧取土,取土后的地方形成坑状,称为取土坑(图 2.8)。如需从取土坑借方时,应对取土坑作出规划设计。取土坑应尽量设在荒坡、高地上，少占农田，并与农业、水利和环保部门紧密联系，协调发展。

取土坑至路基之间的距离不得影响路基边坡稳定。兼作排水的取土坑，应确保水流通畅排泄，其深度不宜超过该地区地下水水位，并应与桥涵进口高程相衔接；其纵坡不应小于0.2%，平坦地段亦不应小于0.1%。对取土坑应采取必要的排水、防护和绿化措施，避免水土流失。桥头引道两侧不宜设置取土坑。

2. 弃土堆

基挖方过剩，不能完全利用，则需弃土。路基弃土应作规划设计，与当地农田建设和自然环境相结合，利用弃土改地造田。山坡弃土应注意避免破坏或掩埋下侧林木农田，沿河弃土应防止河床堵塞或引起水流冲毁农田房屋等。弃土堆一般就近设在低地，或弃于地面下坡一侧。弃土堆宜堆成梯形横断面，边坡不陡于1:1.5，弃土堆坡脚与路堑坡顶之间的距离一般为3～5m，路堑边坡较高，土质较差时应大于5m，如图2.9所示。

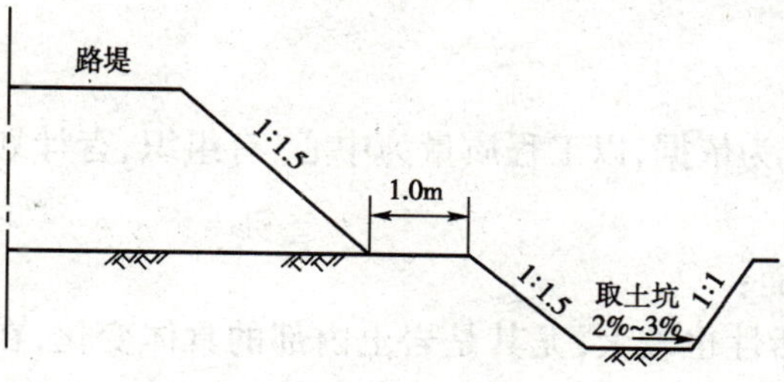

图2.8　取土坑示意图

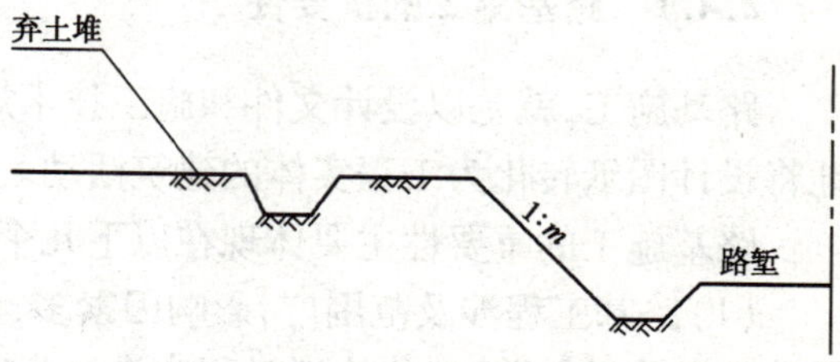

图2.9　弃土堆示意图

弃土堆应合理设置，不得影响路基稳定及斜坡稳定。路基弃土堆设计应与当地农田建设和自然环境相结合，并注意保护林木、农田、房屋及其他工程设施。弃土堆应堆放规则，进行适当碾压，并应采取必要的排水、防护和绿化措施。沿河弃土时，应防止加剧下游路基与河岸的冲刷，避免弃土阻塞、污染河道，必要时应设置防护支挡工程。桥头弃土不得挤压桥墩，阻塞桥孔。

3. 护坡道与碎落台

护坡道是保护路基边坡稳定性的措施之一，目的是加宽边坡横距，减小边坡平均坡度。护坡道愈宽，越有利于边坡稳定。宽度大，工程数量也随之增加，所以要兼顾边坡稳定与横断面经济。护坡道宽度至少为1.0m。

碎落台通常设置在路堑边坡坡脚与边沟外侧边缘之间，有时也设置在边坡中部，如图2.10所示，其作用是防止零星土石碎落物落入边沟。碎落台宽度一般为1.0～1.5m。兼顾护坡道作用，可酌情放宽。对风化严重的岩石边坡或不良土质边坡，为防止塌方，碎落台可修成矮墙，其顶部宽度大于0.5m，墙高1～2m。

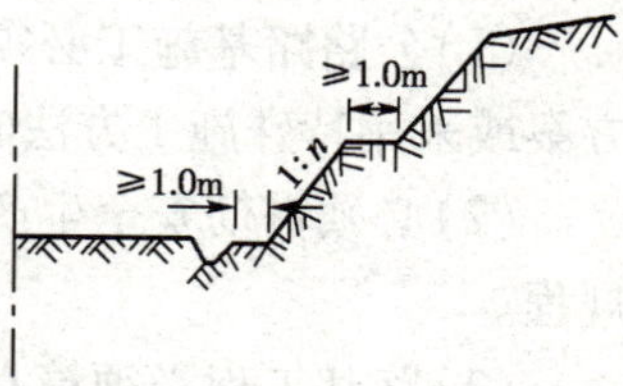

图2.10　碎落台示意图

4. 堆料坪与错车道

路面养护用矿质材料，可就近选择路旁合适地点堆置备用，也可在路肩外缘设堆料坪（见图2.11），其面积可结合地形与材料数量而定。例如，可每50～100m设一个堆料坪，长为5～8m，宽为2m。机械化养护或较高级的路面，有的可以不设，或另设集中备用料场，以维护公路外形的视觉平顺和景观优美。

单车道公路，由于双向行车会车和相互避让的需要，通常应每隔200～500m设置错车道一处。按规定错车道的长度不得短于30m，两端各有长度为10m的出入过渡段，中间10m

供停车用。单车道的路基宽度为4.5m,而错车道地段的路基宽度为6.5m,如图2.12所示。错车道是单车道路基的一个组成部分,应与路基同时设计与施工。

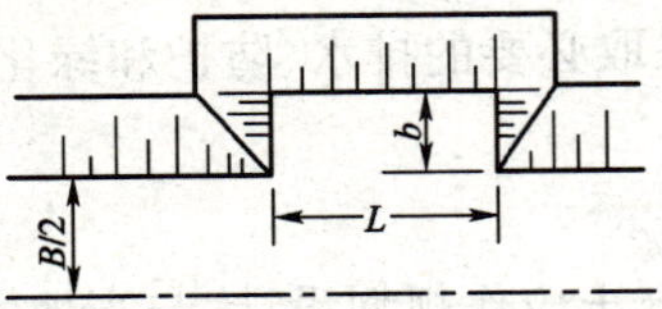

图2.11 堆料坪示意图

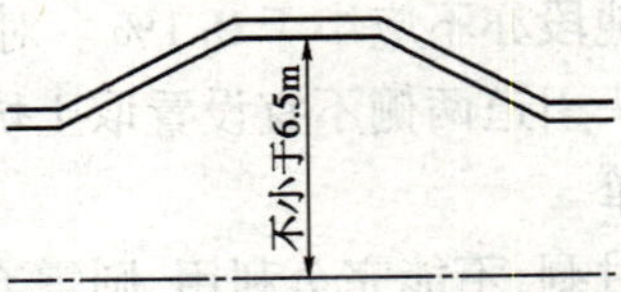

图2.12 错车道示意图

2.4 路基施工方法及施工准备

2.4.1 路基施工的重要性

路基施工,就是以设计文件和施工技术规范为依据,以工程质量为中心,有组织、有计划地将设计图纸转化为工程实体的建筑活动。

路基施工的重要性主要体现在以下几个方面:

(1)路基工程涉及范围广,影响因素多,灵活性也较大,尤其是岩土内部的具体变化,在设计阶段难以尽善,有待施工过程中进一步完善。

(2)路基土石方工程数量大,分布不均匀,不仅与自身的其他工程设施,如路基排水、防护与加固等相互制约,而且与公路工程中的其他项目,如桥涵、隧道、路面及附属设施相互交叉。因此,路基的施工往往是整个工程项目施工组织管理的关键。

(3)路基是路面的基础。路基的强度和稳定性直接影响路面的强度和稳定性,质量不合标准将会给路面及路基自身留下隐患,一旦产生病害不仅损害道路使用品质,导致妨碍交通及经济损失,而且往往后患无穷,难以根治。因此,路基施工质量及其组织管理,对于整个公路工程的施工进度及质量具有十分重要的意义。

2.4.2 路基施工的基本要求

(1)公路路基施工必须按主管部门批准了的设计文件进行。如需变更设计、改变原施工方案或采用特殊施工方法时,应按施工管理程序,预先报请审批。

(2)必须贯彻安全生产的方针,制订技术安全措施,加强安全教育,严格执行安全操作规程。

(3)路基工程必须精心组织,在确保工程质量的原则下进行。

(4)因地制宜,合理利用当地材料和工业废料。

(5)以挖作填,合理调运,节约用地,注意保护耕地和农田水利设施。

(6)保护生态环境,尽量少破坏原有植被地貌。必须妥善处理清除的杂物,不得倾弃于河流水域之中。

(7)防止地面水和地下水对路基的浸泡和软化,是路基施工的关键。

2.4.3 路基施工的基本方法

路基施工的基本方法,按其技术特点大致可分为:人工施工、简易机械化施工、综合机械化施工、水力机械化施工和爆破施工等几种。

(1)人工施工。人工施工使用手工工具,劳动强度大、工效低、进度慢,工程质量难以保证,适用于某些辅助性工作,即使实现机械化施工,也还有必要保留。

(2)简易机械化施工。以人力为主,配以机械或简易机械,与人工施工方法比较,能减轻劳动强度,施工进度快,质量有所提高。

(3)综合机械化施工。本方法采用推土机、铲运机、平地机、挖掘机、压路机及松土机等机械。各种机械设备应通过组合发挥其最大功效,提高劳动生产率,加快施工进度,并有效地保证工程质量和施工安全。目前,我国大多数高等级公路的施工都是采用这种方法。

(4)水力机械化施工。它是运用水泵、水枪等水力机械,喷射强力水流,冲散土层并流运至指定地点沉积,如采集砂料或地基加固等。水力机械化施工适用于电源和水源充足、挖掘比较松散的土质及地下钻孔等。对砂砾填筑路堤或基坑回填,还可起到密实作用(称为水夯法)。

(5)爆破施工。爆破法是利用炸药爆炸的巨大能量炸松土石或将其移到预定位置。这种施工方法主要用于石质路堑的开挖,特殊情况下也用于土质路堑开挖或清除淤泥。

施工方法的选择,应根据工程性质、施工期限、现有条件等因素而定,且应因地制宜和综合使用各种方法。高速公路、一级公路以及在特殊地区或采用新技术、新工艺、新材料进行路基施工时,应采用不同的施工方案做试验路段,从中选出路基施工的最佳方案指导施工。

2.4.4 路基施工的主要内容和一般程序

(1)施工前的准备工作

为保证施工正常进行,施工前的准备工作极为重要,必须足够重视并认真做好。施工前的准备工作内容较多,大体可归纳为组织准备、物资准备、技术准备等方面。

(2)路基施工的基本工作

路基施工的基本工作包括路基和小型人工构筑物两部分。

路基施工的主要内容有开挖路堑、填筑路堤、路基压实、整平路基表面、整修边坡、修筑排水沟渠及防护加固设施等。

小型人工构筑物包括小桥、涵洞、通道、挡土墙和暗沟的修筑等。这项工程通常与路基施工同时进行,但要求人工构造物先行完工。

(3)路基工程的检查和验收

为加强工程质量管理、确保工程质量,在施工过程中应按施工标准和技术规范的要求进行检查与验收。中间检查是在施工过程中每当一部分工程完成时,特别是隐蔽工程,应按设计图纸、设计文件和技术规范的要求进行检查与验收。中间检查的目的在于检查分部工程质量,及时发现存在问题,采取补救措施,以利于下一步工序顺利进行。

2.4.5 路基施工前的准备工作

路基施工需要消耗大量的人工、物资、机械和时间等资源,是一项历时时间长、技术要求高的工作。路基施工前,必须根据工程的实际情况做好组织准备、物资准备和技术准备工作,使各项施工活动能正常进行。在施工过程中,所有的施工活动都必须严格按有关施工规范进行,以确保工程质量,最后得到质量优良的路基实体。

1.组织准备

施工企业通过投标方式获得工程施工任务后,应根据签订的施工合同的要求,迅速组建符合本工程实际的施工管理机构，组织施工队伍进场施工。同时，为保证工程按设计要求的质量、计划规定的进度和低于合同运价的成本，安全、顺利地完成施工任务，还应针对施工管理工作复杂、困难的特点，建立一整套完善的施工管理制度，采用科学的管理方法，进行切实有效的工作，以达到预期目的。组织准备是做好一切准备工作的前提，主要内容有：

(1)施工机构的组建和人员的配备。

(2)建立健全各项管理制度：

①施工计划管理制度；

②工程技术管理制度(技术责任制、技术交底制度)；

③工程成本管理制度；

④施工安全管理制度。

2. 物资准备

物资准备的主要内容包括：

(1)路基工程所需的砂石料、填土等材料的准备。

(2)沿线结构物所需的钢材、木材、砂石料和水泥等材料的准备。

(3)施工设备的准备。

(4)其他各种小型生产工具、小型配件等的准备。

(5)办公、生活、后勤供应等物资的准备。

3. 技术准备

路基施工前的技术准备包括制订施工组织计划、施工测量、施工前的复查与试验及清理施工现场等工作。对于高速公路、一级公路或采用新技术、新工艺及新材料的其他等级公路，除做好上述准备工作外，还应在大规模施工前铺筑试验路，为正式施工提供技术指导。

(1)研究和熟悉设计文件并进行现场核对。主要内容有：

①各项计划的布置、安全是否符合国家有关方针政策和规定；

②设计文件所依据的水文、气象、土壤等资料是否准确、可靠、齐全；

③对水土流失、环境影响的处理措施；

④路基平、纵、横断面，构造物总体布置和桥涵结构物形式等是否合理，相互之间是否有错误与矛盾；

⑤核对路线中线、主要控制点、水准点、三角点、基线等是否准确无误。主要构造物的位置、尺寸大小、孔径等是否恰当，能否采用更先进的技术或使用新型材料；

⑥路线或构造物与农田、水利、航道、公路、铁路、电信、管线及其他建筑物的相互干扰情况及其解决办法是否恰当，干扰可否避免；

⑦对地质不良地段采取的处理措施；

⑧主要材料、劳动力、机械台班等计算是否准确；

⑨施工方法、料场分布、运输工具、道路条件等是否符合实际情况；

⑩临时便桥、便道、房屋布置是否合理，电力、电信设备、桥梁吊装方案、设备、临时供水、场地布置等是否恰当；

⑪各项协议文件是否齐备、完善；

⑫工程验算以及采用的定额是否合理。如现场核对时发现设计不合理或有错误之处，应做好详细记录并拟定修改意见，待设计技术交底时提交。

(2)补充调查资料。

进行现场补充调查,是为编制实施性施工组织设计收集资料。调查的内容主要有:

①工程地点的水文、地形、气候条件和地质情况;

②自采加工料场、当地材料、可供利用的房屋情况;

③当地劳动力资源、工业加工能力、运输条件和运输工具情况;

④施工场地的水源、电源,以及生活物资供应情况;

⑤当地风俗习惯等。

(3)设计交桩和设计技术交底。

工程在正式施工之前,应由勘测设计单位向施工单位进行交桩和设计技术交底。

交桩应在现场进行,设计单位将路线勘测时所设置的导线控制点和水准控制点及其他重要点位的桩志逐一移交给施工单位,施工单位在接受这些控制点后,要采取必要措施妥善加固保护。

设计技术交底一般由建设单位主持,设计、监理和施工单位参加。交底时设计单位应说明工程的设计依据、设计意图及功能要求,并对某些特殊结构、新材料、新技术以及施工中的难点和需要注意的方面详细说明,提出设计要求。施工单位则将在研究设计文件中发现的问题及有关修改设计的意见提出,由设计单位对有关问题进行澄清和解释。对于合理的修改设计的意见,经过讨论认为确有必要,可在统一认识的基础上,对所讨论的结果逐一记录,并形成纪要,由建设单位正式行文,参加单位共同会签,作为与设计文件同时使用的技术文件和指导施工的依据,以及进行工程结算的依据。

(4)建立工地试验室。

(5)编制施工组织设计。

(6)编制施工预算。

(7)施工测量。

开工前应做好施工测量工作,内容包括导线、中线、水准点复测,检查与补测纵、横断面,校对和增加水准点等。

①中线的恢复和标定:开工前应全面恢复路中线,并固定路线的交点、平曲线主点等主要控制桩。高速公路和一级公路应采用坐标法恢复主要控制桩。若设计文件中公路路线主要由导线控制,施工测量时必须做好导线的复测工作,以准确控制路线的平面位置。为满足施工要求,复测路中线时应对指示桩进行必要的加密和加固。若发现路中线与相邻施工段的中线或结构物中轴线不闭合,应及时查明原因并上报有关部门。若原设计路线长度丈量有错误或局部改线时,应作断链处理并相应调整纵坡。

②水准点的复查与加设:根据设计资料对沿线作复核性水平测量,复核水准点一览表中原设水准点高程;根据路线纵断面图,复核有疑问的地面高程。路基施工时,若使用设计单位设置的水准点,应进行校核并与国家水准点闭合;产生的闭合差应按有关规定处理,闭合差超出允许误差应查明原因并报告有关部门。为方便施工可增设水准点,但应可靠固定。

③纵、横断面的检查与补测:施工前应对路基纵、横断面进行检查和核对,并适当补测。根据已经恢复的路中线,按设计文件、施工规定和技术要求等标出路基用地界桩、路堤坡脚、路堑坡顶、边沟及路基附属设施的具体位置。为方便施工,还应在距路中线一定安全距离处设置控制桩,间距不宜大于50m,桩上标明桩号及路中心填挖高度。在路基施工过程中应采取有效措施保护所有测量标志,以免增加测量工作量,减少出现错误的可能。

④预留桥涵位置：就施工程序而言，桥涵原应先于路基施工，但由于种种原因，往往桥涵尚未修建，路基即需开工，所以需要预留桥涵位置。预留桥涵位置，应先确定桥涵中心桩及其起讫桩，然后根据桥涵台的形式按照设计图中规定的尺寸，并考虑施工时不受影响等条件，测定台后应留出的长度和宽度，设立木桩。

(8)施工现场准备。

路基施工前应先办好有关土地的征用、占用手续，依法使用土地。路基范围内的既有建筑物、道路、沟渠、通信及电力设施等，施工单位应协同有关部门事先拆除或迁建。对路基附近的危险建筑物应进行适当加固，对文物古迹应妥善保护。此外还要做好以下准备工作：

①恢复定线测量；

②建造临时设施；

③铺筑临时交通便道；

④解决好工地临时用水；

⑤解决好工地临时用电；

⑥安设安全设施。

(9)铺筑试验路。

高速公路和一级公路、特殊地区公路或采用新技术、新工艺、新材料的路基，在正式施工前，应采用不同的施工方案和施工方法，铺筑试验路并进行相关试验分析，从中选出最佳施工方案和施工方法以指导大面积路基施工。所铺筑的试验路应具有代表性，施工机械和工艺过程要与以后全面施工时相同。通过试验路铺筑可确定不同压实机械压实各种填料的最佳含水率、适宜的松铺厚度、相应的碾压遍数、最佳机械配置和施工组织方法等。

(10)施工前的复查与试验。

路基施工前，施工技术人员应对路基施工范围内的地质、地形、水文情况进行详细调查。根据设计文件提供的资料，对取自挖方、借土场、料场的路堤填料进行复查和取样试验。用作填料的土应按土工试验规程测定其物理、力学等性质，以试验结果作为判定可否应用的依据。若使用新材料填筑路堤，除对相应指标进行试验外，还应进行环境保护分析并提出报告，经批准后方可使用。

2.5 施工放样

路基开工前，应根据路基横断面设计图或路基设计表进行放样。路基放样的目的是在原地面上标定路基的轮廓，作为施工的依据。

1.放样工作内容

(1)在地面中线桩处标定填挖高度。

(2)按设计图纸定出横断面的各主要点，如路堤的边缘和坡脚、路堑的坡顶、半填半挖断面的坡脚和坡顶。

(3)边坡放样，按设计的路基边坡坡度放出边坡的位置桩。

(4)移桩移点，遇有在施工中难以保存的桩志，应沿横断面方向将桩点移设于施工范围以外。

2.放样工具

对于低等级公路，在路基放样时，需要准备好如下工具：方向架、花杆、皮尺、红油漆、毛笔、小竹桩、铁锤、小竹竿、小麻绳等。

对于高等级公路，在路基放样时，需要准备好如下工具及仪器：全站仪（或测距仪）、棱镜及棱镜杆、钢尺、红油漆、毛笔、木桩等。

3. 放样方法

1）低等级公路的放样方法

（1）图解法

在有路基横断面设计时，可根据设计图中所示的尺寸，直接在地面上沿横断面方向量出路肩、坡脚、排水沟等各特征点距中桩的距离，定出路肩桩、坡脚桩或坡顶桩。

（2）计算法

在现场没有横断面设计图，只有中心桩填挖高度时，就必须用计算法算出路肩、坡脚或坡顶的位置，然后再用皮尺量出。

以上两种方法在丈量距离时尺子一定要保持水平。每个横断面都必须放出路基宽度（路堑加边沟宽度）的边桩后，再分别放出两侧的路堤坡脚桩和路堑的坡顶桩，然后再将各个桩号的坡脚和坡顶用石灰线连接起来，就是路基填挖边界线（或在填方坡脚桩外挖1m宽的水沟作田、路分界线）。

2）高等级公路的放样方法

高等级公路，特别对于高填深挖路段，在进行坡脚桩、坡顶桩以及边坡的放样时，应使用全站仪，采用坐标法或极坐标法放样，以保证放样的准确性。

4. 边桩放样

（1）平地上放路基边桩

路堤坡脚至中桩的距离：

$$L = \frac{b}{2} + mH \tag{2.1}$$

路堑坡顶至中桩的距离：

$$L = \frac{b_1}{2} + mH \tag{2.2}$$

式中：b——路基设计宽度（m）；

b_1——路基加两侧边沟宽度之和（m）；

m——边坡设计坡率；

H——路基中心设计填挖高度（m）。

（2）斜坡地上放路基边桩

如图2.13所示，当地面横向倾斜较大时，计算时应考虑横向坡度的影响。

路堤坡脚至中桩的距离：

上侧坡脚
$$l_1 = \frac{b}{2} + m(H - h_1) \tag{2.3}$$

下侧坡脚
$$l_2 = \frac{b}{2} + m(H + h_2) \tag{2.4}$$

路堑坡顶至中桩的距离：

上侧坡顶
$$l_1 = \frac{b_1}{2} + m(H + h_1) \tag{2.5}$$

下侧坡顶

$$l_2 = \frac{b_1}{2} + m(H - h_2) \tag{2.6}$$

式中：h_1 ——上侧坡脚（坡顶与中桩的高差，m）；

h_2 ——下侧坡脚（坡顶与中桩的高差，m）。

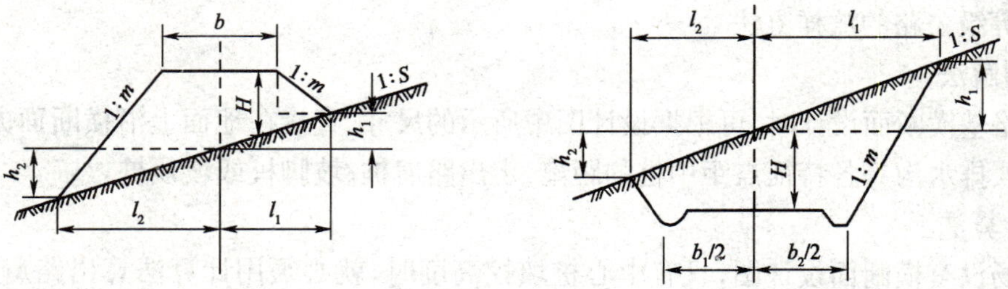

a)路堤　　b)路堑

图 2.13　斜坡地上放路基边桩

应当指出，上列各式中的 h_1 及 h_2 都是未知数，因此还不能计算出路基边桩至中桩的距离，必须先用水平尺量出路基设计宽度（$b/2$ 或 $b_1/2$），再量出 $b/2$ 或 $b_1/2$ 处至中桩的高差，得到 $b/2$ 或 $b_1/2$ 处的填或挖的高度（h_1 或 h_2），再乘以坡度率（m）就可得到 $b/2$ 或 $b_1/2$ 处的坡脚或坡顶的距离。若仍有高差，则用同样的方法反复进行多次，就可得到坡脚桩或坡顶桩的正确位置，此方法称为渐近法，如图 2.14、图 2.15 所示。图 2.15 中路基宽 $b_1=9.5\text{m}$，中桩开挖高度 $H=5.2\text{m}$，边坡率 $m=0.5$，从横断面图中量得 O 点与 A 点水平距离为 9.2m，找到 A_1，同时实测 A_1 点与 O 点的高差 4.3m，代入式(2.5)中计算得 $l=9.2\text{m}$，说明所定边桩距中桩距离太近。重新假定 $l=9.6\text{m}$，丈量水平距离得 A 点，测得 A 与 A_1 点的高差为 0.2m，继续代入式(2.5)计算验证，得 $l=9.6\text{m}$，从而确定边桩位置。渐进法计算公式为

$$L_2 = m(H + h_2) + mh_3 + mh_4 + \cdots \tag{2.7}$$

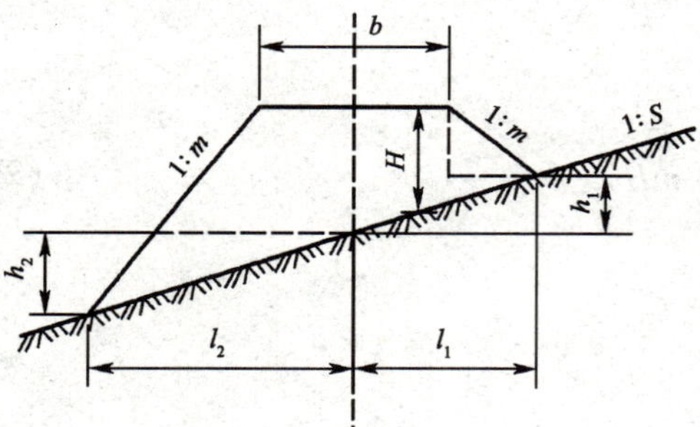

图 2.14　用渐近法放路堤坡脚

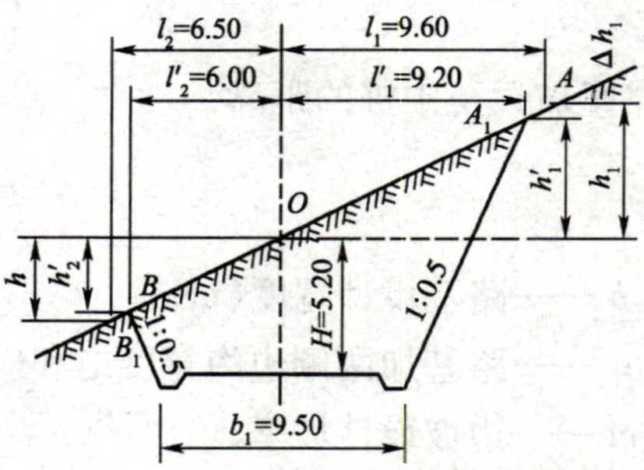

图 2.15　用渐近法放路堑坡顶（尺寸单位：m）

（3）在弯道上的路基放样

要根据设计要求，详细了解弯道上的超高值和加宽值，确定路基边桩（左或右）的高程和至中心桩的距离，要注意弯道加宽是在弯道的内侧。

5. 边坡放样

（1）用挂线法放边坡

当路堤高度不大时，可按图 2.16a）所示放样。当路堤填土较高时，可分层挂线，在每次挂线前，应当穿中线并用水准仪抄平，如图 2.16b）所示。

（2）用坡度样板放边坡

首先按照边坡坡度做好边坡样板。样板的式样有活动样板，如图 2.17a）所示；固定边

坡样板用于路堑开挖，在坡顶外侧钉立固定边坡超级样板，施工时可瞄准样板进行开挖，如图2.17b)所示。

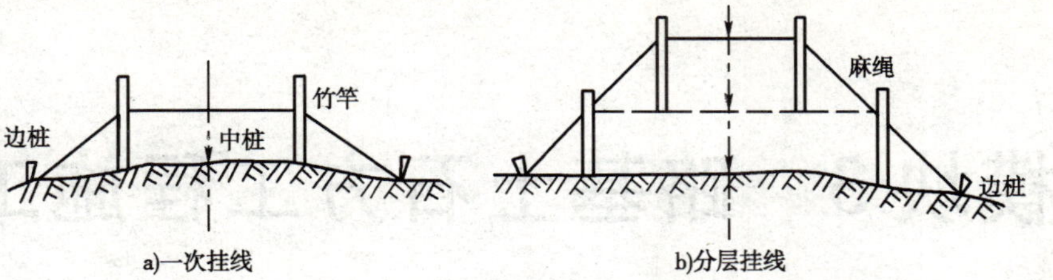

图2.16　用挂线法放边坡

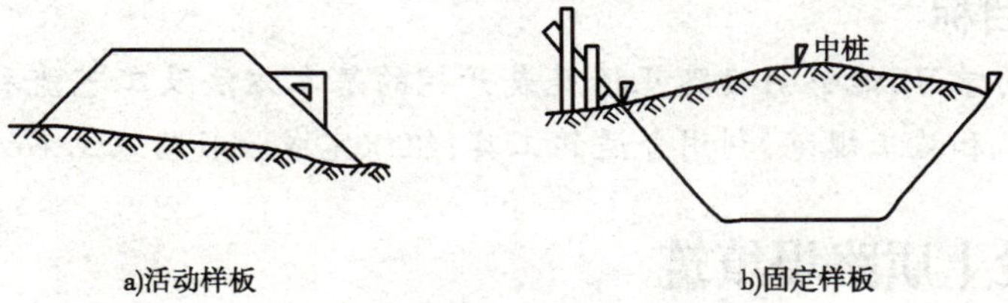

图2.17　用边坡样板放边坡

思考及训练

一、名词解释

1. 路基边坡坡度
2. 高路堤
3. 一般路基
4. 路堤
5. 路堑
6. 路基高度
7. 路基工作区
8. 路基高度
9. 路基临界高度
10. 路基宽度
11. 最小填土高度

二、简答题

1. 路基横断面有哪三种典型类型？从结构上看各种类型又可分为哪些类型？
2. 路基三要素指什么？
3. 路基的附属设施主要包括哪些？各有什么作用？
4. 试述护坡道的用途和设置位置。
5. 路基临界高度、填土高度、路基高度分别指什么？
6. 试述路基施工的重要性。
7. 路基施工前应做好哪些准备工作？
8. 路基施工有哪些方法？各自适用性如何？
9. 结合附录的施工图完成相应的施工准备文件。

模块3　路基土石方工程施工

教学目标

通过模块3的学习，能够明确路基填筑或开挖的基本方法及工艺流程、质量控制指标；能够按照设计图纸和施工规范，利用合适的工具，组织完成一般路基土石方的施工工作。

3.1　一般土质路堤填筑

3.1.1　一般土质路堤填筑工艺流程

一般土质路堤填筑工艺流程见图3.1。

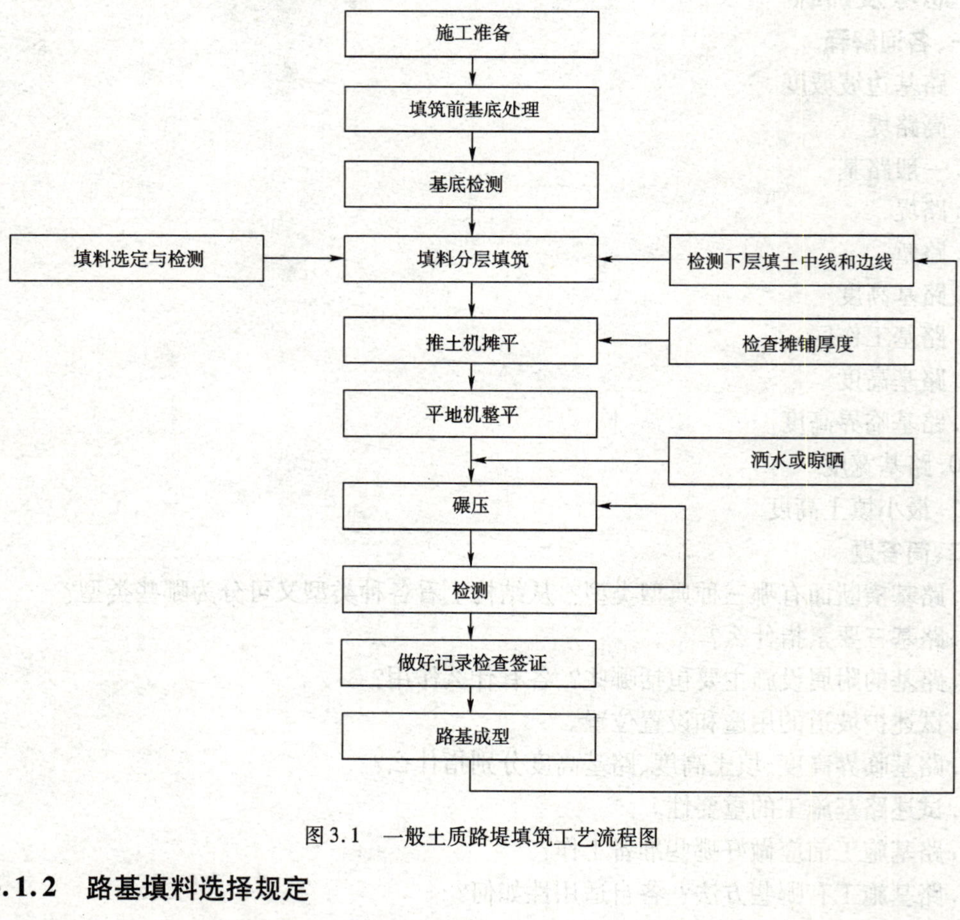

图3.1　一般土质路堤填筑工艺流程图

3.1.2　路基填料选择规定

(1)含草皮、生活垃圾、树根、腐殖质的土严禁作为填料。

(2)泥炭、淤泥、冻土、强膨胀土、有机质土及易溶盐超过允许含量的土,不得直接用于填筑路基;确需使用时,必须采取技术措施进行处理,经检验满足设计要求后方可使用。

(3)液限大于50%、塑性指数大于26、含水率不适宜直接压实的细粒土,不得直接作为路堤填料;需要使用时,必须采取技术措施进行处理,经检验满足设计要求后方可使用。

(4)粉质土不宜直接填筑于路床,不得直接填筑于冰冻地区的路床及浸水部分的路堤。

(5)填料强度和粒径,应符合表3.1的规定。

路基填料最小强度和最大粒径要求 表3.1

填料应用部位(路面底标高以下深度,m)		填料最小强度(CBR)(%)			填料最大粒径(mm)
		高速公路、一级公路	二级公路	三、四级公路	
填方路基	上路床(0~0.30)	8	6	5	100
	下路床(0.30~0.80)	5	4	3	100
	上路堤(0.80~1.50)	4	3	3	150
	下路堤(>1.50)	3	2	2	150
零填及挖方路基	(0~0.30)	8	6	5	100
	(0.30~0.80)	5	4	3	100

注:①表列强度按《公路土工试验规程》(JTG E40—2007)规定的浸水96h的CBR试验方法测定。

②三、四级公路铺筑沥青混凝土和水泥混凝土路面时,应采用二级公路的规定。

③表中上、下路堤填料最大粒径150mm的规定不适用于填石路堤和土石路堤。

3.1.3 基底处理

路堤基底是指路堤填料(土石)与原地面的接触部分。基底处理的要求有:

(1)二级及二级以上公路路堤基底的压实度应不小于90%;三、四级公路应不小于85%。路基填土高度小于路面和路床总厚度时,基底应按设计要求处理。

(2)原地面坑、洞、穴等,应在清除沉积物后,用合格填料分层回填分层压实,压实度符合规定。

(3)泉眼或露头地下水,应按设计要求,采取有效导排措施后方可填筑路堤。

(4)地基为耕地、松散土质、水稻田、湖塘、软土、高液限土等时,应按设计要求进行处理,局部软弹的部分也应采取有效的处理措施。

(5)地下水位较高时,应按设计要求进行处理。

(6)陡坡地段、土石混合地基、填挖界面、高填方地基等都应按设计要求进行处理。

对于密实稳定的土质基底,当地面横坡缓于1:(5~10)时,需铲除地面草皮、杂物,除去积水和淤泥后再填筑;当地面横坡为1:(2.5~5)时,在清除草皮杂物后,还应将坡面挖成宽度不小于1.0m的台阶,台阶顶面做成内倾2%~4%的斜坡;当地面横坡陡于1:2.5时,应根据土质情况,进行个别设计,作特殊处理。

对于覆盖层不厚的倾斜岩石基底,当地面横坡为1:(1.25~5)时,需挖除覆盖层,并将基岩挖成台阶;当横坡陡于1:2.5时,应进行个别设计,作特殊处理。

3.1.4 路堤填筑基本方案

1.分层填筑法

分层填筑法是按照路堤设计横断面,自下而上逐层填筑的施工方法。它可以将不同性质的土，有规则地分层填筑和压实，获得必要的压实度和稳定性。每层填土的厚度，视土质、压实机具的有效压实厚度和要求的压实度而定。

正确的分层填筑方案[见图3.2a)]应满足以下要求：不同土质分层填筑；透水性差的土填筑在下层时，其表面应做成一定的横坡，以保证来自上层透水性填土的水分及时排除；为保证水分蒸发和排除，路堤不宜被透水性差的土层封闭；根据强度与稳定性要求，合理地安排不同土质的层位；为防止相邻两段用不同土质填筑的路堤在交接处发生不均匀变形，交接处应做成斜面，并将透水性差的土填在斜面下部(见图3.3)。

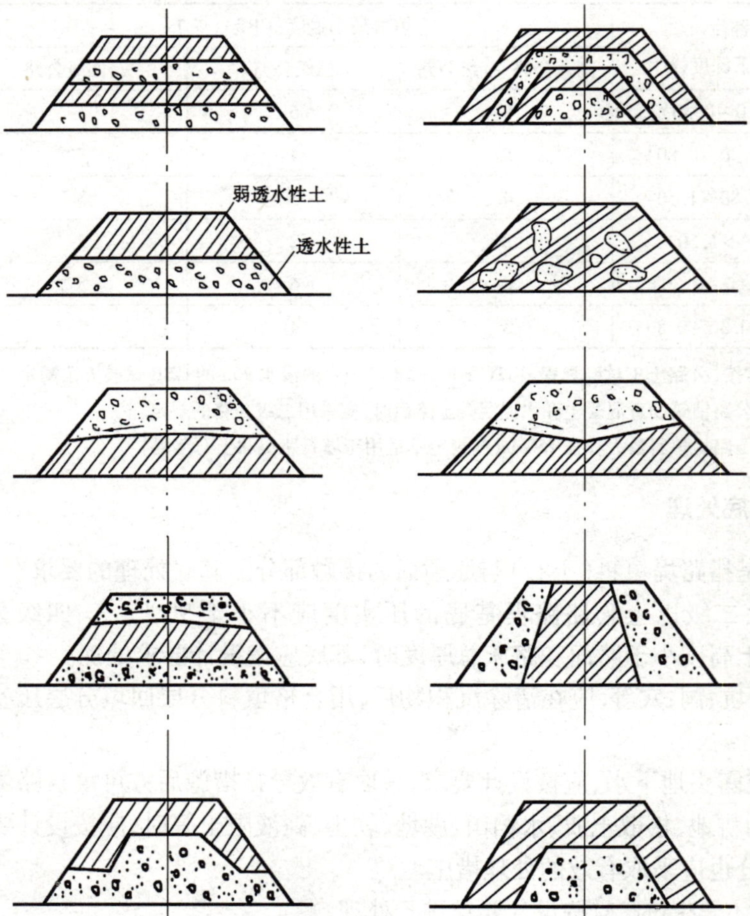

图3.2　土路堤填筑方案示意图

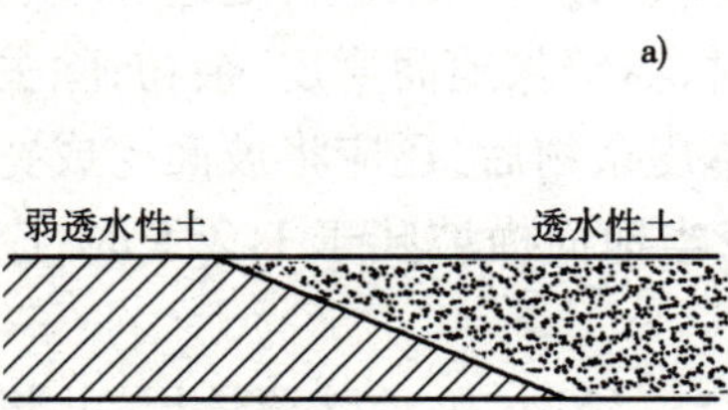

图3.3　不同土质路堤接头示意图

不正确的填筑方案[见图3.2b)]包括：未水平分层、有反坡积水、夹有大土块和粗大石块以及有陡坡斜面等，其基本特点是强度不均和排水不利。

桥涵、挡土墙等结构物的回填土，为防止不均匀沉陷，应严格按有关操作规程回填和夯实。

2. 竖向填筑法

竖向填筑法是指沿路中心线方向逐步向前深填的施工方法，如图3.4所示。路线跨越深谷或池塘时，地面高差大、填土面积小、难以水平分层卸土，以及陡坡地段上半填半挖路基、横坡较陡或难以分层填筑的局部路段，可采用竖向填筑方案。竖向填筑因填土过厚不易压实，施工时需采取下列措施：①选用高效能压实机械；②采用沉陷量较小的砂性土或附近开挖路堑的废石方，并一次填足路堤全宽度；③在底部进行强夯。

3. 混合填筑法

如因地形限制或堤身较高，不能按前两种方法自始至终进行填筑时，可采用混合填筑法，见图3.5。即路堤下层用竖向填筑，而上层用水平分层填筑，使上部填土经分层压实获得需要的压实度。

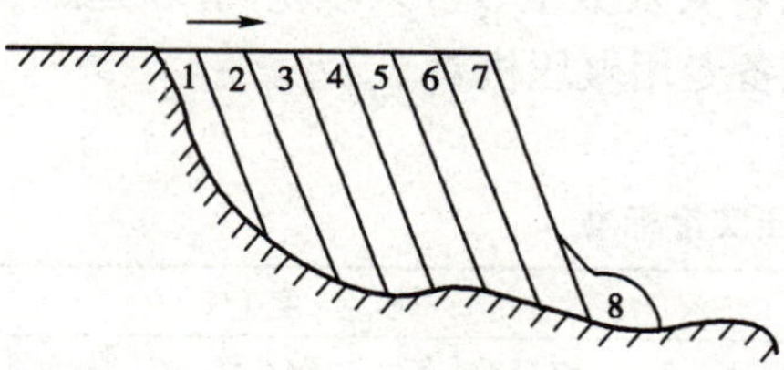

图3.4 竖向填筑法

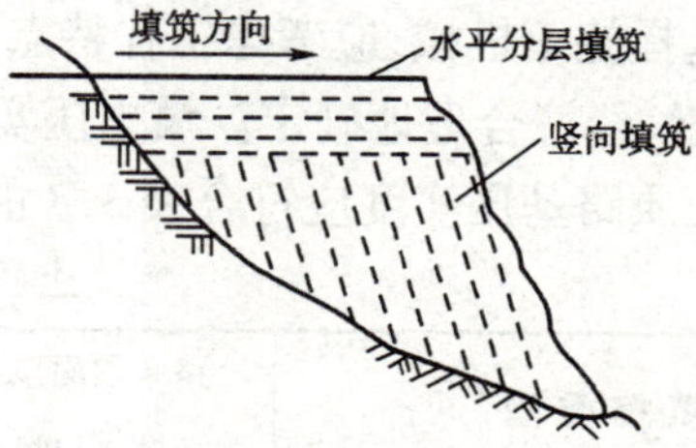

图3.5 混合填筑法

3.1.5 土质路堤施工质量标准

土质路堤施工质量标准见表3.2。

土质路堤施工质量标准 表3.2

项次	检查项目	规定值或允许偏差			检查方法或频率
		高速公路、一级公路	二级公路	三、四级公路	
1	压实度	符合规定	符合规定	符合规定	灌砂法、环刀法等
2	弯沉	不大于设计值	不大于设计值	不大于设计值	—
3	纵断高程（mm）	+10，-15	+10，-20	+10，-20	每200m测4断面
4	中线偏位（mm）	50	100	100	每200m测4点 弯道加HY、YH两点
5	宽度	不小于设计值	不小于设计值	不小于设计值	每200m测4处
6	平整度（mm）	15	20	20	3m直尺：每200m测2处×10尺
7	横坡（%）	±0.3	±0.5	±0.5	每200m测4个断面
8	边坡坡度	不陡于设计坡度	不陡于设计坡度	不陡于设计坡度	每200m抽查4处

3.1.6 施工注意事项

(1)路堤填筑

①性质不同的填料，水平分层、分段填筑，分层压实。同一水平层路基的全宽采用同一种填料。每种填料的填筑层压实后的连续厚度一般不小于500mm。填筑路床顶最后一层时，压实后的厚度不小于100mm。

②潮湿或冻融敏感性小的填料应填筑在路基上层。强度较小的填料应填筑在下层。在有地下水的路段或临水路基范围内，宜填筑透水性好的填料。

③在透水性不好的压实层上填筑透水性较好的填料前，应在其表面设2% ~4%的双向横坡，并采取相应的防水措施。不得在由透水性较好的填料所填筑的路堤边坡上覆盖透水

性不好的填料。

④每种填料的松铺厚度应通过试验确定。

⑤每一填筑层压实后的宽度不得小于设计宽度。

⑥路堤填筑时，应从最低处起分层填筑，逐层压实；当原地面纵坡大于12%或横坡陡于1:5时，应按设计要求挖台阶，或设置坡度向内并大于4%、宽度大于2m的台阶。

⑦填方分几个作业段施工时，接头部位如不能交替填筑，则先填路段，应按1:1坡度分层留台阶；如能交替填筑，应分层相互交替搭接，搭接长度不小于2m。

(2)选择施工机械，应考虑工程特点、土石种类及数量、地形、填挖高度、运距、气候条件、工期等因素，经济合理地确定。填方压实应配备专用碾压机具。

(3)土质路基压实度应符合表3.3的规定。

土质路基压实度标准 表3.3

填挖类型		路床顶面以下深度(m)	压实度(%)		
			高速公路、一级公路	二级公路	三、四级公路
填方路基	上路床	0~0.30	≥96	≥95	≥94
	下路床	0.30~0.80	≥96	≥95	≥94
	上路堤	0.80~1.50	≥94	≥94	≥93
	下路堤	>1.50	≥93	≥92	≥90
零填及挖方路基		0~0.30	≥96	≥95	≥94
		0.30~0.80	≥96	≥95	—

注：①表列压实度以《公路土工试验规程》(JTG E40—2007)重型击实试验法为准。

②三、四级公路铺筑水泥混凝土路面或沥青混凝土路面时，其压实度应采用二级公路的规定值。

③路堤采用特殊填料或处于特殊气候地区时，压实度标准根据试验路在保证路基强度要求的前提下可适当降低。

④特别干旱地区的压实度标准可降低2%~3%。

3.1.7 高填方路基、桥涵台背回填施工

1.高填方路堤施工注意事项

(1)高填方路堤填料宜优先采用强度高、水稳性好的材料，或采用轻质材料。受水淹、浸的部分，应采用水稳性和透水性均好的材料。

(2)高填方路堤基底承载力应满足设计要求。对覆盖层较浅的岩石地基，需清除覆盖层。

(3)高填方路堤填筑施工中按设计要求预留路堤高度与宽度，并进行动态监控。

(4)施工过程中进行沉降观测，按照设计要求控制填筑速率。

(5)高填方路堤宜优先安排施工。

2.桥、涵及结构物的回填注意事项

(1)采用透水性材料、轻质材料、无机结合料等填料，非透水性材料不得直接用于回填。

(2)基坑回填必须在隐蔽工程验收合格后方可进行。基坑回填应分层填筑、分层压实，分层厚度宜为100~200mm。二级及二级以上公路，采用小型夯实机具时，基坑回填的分层压(夯)实厚度不宜大于150mm，并应压(夯)实到设计要求的压实度。

(3)台背及与路堤间的回填施工中，台背回填部分的路床宜与路堤路床同步填筑。

(4)桥台背和锥坡的回填施工宜同步进行，一次填足并保证压实整修后能达到设计宽度要求。

(5)二级及二级以上公路应按设计做好过渡段，过渡段路堤压实度不小于96%，并按设计做

好纵向和横向防排水系统;二级以下公路的路堤与回填的连接部,按设计要求预留台阶。

(6)涵洞回填施工中,洞身两侧对称分层回填压实,填料粒径宜小于150mm;两侧及顶面填土时,应采取措施防止压实过程对涵洞产生不利后果。

3.2 土质路堑开挖

3.2.1 路堑开挖工艺流程图

路堑开挖工艺流程见图3.6。

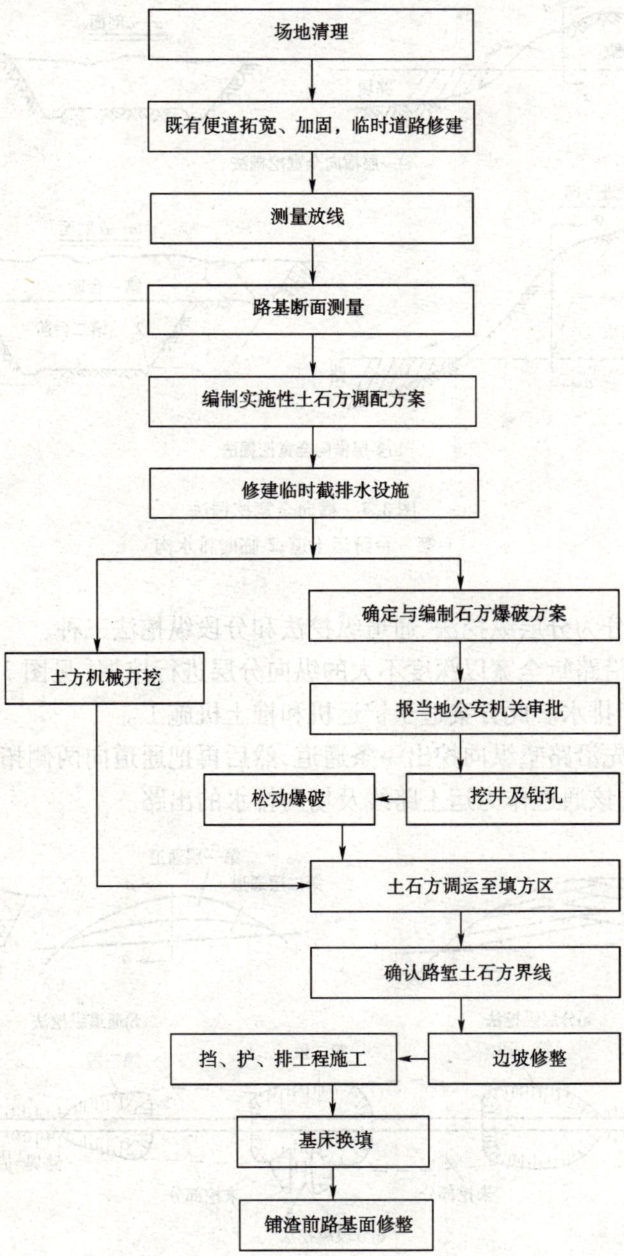

图3.6 路堑开挖工艺流程图

3.2.2 路堑开挖基本方案

按照不同的掘进方向，路堑开挖方案主要有横向全宽挖掘法、纵向挖掘法和混合法三种。

1. 横向全宽挖掘法

横向全宽挖掘，就是对路堑的整个宽度和深度，从路堑的一端或两端进行挖掘[见图3.7a)]。一次挖掘的深度，视施工操作的方便和安全而定，一般为2m左右。若路堑很深，为了增加工作面，可分成几个台阶，同时在几个不同高程的台阶上进行开挖[见图3.7b)]。每一台阶均应有单独的运土路线和临时排水沟渠，以免相互干扰，影响工效，造成事故。

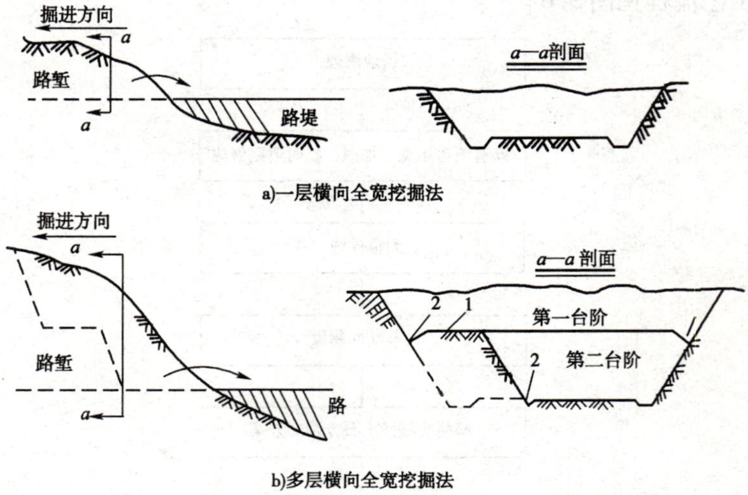

图3.7 横向全宽挖掘法

1-第一台阶运土道；2-临时排水沟

2. 纵向挖掘法

纵向挖掘法又分为分层纵挖法、通道纵挖法和分段纵挖法三种。

分层纵挖法是沿路堑全宽以深度不大的纵向分层进行挖掘[见图3.8a)]。挖掘的地表应保持倾斜，以利于排水。此方案适于铲运机和推土机施工。

通道纵挖法是先沿路堑纵向挖出一条通道，然后再把通道向两侧拓宽[见图3.8b)]，以扩大工作面，并利用该通道作为运土路线及场内排水的出路。

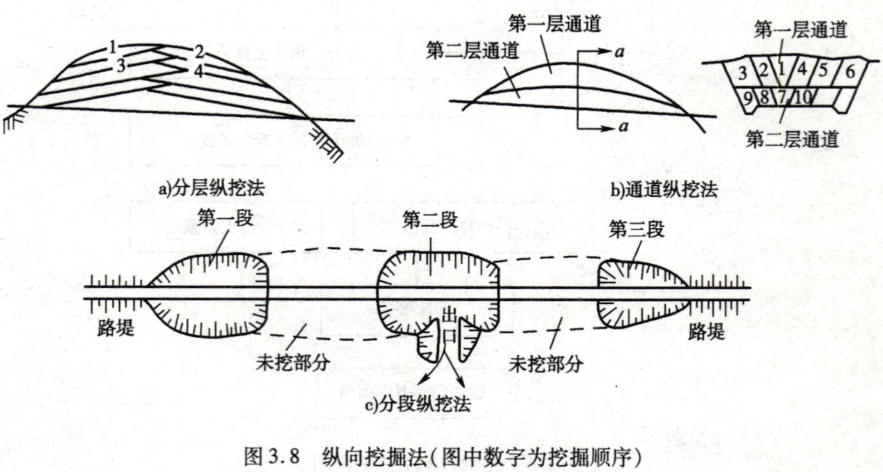

图3.8 纵向挖掘法（图中数字为挖掘顺序）

分段纵挖法是在路堑纵方向选择一个或几个适宜的位置，先从一侧挖成一个或几个出口，把路堑分为两段或几段[见图3.8c)]，再分别于各段沿纵向开挖。

3. 混合挖掘法

当土方量很大时，为扩大工作面，可将横向全宽挖掘法与通道纵挖法混合使用。先沿路堑纵向挖出一条通道，然后沿横向坡面挖掘，以增加开挖坡面[见图3.9a)]，或再沿横向挖出横向通道[见图3.9b)]。每一开挖坡面的大小，应能容纳一个施工组或一台机械正常工作。

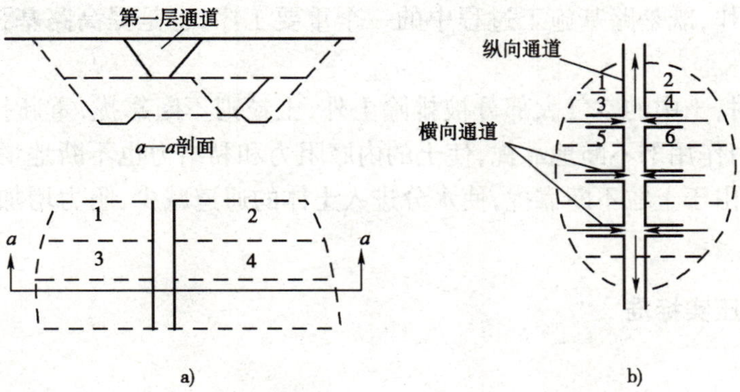

图3.9　混合挖掘法

（箭头表示运土与排水方向；数字表示工作面编号）

3.2.3　土质路堑开挖注意事项

(1)开挖施工基本要求

①可作为路基填料的土方，分类开挖分类使用。

②土方开挖自上而下进行，不得乱挖超挖，严禁掏底开挖。

③开挖过程中，应采取措施保证边坡稳定。开挖至边坡线前，应预留一定宽度，预留的宽度应保证刷坡过程中设计边坡线外的土层不受到扰动。

④路基开挖中，基于实际情况，如需修改设计边坡坡度、截水沟和边沟的位置及尺寸时，应及时按规定报批。边坡上稳定的孤石应保留。

⑤开挖至零填、路堑路床部分后，应尽快进行路床施工；如不能及时进行，宜在设计路床顶标高以上预留至少300mm厚的保护层。

⑥应采取临时排水措施，确保施工作业面不积水。

⑦挖方路基路床顶面终止高程，应考虑因压实而产生的下沉量，其值通过试验确定。

(2)边沟与截水沟应从下游向上游开挖。截水沟通过地面坑凹处时，应将凹处填平夯实。边沟及截水沟开挖后，应及时进行防渗处理，不得渗漏、积水和冲刷边坡及路基。

(3)挖方路基施工遇到地下水时应按下列规定处理：

①应采取排导措施，将水引入路基排水系统。不得随意堵塞泉眼。

②路床土含水率高或为含水层时，应采取设置渗沟、换填、改良土质、土工织物等处理措施，路床填料除强度符合规定外，还应具有良好的透水性能。

(4)土质路基开挖应根据地面坡度、开挖断面、纵向长度及出土方向等因素，结合土方调配，选用安全、经济的开挖方案。

3.3 路基压实

3.3.1 路基压实的意义

路基施工破坏了土体的天然状态,致使其结构松散,颗粒重新组合。试验研究表明,土基压实后,土体的密实度提高,透水性降低,毛细水上升高度减小,防止了水分积聚和侵蚀而导致的土基软化,或因冻胀而引起的不均匀变形,从而提高了路基的强度和水温稳定性。因此,路基的压实工作,既是路基施工过程中的一个重要工序,也是提高路基强度与稳定性的根本技术措施之一。

路基土受压时,土中的空气大部分被排除土外,土粒则不断靠拢,重新排列成密实的新结构。土粒在外力作用下不断地靠拢,使土的内摩阻力和黏结力也不断地增加,从而提高了土的强度。同时,由于土粒不断靠拢,使水分进入土体的通道减少,阻力增加,于是降低了土的渗透性。

3.3.2 土基压实标准

1. 压实度

土基的压实标准通常用压实度来表示。

压实度,即压实的程度,是指工地上压实达到的干重度 γ 与室内标准击实试验所得的该路基土的最大干重度 γ_0 之比,用 K 表示,即:

$$K = \frac{\gamma}{\gamma_0} \times 100\% \tag{3.1}$$

标准击实试验方法及种类规定见表 3.4。

标准击实试验方法及规定(T 0131—2007) 表 3.4

试验方法	类别	锤底直径(cm)	锤质量(kg)	落高(cm)	试筒尺寸		试样尺寸		层数	每层击数	击实功(kJ/m³)	最大粒径(mm)
					内径(cm)	高(cm)	高度(cm)	体积(cm³)				
轻型	Ⅰ-1	5	2.5	30	10	12.7	12.7	997	3	27	598.2	20
	Ⅰ-2	5	2.5	30	15.2	17	12	2177	3	59	598.2	40
重型	Ⅱ-1	5	4.5	45	10	12.7	12.7	997	3	27	2687.0	20
	Ⅱ-2	5	4.5	45	15.2	17	12	2177	3	98	2677.2	40

2. 压实度标准

现行《公路路基施工技术规范》(JTG F10—2006)规定的路基压实度 K,见表 3.3。

3.3.3 填方路基压实工艺流程

填方路基压实工艺流程见图 3.10。

3.3.4 影响压实效果的因素及控制

路基压实的效果受很多因素影响,对具有塑性的细粒土,影响压实效果的因素有内因和外因两方面:内因主要是土质和含水率,外因主要是压实功能、压实机具和压实方法等。

(1)含水率对压实效果的影响

在路基压实过程中,如能控制工地含水率为最佳含水率,就能获得最好的压实效果。

当填方土的含水率不足,需要采用人工加水,以达到最佳含水率时,所需水量的估算方法为:

$$V = (w - w_0)\frac{Q}{1 + w_0} \tag{3.2}$$

式中:V—— 所需加水量(kg);

w_0—— 土原来的含水率(小数计);

w—— 土的最佳含水率(小数计);

Q—— 需要加水的土的质量(kg)。

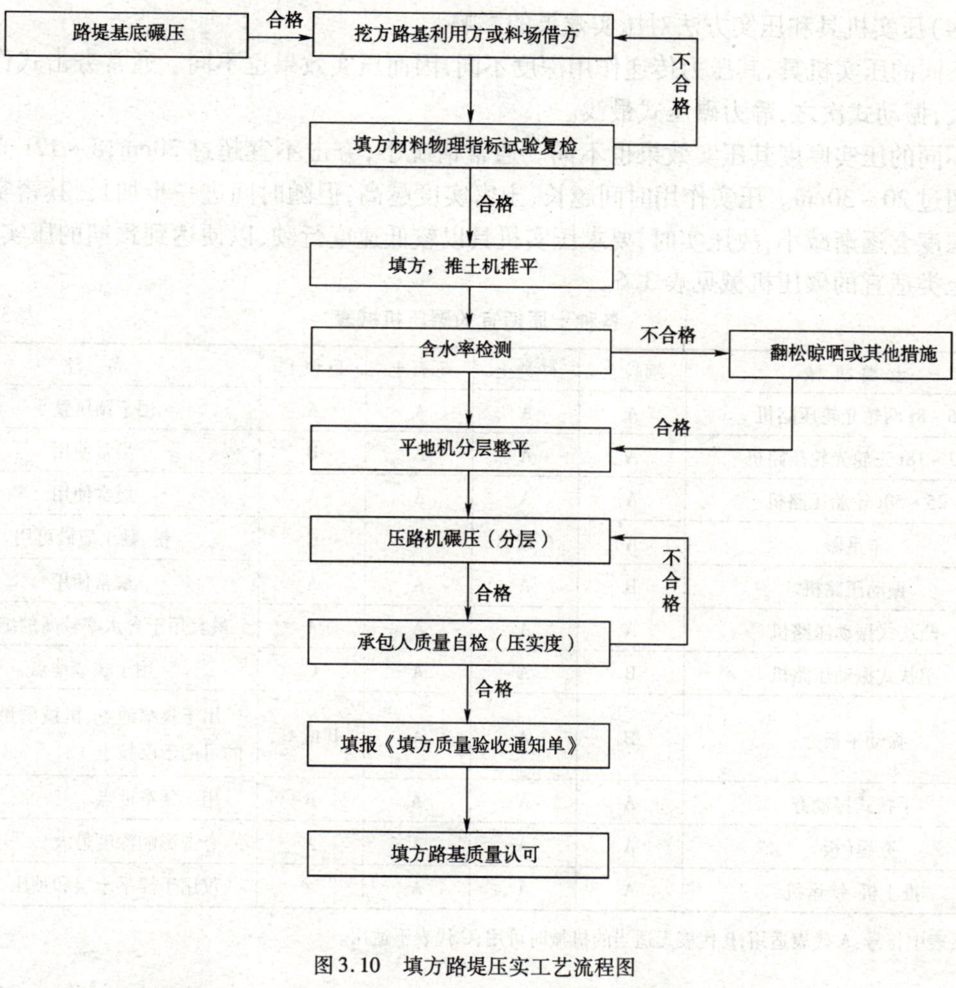

图 3.10　填方路堤压实工艺流程图

(2)土质对压实效果的影响

不同的土质具有不同的最佳含水率及最大干密度,其压实效果也不同。分散性(液限、黏性)较高的土,其最佳含水率较高而最大干密度较低,这是由于土粒越细,比表面积越大,土粒表面的水膜越多,加之黏土中含有亲水性较高的胶体物质所致。对砂土,由于其颗粒粗,并且呈松散状,水分易于散失,故最佳含水率对其没有更多的实际意义。不同性质土,其最大干密度和最佳含水率见表 3.5。

各种土类的最大干密度与最佳含水率值

表 3.5

土类	砂土	亚砂土	粉土	亚黏土	黏土
最佳含水率(%)	8～12	9～15	16～22	12～20	19～25
最大干密度(kN/m^3)	17.64～18.42	18.13～20.47	15.78～17.64	18.13～19.11	15.48～16.66

(3)压实功能对压实效果的影响

压实功能是指压实机具重力、碾压次数、作用时间等。压实功能是影响压实效果的又一重要因素。通常对同一种土,随着压实功能的增大,最佳含水率会随之减小而最大干密度随之增加。因此,增大压实功是提高土基密实度的又一种方法。然而这种方法有一定局限性,因为压实功增加到一定程度后,土的密度增长就不明显了,因此最经济的办法是严格控制工地现场含水率,使碾压在接近最佳含水率时进行,这样便能容易地达到规定的压实度。

(4)压实机具和压实方法对压实效果的影响

不同的压实机具,其压力传递作用深度不同,因而压实效果也不同。通常夯击式作用深度最大,振动式次之,静力碾压式最浅。

不同的压实厚度其压实效果也不同。通常情况下,夯击不宜超过 20cm,8～12t 光面碾不宜超过 20～30cm。压实作用时间越长,土密实度越高,但随时间进一步加长,其密实度的增长幅度会逐渐减小,故压实时,要求压实机具以较低速度行驶,以便达到预期的压实效果。各种土类适宜的碾压机械见表 3.6。

各种土质适宜的碾压机械表

表 3.6

土类 机械	细粒土	砂类土	砾石土	巨粒土	备　注
6～8t 两轮光轮压路机	A	A	A	A	用于预压整平
12～18t 三轮光轮压路机	A	A	A	B	最常使用
25～50t 轮胎压路机	A	A	A	A	最常使用
羊足碾	A	C 或 B	C	C	粉、黏土质砂可用
振动压路机	B	A	A	A	最常使用
凸块式振动压路机	A	A	A	A	最宜用于含水率较高的细粒土
手扶式振动压路机	B	A	A	C	用于狭窄地点
振动平板夯	B	A	A	B 或 C	用于狭窄地点,机械质量 800kg 的可用于巨粒土
手扶式振动夯	A	A	A	B	用于狭窄地点
夯锤(板)	A	A	A	A	夯击影响深度最大
推土机、铲运机	A	A	A	A	仅用于摊平土层和预压

注:表中符号:A 代表适用;B 代表无适当的机械时可用;C 代表不适用。

3.3.5　压实度检测与压实质量的评定

1. 检测

路基的压实度以重型击实标准为准。对于特殊干旱、潮湿地区或过湿土,以路基设计施工规范规定的压实度标准进行评定。

路基压实度以 1～3km 长的路段为检验评定单元,按标准要求的检测频率进行现场压实度抽样检查,求算每一测点的压实度 K_i。细粒土现场压实度检查可以采用灌砂法或环刀法;

粗粒土压实度检查可以采用灌砂法、水袋法。应用核子密度仪时，须经对比试验检验，确认其可靠性。

2.压实度代表值计算

检验评定段的压实度代表值 K（算术平均值的下置信界限）为：

$$K = \bar{k} - \frac{S \cdot t_{\alpha}}{\sqrt{n}} \geqslant K_0 \tag{3.3}$$

式中：$\bar{k}$——检验评定段内各测点压实度的平均值；

$t_{\alpha}/\sqrt{n}$——t 分布表中随测点数和保证率（或置信度 α）而变的系数，$t_{\alpha}/\sqrt{n}$ 见表3.7，采用的保证率：高速公路、一级公路路基为95%；其他路基为90%；

S——检测值的标准差；

n——检测点数；

K_0——压实度标准值。

$t_{\alpha}/\sqrt{n}$ 值　　表3.7

保证率 / n	99%	95%	90%	保证率 / n	99%	95%	90%
2	22.501	4.465	2.176	21	0.552	0.376	0.289
3	4.021	1.686	1.089	22	0.537	0.367	0.282
4	2.270	1.177	0.819	23	0.523	0.358	0.275
5	1.676	0.953	0.686	24	0.510	0.350	0.269
6	1.374	0.823	0.603	25	0.498	0.342	0.264
7	1.188	0.734	0.544	26	0.487	0.335	0.258
8	1.060	0.670	0.500	27	0.477	0.328	0.253
9	0.966	0.620	0.466	28	0.467	0.322	0.248
10	0.892	0.580	0.437	29	0.458	0.316	0.244
11	0.833	0.546	0.414	30	0.449	0.310	0.239
12	0.785	0.518	0.393	40	0.383	0.266	0.206
13	0.744	0.494	0.376	50	0.340	0.237	0.184
14	0.708	0.473	0.361	60	0.308	0.216	0.167
15	0.678	0.455	0.347	70	0.285	0.199	0.155
16	0.651	0.438	0.335	80	0.266	0.186	0.145
17	0.626	0.423	0.324	90	0.249	0.175	0.136
18	0.605	0.410	0.314	100	0.236	0.166	0.129
19	0.586	0.398	0.305	>100	$\frac{2.3265}{\sqrt{n}}$	$\frac{1.6449}{\sqrt{n}}$	$\frac{1.2815}{\sqrt{n}}$
20	0.568	0.387	0.297				

3. 压实度评定

路面基层和底基层：$K \geqslant K_0$，且单点压实度 K_i 全部大于等于规定值减 2% 时，评定路段的压实度合格率为 100%；当 $K \geqslant K_0$，且单点压实度全部大于等于规定极值时，按测定值不低于规定值减 2% 的测点数计算合格率。

$K < K_0$ 或某一单点压实度 K_i 小于规定极值时，该评定路段压实度为不合格，相应分项工程评为不合格。

路堤施工段落短时，分层压实度应点点符合要求，且样本数不少于 6 个。

3.3.6 碾压原则和方法要求

压路机碾压路基时，应遵循先轻后重，先稳后振，先低后高、先慢后快以及轮迹重叠等原则，具体要求为：

(1) 检查填土松铺厚度、平整度、含水率，符合要求后进行碾压。

(2) 根据现场压实试验提供的松铺厚度和控制压实遍数进行压实。若控制压实遍数超过 10 遍，应考虑减少填土层厚，经检验合格后，方可转入下道工序。

(3) 采用振动压路机碾压时，第一遍应不振动碾压，然后由慢到快，由弱振到强振。

(4) 各种压路机开始碾压，均应慢速，最快不宜超过 4km/h（66 ~ 67m/min），碾压直线路段由边到中，小半径曲线段由内侧向外侧，纵向进退式进行。

(5) 注意纵、横向碾压接头且必须重叠。横向接头对振动压路机一般要求重叠 0.4 ~ 0.5m，三轮压路机一般重叠后轮的 1/2，前后相邻两区段的纵向接头处重叠 1.0 ~ 1.5m，并达到无漏压，无死角。

3.4 石质路基施工

3.4.1 填石路堤施工

填石路堤（Rock-fill embankment）指用粒径大于 40mm 且含量超过总质量 70% 的石料填筑的路堤。

1. 填料要求

(1) 膨胀岩石、易溶性岩石不宜直接用于路堤填筑，强风化石料、崩解性岩石和盐化岩石不得直接用于路堤填筑。

(2) 路堤填料粒径不大于 500mm，一般不超过层厚的 2/3，不均匀系数 15 ~ 20。路床底面以下 400mm 范围内，填料粒径小于 150mm。

(3) 路床填料粒径小于 100mm。

2. 填石路堤质量标准

(1) 压实质量标准、施工质量标准分别见表 3.8、表 3.9。

填石路堤上、下路堤压实质量标准 表 3.8

分区	路面底面以下深度(m)	硬质石料孔隙率(%)	中硬石料孔隙率(%)	软质石料孔隙率(%)
上路堤	0.8 ~ 1.50	≤23	≤22	≤20
下路堤	>1.50	≤25	≤24	≤22

填石路堤施工质量标准 表3.9

<table>
<tr><th rowspan="2">项次</th><th rowspan="2" colspan="2">检测项目</th><th colspan="2">规定值或允许偏差</th><th rowspan="2">检查方法或频率</th></tr>
<tr><th>高速公路、一级公路</th><th>其他公路</th></tr>
<tr><td rowspan="2">1</td><td rowspan="2" colspan="2">压实度</td><td colspan="2">符合试验路确定的施工工艺</td><td>施工记录</td></tr>
<tr><td colspan="2">沉降差≤试验路确定的沉降差</td><td>水准仪：每40m检测一个断面，每个断面检测5～9点</td></tr>
<tr><td>2</td><td colspan="2">纵面高程(mm)</td><td>+10，-20</td><td>+10，-30</td><td>水准仪：每200m测4个断面</td></tr>
<tr><td>3</td><td colspan="2">弯沉</td><td colspan="2">不大于设计值</td><td>—</td></tr>
<tr><td>4</td><td colspan="2">中线偏位(mm)</td><td>50</td><td>100</td><td>经纬仪：每200m测4点，弯道加HY、YH两点</td></tr>
<tr><td>5</td><td colspan="2">宽度</td><td colspan="2">不小于设计值</td><td>米尺：每200m测4处</td></tr>
<tr><td>6</td><td colspan="2">平整度(mm)</td><td>20</td><td>30</td><td>3m直尺：每200m测4点×10尺</td></tr>
<tr><td>7</td><td colspan="2">横坡(%)</td><td>±0.3</td><td>±0.5</td><td>水准仪：每200m测4个断面</td></tr>
<tr><td rowspan="2">8</td><td rowspan="2">边坡</td><td>坡度</td><td colspan="2">不陡于设计值</td><td rowspan="2">每200m抽查4处</td></tr>
<tr><td>平顺度</td><td colspan="2">符合设计要求</td></tr>
</table>

(2)填石路堤施工过程中的每一压实层，可用试验路段确定的工艺流程和工艺参数控制压实过程；用试验路段确定的沉降差指标检测压实质量。

(3)填石路堤成型后的外观质量标准：路堤表面无明显孔洞。大粒径石料不松动，铁锹挖动困难。边坡码砌紧贴、密实，无明显孔洞、松动，砌块间承接面向内倾斜，坡面平顺。

3.填石路堤施工注意事项

(1)路堤施工前，先修筑试验路段，以确定满足相应孔隙率标准的松铺厚度、压实机械型号及组合、压实速度及压实遍数、沉降差等参数。

(2)路床施工前，先修筑试验路段，以确定能达到最大压实干密度的松铺厚度、压实机械型号及组合、压实速度及压实遍数、沉降差等参数。

(3)二级及二级以上公路的填石路堤分层填筑压实。二级以下砂石路面公路在陡峻山坡地段施工特别困难时，可采用倾填的方式将石料填筑于路堤下部，但在路床底面以下不小于1.0m范围内仍应分层填筑压实。

(4)岩性相差较大的填料应分层或分段填筑。软质石料与硬质石料不能混合使用。

(5)中硬、硬质石料填筑路堤时，应进行边坡码砌，码砌边坡的石料强度、尺寸及码砌厚度应符合设计要求。边坡码砌与路基填筑宜基本同步进行。

(6)压实机械宜选用自重不小于18t的振动压路机。

(7)在填石路堤顶面与细粒土填土层之间应按设计要求设过渡层。

3.4.2 土石路堤施工

土石路堤(Earth-rock embankment)指用石料含量占总质量30%～70%的土石混合材料修筑的路堤。

1.填料要求

(1)膨胀岩石、易溶性岩石等不宜直接用于路堤填筑，崩解性岩石和盐化岩石等不得直接用于路堤填筑。

(2)天然土石混合填料中,中硬、硬质石料的最大粒径不得大于压实层厚的2/3;石料为强风化石料或软质石料时,其CBR值应符合表3.1的规定,石料最大粒径不得大于压实层厚。

2. 质量标准

(1)中硬、硬质石料土石路堤质量要求:

①施工过程中的每一压实层,可用试验路段确定的工艺流程和工艺参数控制压实过程;用试验路段确定的沉降差指标检测压实质量。

②路基成型后质量满足填石路堤质量标准。

(2)软质石料填筑的土石路堤,应符合土质路堤的质量要求。

(3)土石路堤的外观质量标准:路基表面无明显孔洞;大粒径填石无松动,铁锹挖动困难;中硬、硬质石料土石路基边坡码砌紧贴、密实,无明显孔洞、松动,砌块间承接面应向内倾斜,坡面平顺。

3. 填筑注意事项

(1)压实机械宜选用自重不小于15t的振动压路机。

(2)施工前,根据土石混合材料的类别分别进行试验路段施工,以确定能达到最大压实干密度的松铺厚度、压实机械型号及组合、压实速度及压实遍数、沉降差等参数。

(3)分层填筑压实。

(4)碾压前使大粒径石料均匀分散在填料中,石料间孔隙应填充小粒径石料、土和石渣。

(5)压实后透水性差异大的土石混合材料,分层或分段填筑,不宜纵向分幅填筑;如确需纵向分幅填筑,应将压实后渗水良好的土石混合材料填筑于路堤两侧。

(6)土石混合材料来自不同料场,其岩性或土石比例相差较大时,宜分层或分段填筑。

(7)填料由土石混合材料变化为其他填料时,土石混合材料最后一层的压实厚度应小于300mm。该层填料最大粒径宜小于150mm,压实后,该层表面应无孔洞。

(8)中硬、硬质石料的土石路堤,应进行边坡码砌,码砌边坡的石料强度、尺寸及码砌厚度应符合设计要求。边坡码砌与路堤填筑宜基本同步进行。软质石料土石路堤的边坡按土质路堤边坡处理。

3.4.3 石方路堑施工

在山区,公路路基施工经常遇到石方工程。有些石方工程数量大、石质坚硬、工期长,故为路基的关键工程。爆破是石方路基最有效的方法,也可用于爆松冻土、淤泥,开采石料等。石方的开挖应根据岩石的类别、风化程度、节理发育程度和周围管线、建筑物等具体情况确定开挖方式。对于软石和强风化的岩石,能用机械直接开挖的均应采用机械开挖,也可以采用人工开挖。凡是不能使用机械或人工直接开挖的石方,则采用爆破施工。

1. 爆破作用原理

爆破作用原理是药包点火后产生高温(2000~5000℃)、高压(1~1.5MPa)而发生冲击波(波速达1000m/s),使药包体积膨胀千倍以上,这种爆破足以使岩体破坏而产生碎裂。药包有集中药包、延长药包和分集药包三种类型。

爆破冲击波由药包中心呈球面向外扩散,按其破坏程度大致分为四个作用圈,如图3.11所示。

(1)压缩圈。爆破能使介质粉碎,产生塑性变形,在药包周围形成空腔。

(2)抛掷圈。爆破能冲出岩石表面,介质在重力场下作弹道飞行,产生抛掷现象。介质产生抛掷的范围边界,称为抛掷圈。

(3)松动圈。抛掷圈以外爆炸力大为减弱,但岩石结构受到破坏而松动。大块岩石下落崩塌,小块石块经雨水和振动作用缓慢滑坍。

(4)振动圈。岩石受振动而未破坏的范围。

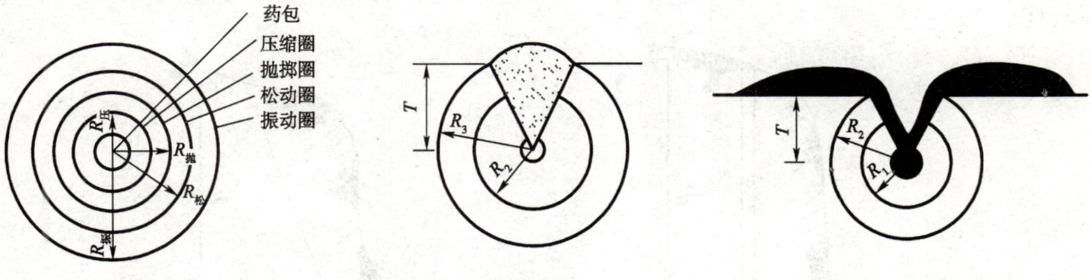

a)爆破作用图

b)松动爆破

c)抛掷爆破

图3.11　爆破作用示意图

2. 爆破器材

爆破器材包括炸药和引爆材料两类。

(1)炸药

黑火药:这是最常用的炸药,威力小。

黄色炸药:又称TNT炸药,化学名为硝基甲苯,粉末状,不溶于水,冲击敏感性不大,需用雷管起爆。

铵梯炸药:又称硝铵炸药,是TNT与硝酸铵及少量木粉的混合物,具有中等威力和一定敏感性,可用雷管安全起爆。

胶质炸药:是硝化甘油与硝酸钠的混合物,有剧毒、易爆、不安全,爆炸威力大,使用时须格外小心。

(2)引爆材料

有导火线(如鞭炮)和传爆线(用雷管起爆)。雷管有火雷管和电雷管。火雷管用导火线点火引爆,电雷管用电线通电引爆。

3. 爆破技术

(1)常用爆破方法

常用的爆破方法一般包括小炮和大爆破两类。小炮用药量在1t以下,主要包括钢钎炮、深孔爆破、裸露炮、药壶炮和猫洞炮。爆破方法的采用应根据石方集中程度、地形、地质条件及路基断面形状等具体情况决定。

①钢钎炮,是指炮眼直径和深度分别小于7cm和5m的爆破方法,用于工程分散、石方少的情况。

②深孔爆破,是指炮眼孔径大于75mm、深度在5m以上(一般深8~12m),使用延长药包的爆破方法,多用于石方数量较大且较集中的情况。

③裸露炮,是将药包置于被炸体表面或经清理的石缝中,药包表面用草皮或稀泥覆盖,然后进行爆破。该法仅用于破碎孤石或大块岩石的二次爆破。

④药壶炮(葫芦炮),是指在炮眼底部用少量炸药经一次或多次烘膛,使炮眼底部扩大成药壶形(葫芦形),然后将炸药集中装入药壶中进行的爆破,如图3.12所示。葫芦炮炮眼较

深(一般为 5 ~ 7m),它适用于均匀致密黏土(硬土)、次坚石、坚石。对于炮眼深度小于 2.5m,且节理发育的软石、地下水发育或雨季施工时,不宜采用。

⑤猫洞炮,是指炮眼直径为 0.2 ~ 0.5m、深度为 2 ~ 6m、炮眼成水平或略有倾斜、用集中药包进行的爆破方法,如图 3.13 所示。它适用于硬土、胶结良好的古河床、冰碛层、软石和节理发育的次坚石,坚石可利用裂隙修成导洞或药室,这种炮型对大孤石、独岩包等爆破效果较佳。

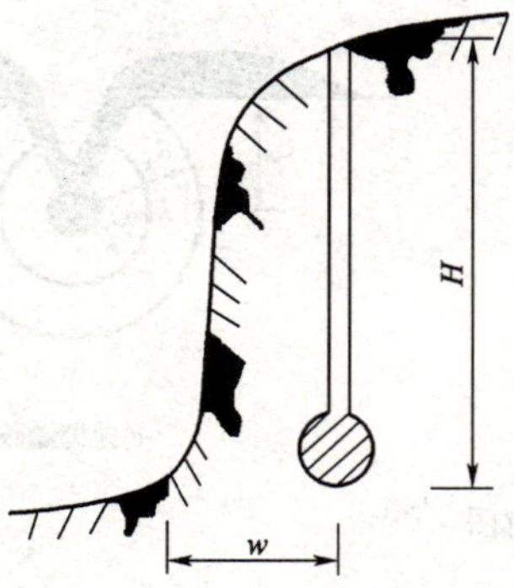

图 3.12　药壶炮断面图

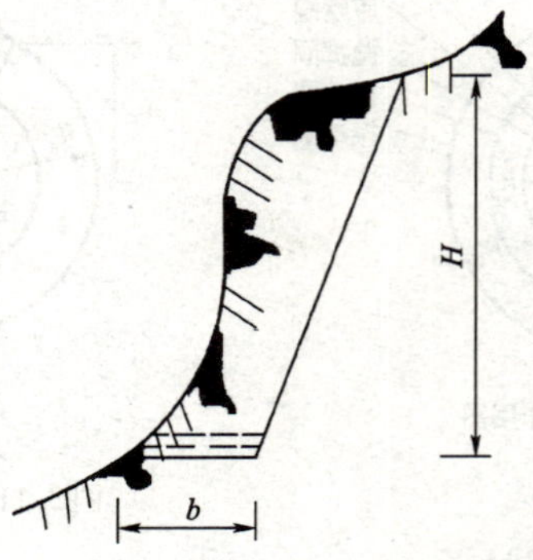

图 3.13　猫洞炮断面图

⑥大爆破,是指采用导洞和药室装药用药在 1t 以上的爆破方法。大爆破效率高、威力大,公路石方开挖一般不宜采用。只有当路线穿过孤独山丘,开挖后边坡不高于 6m,且根据岩石产状和风化程度,确认开挖后边坡稳定,方可采用大爆破方案。

(2)综合爆破设计原则

为充分发挥各种爆破方法的特点,利用地形和地质的客观条件,在路基石方工程中常采用综合爆破。综合爆破设计应遵循以下原则:

①在路基石方工程中,应充分利用地形和地质客观条件及石方集中程度,全面规划、重点设计、综合组织群炮。

②利用有利地形,扩展工作面。

③综合利用小炮群,分段分批爆破。

a. 半填半挖斜坡地形,采用一字排炮;在自然坡度较缓的地形,先用钢钎炮切脚,改造地形后再采用一字排炮。

b. 路线横切小山包时,采用钢钎炮三面切脚,改造地形后,再在中间用药壶炮爆破。

c. 路基加宽,阶梯较高地形,采用上下互相配合的小炮群。

d. 对拉沟路堑,采用两头开挖时,可采用竖眼揭盖、水平炮眼搜底的梅花炮。

e. 机械化清方时,如遇坚石,可用眼深 2m 以上钢钎炮组成 30 ~ 40 个多排多层炮群,或采用深孔炮。在坚硬岩石中,为使岩石破碎程度满足清方要求,可采用微差爆破或间隔药包。遇软石或节理发育的次坚石,可用松动爆破。

(3)爆破施工一般注意事项

①进行爆破作业必须由经过专业培训并取得爆破证书的专业人员施爆。

②爆破前应查明地下有无管线,必须确保空中缆线、地下管线和施工区边界处建筑物的安全。在开挖附近有加油站、输气管等必须保证安全的建筑设施时,可采用人工开凿、化学爆破或控制爆破。

③当施爆可能对建筑物地基造成影响时,应在开挖层边界,沿设计坡面打预裂孔(减振

孔），孔深同炮孔深度，孔内不装药，孔间距不宜大于炮孔纵向间距的1/2。

④炮位设计应充分考虑岩石的产状、类别、节理发育、溶蚀等情况，避免在两种硬度相差很大的岩石交界面设置炮孔药室。

⑤炮眼的装药量一般为炮孔深度的1/3～1/2，特殊情况也不得超过2/3。对于松动爆破，装药量可降到炮孔深度的1/4～1/3。

⑥装药时间应尽可能短，避免炸药受潮。装药应自下而上，自里向外逐层码砌平稳、密实，不得在雨雪、大风、雷电、浓雾及天黑进行。

⑦爆破后如有瞎炮，应由原施工人员参加处理。对于大爆破，应找出线头接上电源重新起爆，或者沿导洞小心掏出堵塞物，取出起爆体，用水灌浸药室使炸药失效，然后安全清除。

爆破施工后，应及时清理松石、危石和堑内土石方，并修正坡面。坡面应顺直、圆滑、大面平整。突出于设计线的石块，其突出尺寸不应大于20cm，超爆凹进部分尺寸也不应大于20cm。对于软质岩石，突出及凹进尺寸均不应大于10cm。

思考及训练

1. 路堤正确填筑应如何进行？填筑方法有哪些？各自使用条件是什么？
2. 路堑开挖有哪些方式？各自适用条件是什么？
3. 简述路基压实影响因素及压实原则。
4. 试述路基施工的重要性。
5. 路基施工前应做好哪些准备工作？
6. 路基压实标准应根据哪些要求制定？
7. 试述土质路基的压实机理、方法及影响压实效果的因素。
8. 路堤填筑有哪些方案？各自适应性如何？
9. 路堑开挖有哪些方案？各自适应性如何？
10. 影响压实效果的主要因素有哪些？
11. 什么叫压实度？压实度标准如何？
12. 土基压实机具有哪几大类？各自适应性如何？
13. 如何正确地进行土基压实？
14. 土质路基常用的压实度试验方法有哪些？
15. 什么是填石路堤？如何控制填石路堤的施工质量？
16. 填石路堤的压实度用什么方法测定？
17. 从无限介质向里，爆破可分为哪几个作用圈？
18. 炸药有哪些性能？炸药可分哪几大类？
19. 常用的起爆器材与起爆方法有哪些？
20. 常用的爆破方法有哪些？各自适用性如何？
21. 爆破的设计参数主要有哪些？

模块4　路基排水工程施工

教学目标

通过模块4的学习，能够明确路基排水构造物的类型及基本构造要求，能够按照设计图和施工规范的要求，完成组织实施相应路基排水构造物的施工工作。

水是危害公路的主要自然因素，路基沉陷、冲刷、坍塌等都不同程度地与地表水和地下水的侵蚀有关。路基排水的任务，就是将路基范围内的土基湿度降低到一定的限度以内，保持路基常年处于干燥或中湿状态，确保路基具有足够的强度与稳定性。路基排水设计遵循总体规划、合理布局、少占农田、保护环境的原则，各类排水设施的布设充分利用地形和天然水系，形成完善的排水系统并做好进出水口的选择和处理，防止出现堵塞、溢流、渗漏、淤积、冲刷和冻结，造成对路基、路面及毗邻地带的危害。根据水源的不同，影响路基的水流可分为地面水和地下水两大类，与此相适应的路基排水工程，则分为地面排水工程和地下排水工程。

路基施工中，首先应校核全线路基排水系统的设计是否完备和妥善，必要时予以补充或修改，使全线的沟渠、管道、桥涵组合成完整的排水系统。临时排水设施应尽量与永久排水设施相结合，排水方案因地制宜、经济实用。

4.1　地面排水设施施工

路基地表排水设施设计中，对于降雨的重现期：高速公路、一级公路采用15年，其他等级公路采用10年。各类地表排水设施的断面尺寸满足设计排水流量的要求，沟顶高出沟内设计水面0.2m以上。

地面水包括大气降水（雨和雪）以及海、河、湖、水渠、水库水。地面水对路基产生冲刷和渗透，冲刷可能导致路基整体稳定性受损害，形成水毁现象。渗入路基土体的水分，使土体过湿而降低路基强度。

路基地表排水设施包括边沟、截水沟、排水沟、跌水与急流槽、蒸发池、油水分离池、排水泵站等，各地面排水构造物的构造要求如表4.1所示。

1. 边沟

边沟设置在挖方路基的路肩外侧或低路堤的坡脚外侧，多与路中线平行，用以汇集和排除路基范围内和流向路基的少量地面水。平坦地面填方路段的路旁取土坑，常与路基排水设计综合考虑，使之起到边沟的排水作用。按照岩土性质和施工方式的不同，边沟横断面可筑成三角形、矩形、梯形和流线型等，如图4.1所示。边沟深浅和横断面大小，随地面降水量大小而定。梯形边沟内侧边坡一般为1:1～1:1.5；岩石边沟边坡为1:0～1:0.5；浆砌边沟内侧边坡可直立;三角形边沟内侧边坡一般为1:2～1:3,外侧坡度可参照挖方边坡。边沟出水口的间距,一般地区不超过500m,多雨地区不超过300m,三角形和碟形边沟不超过200m。边沟出水口的排放应就近排至路旁自然水沟或低洼地带,必要时添设涵洞,将边沟水引至路基另一侧排出。

地面排水设施功能及构造汇总表 表4.1

类型	位置及分类	功能	断面可能形式	尺寸及纵坡	示意图
边沟	位于土路肩或护坡道的外侧,分为路堑边沟、路堤边沟	汇集和排除路面、路肩及边坡的水	梯形、矩形、U形、三角形、蝶形等;纵坡大于3%的土质边沟需加固	设计没有规定时,边沟深度和底宽不得小于0.4m;边沟沟底纵坡宜与路线纵坡一致,困难情况下,可减小至0.1%	
截水沟	挖方路堑坡口5m以外或填方路堤上侧坡脚2m以外。分为路堑截水沟、路堤截水沟、平台截水沟	保护边坡不受来自边坡或边坡上方的地面水的冲刷	梯形、矩形;需防渗加固	深度和底宽一般不小于0.5m;沟底纵坡一般不小于0.3%	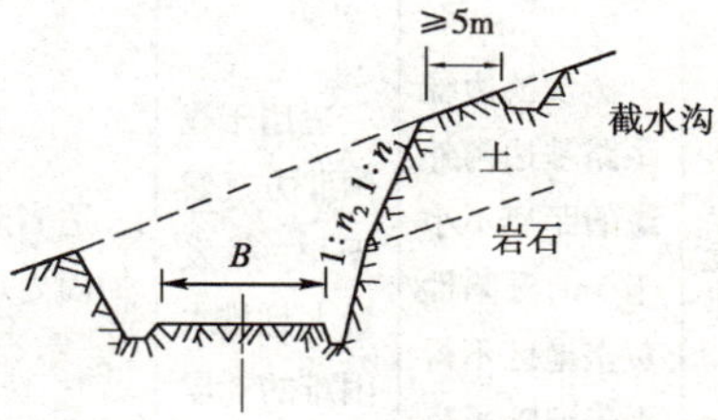
排水沟	将边沟、截水沟、取(弃)土场和路基附近低洼处汇集的水引向路基以外时,应设置排水沟		一般为梯形。排水沟线形要平顺,转弯处宜为弧线形	深度和底宽一般不小于0.5m;沟底纵坡一般不小于0.3%	
跌水	水流通过坡度大于10%,水头高差大于1.0m的陡坡地段或特殊陡坎地段时,宜设置跌水或急流槽	主要用于陡坡地段的排水,用于水流消能或减缓水流流速	矩形或梯形。加固处理	无消力池的跌水,其台阶高度应小于600mm,每阶高度与长度之比应与原地面坡度相协调。可分为进口、台阶、出口三部分,槽身一般砌成矩形,沟槽槽壁及消力池的边墙厚度,浆砌片石为0.25～0.4m,混凝土为0.2m,槽底厚度为0.25～0.4m,出口部分必须设置隔水墙	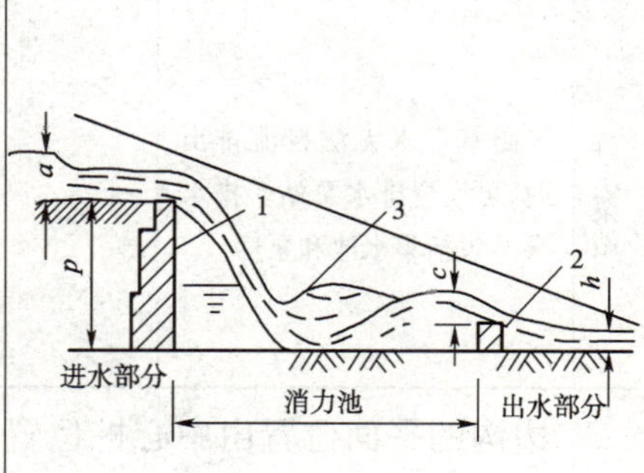

续上表

类型	位置及分类	功能	断面可能形式	尺寸及纵坡	示意图
急流槽	水流通过坡度大于10%，水头高差大于1.0m的陡坡地段或特殊陡坎地段时，宜设置跌水或急流槽	主要用于陡坡地段的排水，用于水流消能或减缓水流流速	矩形或梯形。必须用浆砌片石、水泥混凝土预制块或水泥混凝土浇筑	分进口、槽身、出口三个部分。设计没有规定时，可采用断面尺寸为：槽底厚度0.2～0.4m，槽壁厚度0.3～0.40m，槽宽最小0.25m。 分节长度宜为5～10m，接头处应用防水材料填缝；混凝土预制块急流槽，分节长度宜为2.5～5.0m，接头采用榫接	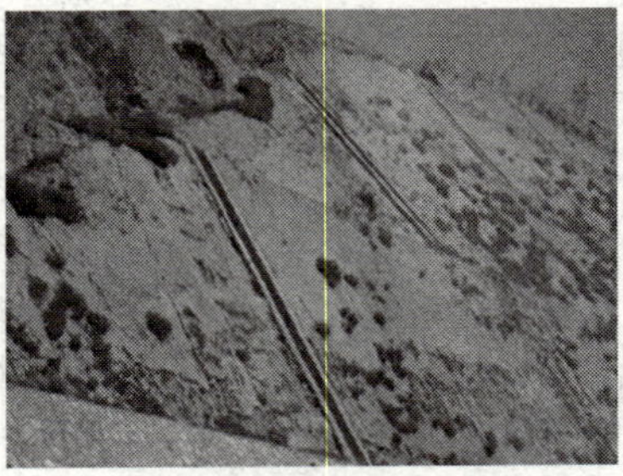
蒸发池	蒸发池边缘距路基边沟外缘的距离不小于5m，湿陷性黄土地区不得小于湿陷半径	适用于我国北方气候干旱、蒸发量大且排水困难的地段	适当防护加固处理	蒸发池的容量应以一个月内路基汇流入池中的雨水能及时完成渗透与蒸发作为设计依据。每个蒸发池的容水量应根据蒸发池的纵向间距经水力、水文计算后确定	
油水分离池	路基排水沟出口位于水质特别敏感区，且所排污水水质不满足《污水综合排放标准》(GB 8978)中的规定时，可设置油水分离池			油水分离池的大小应根据所在路段排水沟汇入水量确定，并保证流入分离池的油水能有足够的时间分离或过滤净化	
排水泵站	路基汇水无法自流排出时，可设置排水泵站。排水泵站包括集水池和泵房			集水池的容积，应根据汇水量、水泵能力和水泵工作情况等因素确定。水泵抽出的水，应排至路界之外	

边沟的平面位置由中心桩位置进行控制，其轴线由中心桩向横断面方向量出。为确保边沟边线顺直，直线段桩距一般为20m，曲线段桩距为5m。对于高速公路和一级公路的边沟，一般直接使用全站仪按极坐标法进行放线。土质地段的边沟纵坡大于3%时应采取加固措施。边沟施工质量标准见表4.2，浆砌边沟施工质量标准见表4.3。

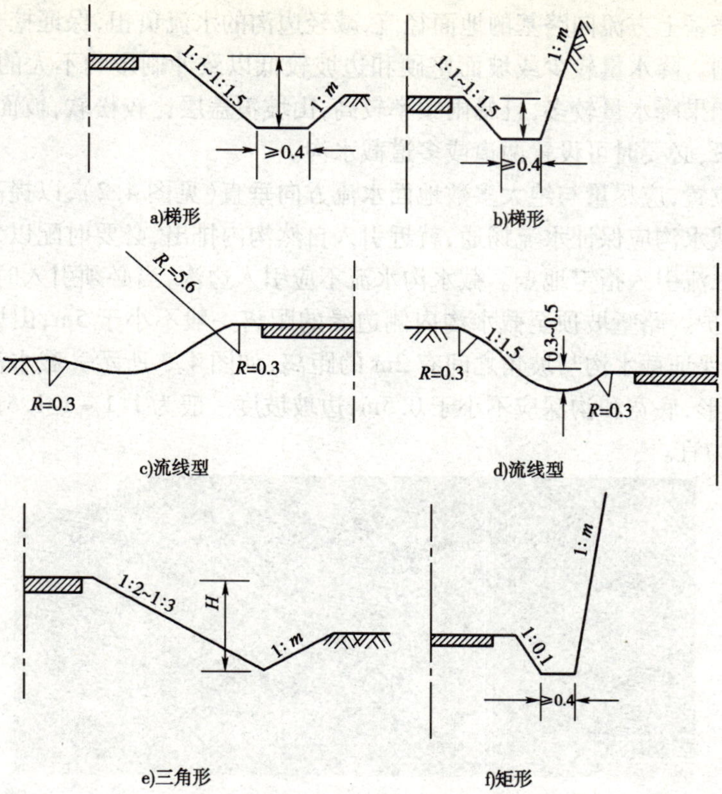

图 4.1 边沟横断面形式示意图

土质边沟、截水沟、排水沟施工质量标准 表 4.2

项 次	检 查 项 目	规定值或允许偏差	检查方法和频率
1	沟底纵坡	符合设计要求	水准仪:200m 测 8 点
2	沟底高程(mm)	+0,-30	水准仪:每 200m 测 8 处
3	断面尺寸	不小于设计要求	尺量:每 200m 测 8 处
4	边坡坡度	不陡与设计要求	每 50m 测 2 处
5	边棱顺直度(mm)	50	尺量:20m 拉线,每 200m 测 4 处

浆砌边沟、截水沟、排水沟施工质量标准 表 4.3

项 次	检 查 项 目	规定值或允许偏差	检查方法和频率
1	砂浆强度	符合设计要求	同一配合比,每台班 2 组
2	轴线偏位(mm)	50	经纬仪:每 200m 测 8 处
3	墙面直顺度(mm)或坡度	30 符合设计要求	20m 拉线坡度尺:每 200m 测 4 处
4	断面尺寸(mm)	±30	尺量:每 200m 4 处
5	铺砌厚度	不小于设计值	尺量:每 200m 4 处
6	基础垫层宽、厚度	不小于设计值	尺量:每 200m 4 处
7	沟底高程(mm)	±15	水准仪:每 200m 8 点

2. 截水沟

截水沟又称天沟,一般设置在挖方路基边坡坡顶以外,或山坡路堤上方的适当地点,用以拦截并排除路基上方流向路基的地面径流，减轻边沟的水流负担，保证挖方边坡和填方坡脚不受流水冲刷。降水量较少或坡面坚硬和边坡较低以致冲刷影响不大的路段，可以不设截水沟；反之，如果降水量较多，且暴雨频率较高，山坡覆盖层比较松软，坡面较高，水土流失比较严重的地段，必要时可设置两道或多道截水沟。

截水沟的位置，应尽量与绝大多数地面水流方向垂直（见图4.2），以提高截水效能和缩短沟的长度。截水沟应保证水流畅通，就近引入自然沟内排出，必要时配以急流槽或涵洞等泄水结构物将水流引入指定地点。截水沟水流不应引入边沟，当必须引入时，应增大边沟横断面，并进行防护。路堑坡顶至截水沟内侧边缘的距离一般不小于5m，山坡填方路段若需设置截水沟，应保证截水沟与坡角之间有2m的距离，如图4.3所示。截水沟沟身的横断面形式，一般为梯形，底宽和沟深应不小于0.5m，边坡坡度一般为1:1～1:1.5。截水沟的长度以200～500m为宜。

图4.2　截水沟实景图

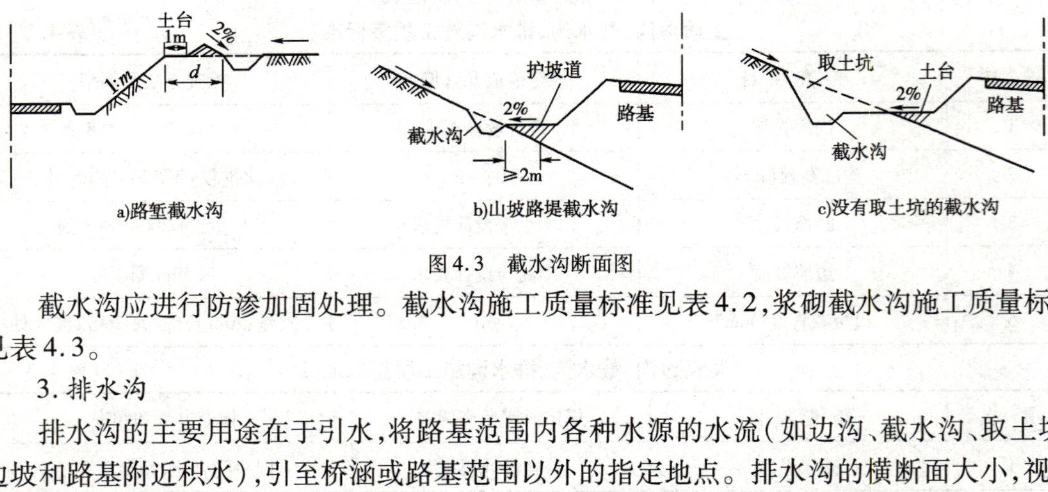

图4.3　截水沟断面图

截水沟应进行防渗加固处理。截水沟施工质量标准见表4.2，浆砌截水沟施工质量标准见表4.3。

3. 排水沟

排水沟的主要用途在于引水，将路基范围内各种水源的水流（如边沟、截水沟、取土坑、边坡和路基附近积水），引至桥涵或路基范围以外的指定地点。排水沟的横断面大小，视汇集和排泄的水量经水文计算而定，通常都大于边沟横断面。排水沟的横断面形式，应随地质情况选定，土质地段多为梯形，石质地段多为矩形。底宽与深度不宜小于0.5m，土沟的边坡坡度约为1:1～1:1.5。排水沟的位置，可根据需要并结合当地地形等条件而定，离路基尽可能远些，距路基坡脚不宜小于2m，平面上应力求直捷，需要转弯时亦应尽量圆顺，做成弧形，其半径不宜小于10～20m，连续长度宜短，一般不超过500m。

排水沟水流注入其他沟渠或水道时，应使原水道不产生冲刷或淤积。通常应使排水沟与原水道两者成锐角相交，交角不大于45°，有条件可用半径$R=10b$（b为沟顶宽）的圆曲线朝下游与其他水道相接，如图4.4所示。由于排水沟的平面布置比较灵活，施工前应编制排水沟平面图，进行测量放样，固定进出水口的沟底高程，报监理工程师或业主提出开工申请，同意后才能正式开工。排水沟施工质量标准见表4.2，浆砌排水沟施工质量标准见表4.3。各种排水沟渠加固施工要点见表4.4。

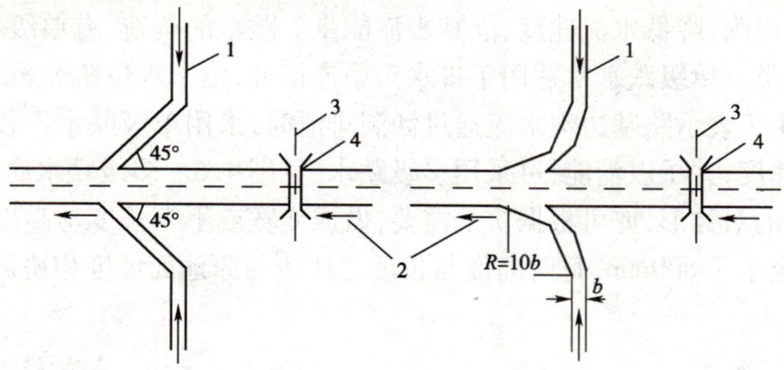

图4.4　排水沟与水道衔接示意图

1-排水沟；2-其他渠道；3-路基中心线；4-桥涵

排水沟渠加固施工要点　　表4.4

加固类型	施工要点
土沟表面夯实	1. 开挖水沟时沟底及沟壁部分均少挖0.05m； 2. 将沟底沟壁拍坚实，使土的干密度不小于1.66t/m³，土层厚度不小于0.05m； 3. 沟渠开挖时应随开挖随夯拍，以免土中水分消失，不易夯拍坚实； 4. 施工中如发现沟底沟壁有鼠洞或蛇穴，应用原土补填夯实
三合土或四合土	1. 施工前两周将石灰水化，使用前1~3d将黄土或炉渣掺入拌匀，使用时将卵（碎）石或水泥及砂浆掺入，反复拌匀； 2. 沟渠开挖后趁土质潮湿时立即加固，如土质干燥，则宜洒水湿润后再行加固； 3. 沟渠铺混合土之前，应将沟底及沟壁表面夯拍平整，然后每长2m左右安一模板，用以保证加固厚度的一致； 4. 沟渠铺设混合土后，应拍打提浆，然后再抹水泥砂浆护层，稍干后，用大卵石将表面压紧磨光，最后用麻袋（或草帘）覆盖，并洒水养生3~5d；不宜在冬季施工，以防冻胀
单层干砌片石	1. 当沟壁沟底为细颗粒土时，应加设卵（碎）石垫层，其厚度按平均流速大小及土质情况，在0.10~0.15m范围内选用； 2. 垫层石料以粒径为5~50mm占90%（质量比）以上为宜； 3. 片石空隙应用碎石填塞紧密，片石大面向上，减少表面粗糙程度
单层栽砌卵石	1. 垫层可采用平均粒径2~4mm的干净砂砾，其含量应在5%以下； 2. 一般应先砌沟底，后砌沟壁；砌底选用较大较好的卵石，坡脚两行尤应注意选料砌牢； 3. 砌筑可自下而上，逐步选用较小的卵石，最上一层选用较长卵石平放封顶压牢； 4. 所有卵石均应栽砌，大头朝下，相互靠紧，每行卵石须大小均匀，两排之间保持错缝； 5. 卵石下部及卵石之间的空隙，均应用小石填塞紧密
浆砌片石	1. 沟槽开挖后应即平整夯拍密实，如土质干燥须洒水湿润，遇有鼠洞蛇穴，应堵塞夯实； 2. 水泥砂浆强度等级一般可采用M5，随拌随用，砌筑完后应注意养生； 3. 砌筑过程中，应随时注意沟底沟壁的平整坚实，砂浆要饱满，无空隙松动

4. 跌水与急流槽

跌水与急流槽是路基地面排水沟渠的特殊形式。水流通过坡度大于10%，水头高差大于1.0m的陡坡地段或特殊陡坎地段时，需设置跌水或急流槽。由于纵坡陡、水流速度快、冲刷力大，要求跌水与急流槽的结构必须稳固耐久，通常应采用浆砌块石或水泥混凝土预制块砌筑,并具有相应的防护加固措施。

在陡坡或深沟地段设置的沟底为阶梯,水流呈瀑布跌落式通过的沟槽称为跌水。其作用是在较短的距离内,降低水流速度,削减水流能量。跌水的构造,有单级和多级之分,沟底有等宽和变宽两类。单级跌水常适用于排水沟渠连接处,由于水位落差较大,需要消能或改变水流方向,图4.5表示路基边沟水流通过涵洞排泄时,采用单级跌水。较长陡坡地段的沟渠,为减缓水流速度,并予以消能,可采用多级跌水,见图4.6。多级跌水底宽和每级长度,可以采用各自相等的对称形,亦可根据实地需要,做成变宽或不等长度与高度。无消力池的跌水,其台阶高度应小于600mm,每阶高度与长度之比应与原地面坡度相协调。跌水施工质量标准可参照表4.3。

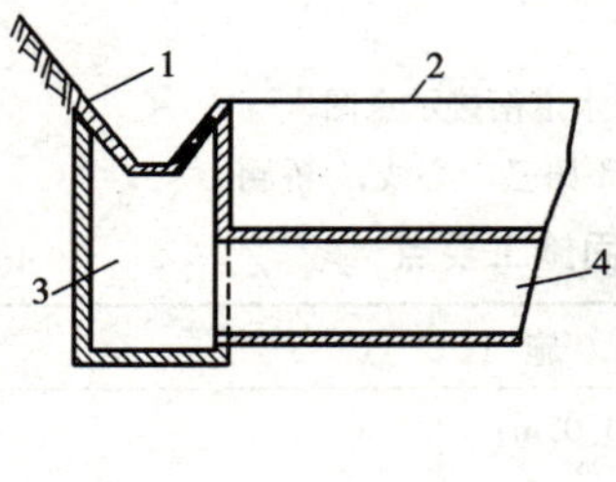

a)

b)

图4.5　边沟与涵洞跌水连接

1-边沟;2-路基;3-跌水井;4-涵洞

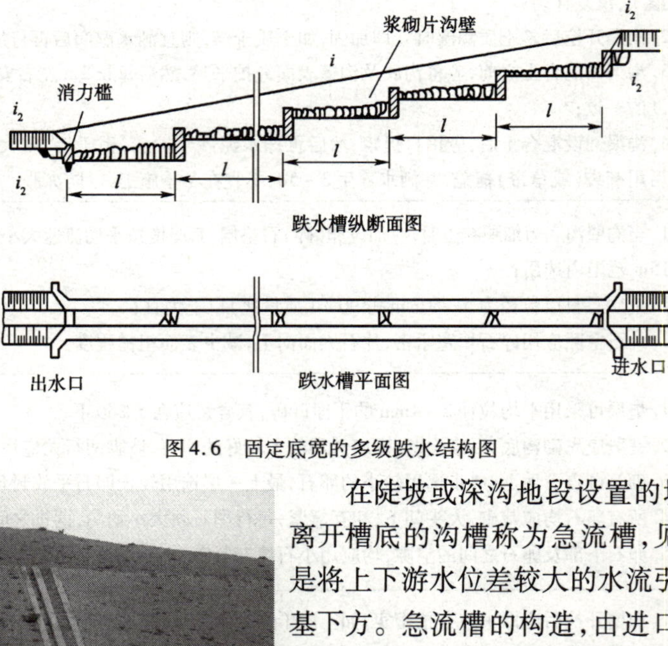

图4.6　固定底宽的多级跌水结构图

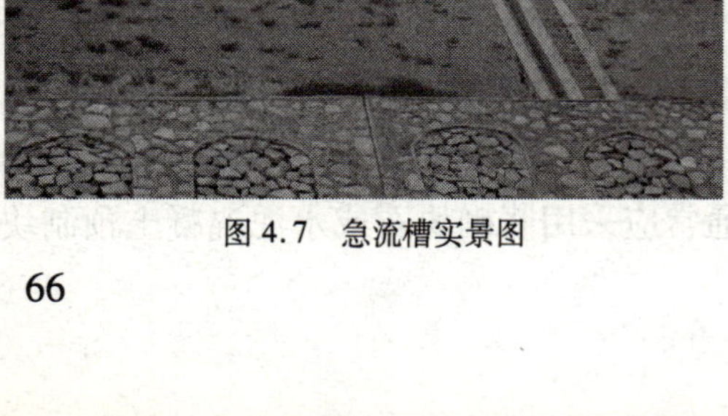

图4.7　急流槽实景图

在陡坡或深沟地段设置的坡度较陡,水流不离开槽底的沟槽称为急流槽,见图4.7。其作用是将上下游水位差较大的水流引至桥涵进口或路基下方。急流槽的构造,由进口、主槽(槽身)和出口三部分组成。急流槽应牢固设于地面上,端部及槽身设阶梯形的耳墙,见图4.8,间隔为2~5m,埋入地面以下,以防止槽身出现位移。当急流槽的槽身较长时应分段进行砌筑,每段长度以5~10m为宜,各段之间应预留伸缩缝,并用防水材料填缝,以适应其温度变形和沉降变形。急流槽的纵坡一般不宜超过1:1.5，同时应与天然地面的坡度相配合。当急流槽的长度较长时，槽底可分为几个不同坡度的纵坡，一般情况下是上段纵坡较陡些，向下逐渐将其放缓。急流槽施工质量标准可参照表4.3。

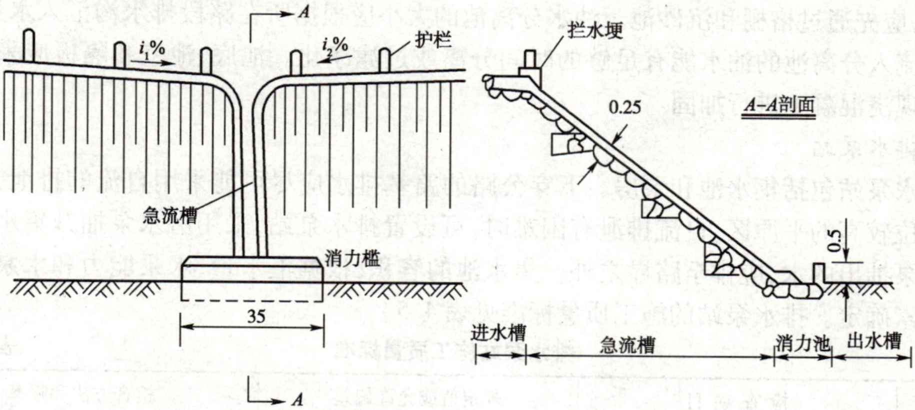

图4.8　高路堤地段边坡急流槽

5. 蒸发池

在气候干燥地区的排水困难地段，于公路两侧每隔一定距离，为汇集边沟流水任其蒸发所设置的集水池为蒸发池，如图4.9、图4.10所示。排水困难地段，以取土坑作为蒸发池，在雨水较少地区是一种较好的经济选择。蒸发池与路基边沟（或排水沟）间应设排水沟连接。蒸发池边缘与路基边沟距离不应小于5m，池底宜设0.5%的横坡，入口处与排水沟平顺连接，池中水位低于排水沟的沟底。蒸发池的容量应以一个月内路基汇流入池中的雨水能及时完成渗透与蒸发作为设计依据，一般不超过200～300m^3。蓄水深度不应大于1.5～2.0m。蒸发池四周应进行围护，防止行人落入池中。也不得因设置蒸发池而使附近地基泥沼化或对周围生态环境产生不利影响。

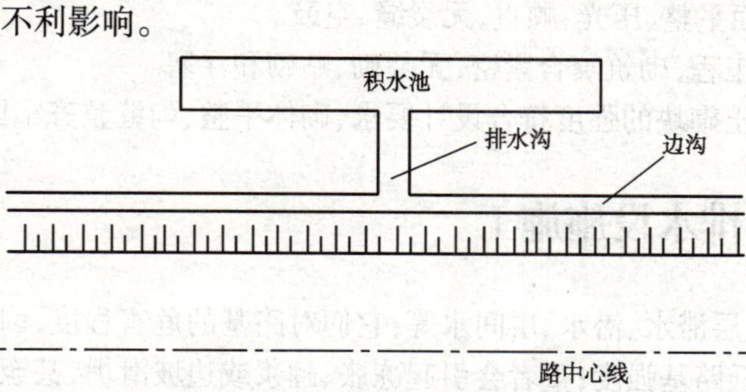

图4.9　蒸发池平面布置图

图4.10　蒸发池实景图

6. 油水分离池

路基排水沟出口位于水质特别敏感区，且所排污水水质不满足《污水综合排放标准》(GB 8978)中的规定时，可设置油水分离池。油水分离宜采用沉淀法处理。污水进入油水分离池前，应先通过格栅和沉砂池。油水分离池的大小应根据所在路段排水沟汇入水量确定，并保证流入分离池的油水能有足够的时间分离或过滤净化。池底、池壁和隔板应采用浆砌片石或现浇混凝土进行加固。

7. 排水泵站

排水泵站包括集水池和泵房。下穿公路的路基排水应尽可能采用自流的排泄方式，在地下水位较高的平原区，自流排泄有困难时，可设置排水泵站，采用潜水泵抽升集水池中的水。水泵抽出的水，应排至路界之外。集水池的容积，根据汇水量、水泵能力和水泵工作情况等因素确定。排水泵站的施工质量标准见表4.5。

排水泵站施工质量标准 表4.5

项次	检查项目	规定值或允许偏差	检查方法和频率
1	混凝土强度	符合设计要求	同一配比，每工作台班2组
2	轴线平面偏位	1%井深	经纬仪：纵、横向各3处
3	垂直度	1%井深	用垂线：纵、横向各2处
4	底板高程(mm)	±50	水准仪：检查6处

此外，所有路基排水设施的外观质量应达到下述要求：

(1)纵坡顺直，曲线线形圆滑。

(2)沟壁平整、稳定，无贴坡。沟底平整，排水畅通，无冲刷和阻水现象。

(3)各类防渗、加固设施坚实稳固。

(4)浆砌片石工程，嵌缝均匀、饱满、密实，勾缝平顺无脱落、密实、美观，缝宽均衡协调；砌体咬扣紧密；抹面平整、压光、顺直，无裂缝、空鼓。

(5)干砌片石工程，砌筑咬合紧密，无叠砌、贴砌和浮塞。

(6)水泥混凝土砌块的强度符合设计要求，砌体平整，勾缝整齐牢固。

4.2 地下排水设施施工

地下水包括上层滞水、潜水、层间水等，它们对路基的危害程度，因条件不同而异。轻者能使路基湿软，降低路基强度；重者会引起冻胀、翻浆或边坡滑坍，甚至整个路基沿倾斜基底滑动。

路基地下排水设施包括暗沟(管)、渗沟、渗水隧洞、渗井、仰斜式排水孔、检查疏通井等。地下排水设施的类型、位置及尺寸应根据工程地质和水文地质条件确定，并与地表排水设施相协调。各地下排水构造物的构造要求如表4.6所示。

1. 暗沟(管)

相对于地面排水的明沟而言，暗沟又称盲沟，具有隐蔽工程的含义。暗沟(管)用于排除泉水或地下集中水流，如图4.11所示。从盲沟的构造特点出发，由于沟内分层填以大小不同的颗粒材料，利用渗水材料透水性将地下水汇集于沟内，并沿沟排泄至指定地点，此种构造相对于管道流水而言，习惯上称之为盲沟，在水力特性上属于紊流。暗沟设在路基旁侧时，宜沿路线方向布置；设在低洼地带或天然沟谷处时，宜顺山坡的沟谷走向布置。

地下排水设施功能及构造汇总表 表4.6

类型	功　能	一般构造特点	示 意 图
暗沟（管）	用于排除泉水或地下集中水流	暗沟横断面一般为矩形。暗沟的纵坡不宜小于1%，条件困难时亦不得小于0.5%，出水口处应加大纵坡，并应高出地表排水沟常水位0.2m以上。寒冷地区的暗沟，应作防冻保温处理或将暗沟设在冻结深度以下。井壁和沟底、沟壁用浆砌片石或水泥混凝土预制块砌筑，沟顶设置混凝土或石盖板，盖板顶面上的填土厚度不应小于0.50m。各部位尺寸大小应根据排出水量及地形、地质条件确定，设计暗沟时应注意防止淤塞	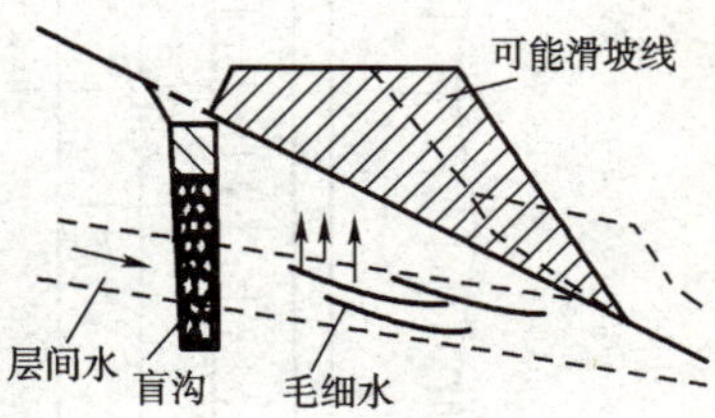
渗沟渗水隧洞渗井	用于降低地下水位或拦截地下水。当地下水埋藏浅或无固定含水层时，宜采用渗沟；当地下水埋藏较深或有固定含水层时，宜采用渗水隧洞、渗井	渗沟的排水孔（管），应设在冻结深度以下不小于0.25m处。截水渗沟的基底宜埋入隔水层内不小于0.5m处。边坡渗沟、支撑渗沟的基底，宜设置在含水层以下较坚实的土层上。填石渗沟最小纵坡不宜小于1%，无砂混凝土渗沟、管式及洞式渗沟最小纵坡不宜小于0.5%。渗沟出口段宜加大纵坡，出口处宜设置栅板或端墙，出水口应高出地表排水沟槽常水位0.2m以上	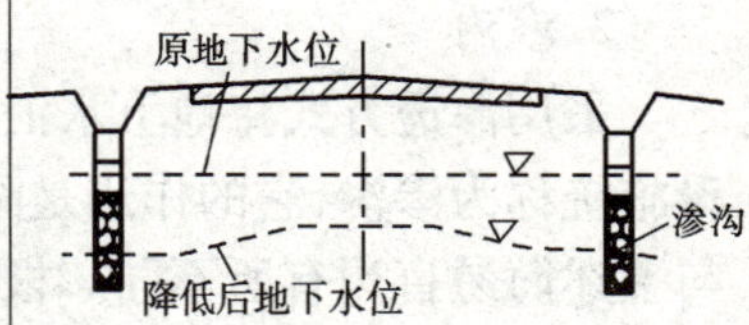
仰斜式排水孔	用于引排边坡内的地下水	仰斜式排水孔钻孔直径一般为75～150mm，仰角不小于6°，长度应伸至地下水富集或潜在滑动面。孔内透水管直径一般为50～100mm。透水管应外包1～2层渗水土工布，防止泥土将渗水孔堵塞，管体四周宜用透水土工布作反滤层	
检查井	一般渗沟每隔30m、渗水隧洞每隔120m和平面转弯、纵坡变坡点等处，宜设置检查、疏通井	检查井直径不宜小于1m，井内应设检查梯，井口应设井盖，当深度大于20m时，应增设护栏等安全设备。兼起渗井作用的检查井的井壁应设置反滤层	

暗沟沟底的纵坡不宜小于1%，条件困难时不小于0.5%，出水口处应加大纵坡，并高出地表排水沟常水位0.2m以上。寒冷地区的暗沟，应作防冻保温处理或将暗沟设在冻结深度以下，坡度宜大于5%。暗沟横断面一般为矩形，泉井壁和沟底、沟壁用浆砌片石或水泥混凝土预制块砌筑，在沟壁与含水层接触面以上高度，应设置一排或多排向沟中倾斜的渗水孔，沟底必须埋入不透水层内，最低一排渗水孔应高出沟底至少0.2m。壁外侧填筑粗粒透水性材料或土工合成材料形成反滤层。沿沟槽底每隔10～15m或在软硬岩层分界处应设置沉降缝和伸缩缝。沟顶设置混凝土或石盖板，盖板顶面上的填土厚度应大于0.50m。各部位尺寸大小应根据排出水量及地形、地质条件确定。

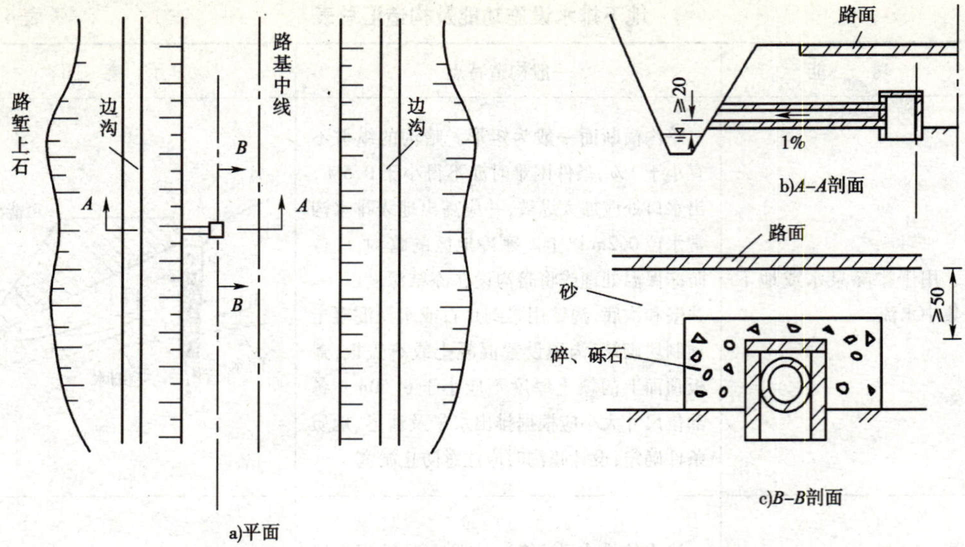

图 4.11　疏导路基泉水的暗沟构造(尺寸单位:cm)

2. 渗沟

采用渗透方式将地下水汇集于沟内,并通过沟底通道将水排至指定地点,此种地下排水设施统称为渗沟,它的作用是降低地下水位或拦截地下水,其水力特性是紊流,但在构造上与上述简易盲沟有所不同。根据地下水位分布情况,渗沟可设在边沟、路肩、路基中线以下或路基上侧山坡适当位置,如图 4.12 所示。根据使用部位、结构型式,将渗沟可分为填石渗沟、管式渗沟、洞式渗沟、边坡渗沟、支撑渗沟、无砂混凝土渗沟。各类渗沟均应设置排水层、反滤层和封闭层。填石渗沟最小纵坡不宜小于 1%,无砂混凝土渗沟、管式及洞式渗沟最小纵坡不宜小于 0.5%。渗沟出口段宜加大纵坡,出口处宜设置栅板或端墙,出水口应高出地表排水沟槽常水位 0.2m 以上。渗沟的排水孔(管),应设在冻结深度以下不小于 0.25m 处。截水渗沟的基底宜埋入隔水层内不小于 0.5m。边坡渗沟、支撑渗沟的基底,宜设置在含水层以下较坚实的土层上。

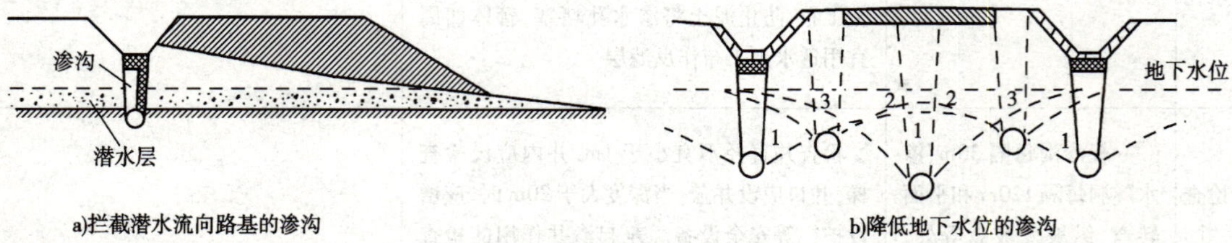

图 4.12　渗沟布置图

(1) 填石渗沟

填石渗沟也称盲沟,一般适用于地下水流量不大,渗沟补偿的地段,填石渗沟较易淤塞。要求石料洁净、坚硬、不易风化。砂宜采用中砂,含泥量应小于 2%,严禁用粉砂、细砂。渗水材料的顶面(指封闭层以下)不得低于原地下水位。当用于排除层间水时,渗沟底部应埋置在最下面的不透水层。

(2) 管式渗沟

管式渗沟和洞式渗沟一般适用于地下水流量较大,引水较长的的地段。洞式渗沟施工麻烦,质量不易保证,一般优先采用管式渗沟。管式渗沟的横断面为梯形,沟壁坡度随沟深而减缓。为保证沟内的回填料有良好的透水性,并且在沟内水流渗入排水管时不堵塞管上的槽孔，必须控制回填材料的级配组成（开级配）和细颗粒的含量。带孔的排水管其圆孔直径宜为5~10mm，纵向间距为75mm，按对称的4排或6排的排设在圆管断面的下半截。带槽排水管其槽宽度为3~5mm（沿管长方向）。

管式渗沟长度大于100m时，应在其末端设置疏通井，并设横向泄水管，分段排除地下水。泄水孔应在管壁上交错布置，间距不宜大于200mm。渗沟顶高程应高于地下水位。管节宜用承插式柔性接头连接。

（3）洞式渗沟

在盛产石料地区可采用洞式渗沟，在路基范围外拦截地下水。洞式渗沟填料顶面宜高于地下水位，顶部必须设置封闭层，厚度应大于500mm。盖板间留有20mm的缝隙，在盖板顶上铺以透水的土工织物。渗沟的迎水面处应设置多层反滤层，每层由150~250mm厚的粒料组成，其级配组成应满足反滤层要求和排水要求。填石渗沟、管式渗沟、洞式渗沟构造图见图4.13。

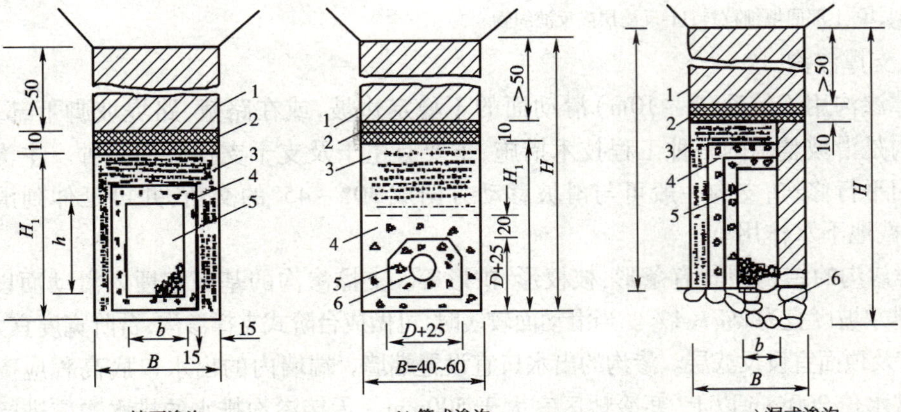

a）填石渗沟　b）管式渗沟　c）洞式渗沟

图4.13　渗沟构造图（尺寸单位：cm）

1-夯实黏土；2-双层反铺草皮；3-粗砂；4-石屑；5-浆砌片石沟洞；6-泄水孔

排水垫层集料：通过率为15%的粒径应不小于路基土通过率为15%的粒径的5倍，并不大于路基土通过率为85%的粒径的5倍。通过率为50%的粒径应不大于路基土通过率为50%的粒径的25倍。不均匀系数（指通过率60%的粒径与通过率为10%的粒径之比值）不大于20。

（4）边坡渗沟

边坡渗沟主要用于疏干潮湿的土质路堑边坡坡体和引排边坡上局部出露的上层滞水或泉水（图4.14），坡面采用干砌片石覆盖，以确保边坡干燥、稳定。边坡渗沟的基底应设置在潮湿土层以下的干燥地层内，阶梯式泄水坡坡度宜为2%~4%。基底应铺砌防渗层，沟壁应设反滤层，其余部分用透水性材料填充边坡渗沟深度视边坡潮湿土层的厚度确定，原则上应埋入潮湿带以下较稳定的土层内或地下水位线以下，最好将沟底置于坚硬不透水层内，应比滑动面低0.50m。

边坡渗沟断面一般采用矩形，宽度为1.2~1.5m，不应小于0.80m。由于引排的地下水流量小，因此沟底填大粒径的石料作为排水通道，沟壁做反滤层，其余空间可利用当地砾石、卵石、碎石、粗砂等渗水好的材料填充。为保持边坡渗沟稳定，沟底宜挖成台阶式，台阶一般长2~3m，高1~2m，并用浆砌片石砌筑。其下部出水口宜用干砌片石垛支挡渗沟内的填料和排出所汇集的地下水。

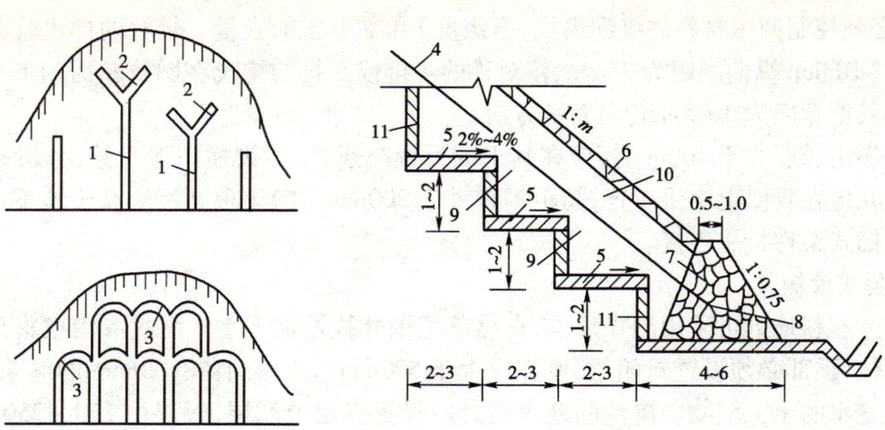

图 4.14　疏干边坡坡体的边坡渗沟(尺寸单位:m)

1-主沟;2 岔沟;3-拱形沟;4-潮湿与干燥稳定土层的分界线;5-浆砌片石覆盖;6-浆砌护坡;7-干砌片石垛;8-边沟;9-底部回填粗粒料;10-上部回填细粒料;11-反滤层或反滤织物

(5)支撑渗沟

支撑渗沟用于较深(2～10m)滑动面的不稳定边坡,或在路堑、路堤坡脚下部等部位。支撑渗沟是滑坡整治的一种工程技术措施,主要有主干及支干支撑渗沟两种。主沟一般顺滑坡方向平行修筑,支沟一般可与滑坡移动方向成30°～45°的交角,并可延伸到滑坡体以外,起拦截地下水作用。

支撑渗沟的结构型式有条形、枝杈形、拱形等。支撑渗沟的基底宜埋入滑动面以下至少500mm,排水坡度宜为2%～4%。当滑动面较缓时,可做成台阶式支撑渗沟,台阶宽度宜大于2m。渗沟侧壁及顶面宜设反滤层。渗沟的出水口宜设置端墙。端墙内的出水口底高程应高于地表排水沟常水位200mm以上,寒冷地区宜大于500mm。承接渗沟排水的排水沟应进行加固。

(6)无砂混凝土渗沟

无砂混凝土是由水泥浆和粗集料(级配碎石或砾石)黏结在一起而且有透水孔隙的圬工块体。无砂混凝土既可做反滤层,也可做渗沟,属于近年的新型排水设施。

配置无砂混凝土时需进行透水能力的试验。每次浇筑混凝土时宜用扒平后轻轻插入的捣固方法,若过重会减弱其透水性能。投掷高度不宜超过1m,过高投掷会造成水泥浆与石子离析。养生温度宜保持在10～20℃。无砂混凝土的参考试验数据如表4.7所示。

无砂混凝土试验数据参照表　　表4.7

集料粒径(mm)	灰石比(质量比)	水灰比(质量比)	水泥用量 kg/m^3	混凝土重度(kN/m^3)	平均强度(MPa)				平均渗透系数	含水层
					龄期(d)	抗压	抗弯	对钢筋的黏结力		
10～20	1:6	0.38	253	18.7	32	9.14	1.17	1.12	2240	卵石、砾石、粗砂
5～10	1:6	0.42	253	18.7	30	11.72	1.72	1.27	1410	粗砂、中砂
3～5	1:6	0.46	247	18.4	30	8.54	1.51	1.58	337	中砂、细砂

渗沟基底应埋入不透水层,沟壁的一侧应设反滤层汇集水流,另一侧用黏土夯实或浆砌片石拦截水流。如渗沟沟底不能埋入不透水层时,两侧沟壁均应设置反滤层,如图4.15所示。渗沟顶部应设置封闭层,防止泥砂浸入反滤层和防止地面水进入渗沟,封闭层宜采用浆砌片石或干砌片石水泥砂浆勾缝,寒冷地区应设保温层,并加大出水口附近纵坡。保温层可

采用炉渣、砂砾、碎石或草皮等。渗沟宜从下游向上游开挖,可使开挖后的沟槽立即做成渗沟,使地下水从渗沟中排走。开挖作业面应根据土质选用合理的支撑形式,并应随挖随支撑、及时回填,不可暴露太久。支撑渗沟应分段间隔开挖。

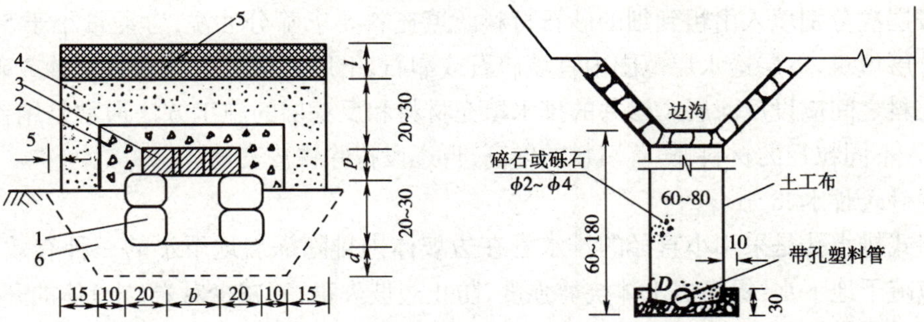

图4.15　反滤层结构(尺寸单位:cm)

1-浆砌块石;2-碎砾石;3-盖板;4-砂;5-双层反铺草皮;6-基础

3.渗水隧洞

渗沟、渗水隧洞均可降低地下水位或拦截地下水,地下水埋藏较深或有固定含水层时,宜采用渗水隧洞。渗沟、渗水隧洞的断面尺寸,应根据构造类型、埋设位置、渗水量、施工和维修条件等确定。渗沟侧壁及顶部应设置反滤层,底部应设置封闭层。渗水隧洞衬砌结构尺寸由计算确定。

4.渗井

渗井是一种立式的地下排水设施。当地下存在多层含水层,其中影响路基的上部含水层较薄,排水量不大,且平式渗沟难以布置时,采用立式(竖向)排水的渗井,向地下穿过不透水层,将上层的含水层的水引入到下层渗水层,以降低上层的地下水位或全部予以排除,如图4.16所示。由于渗井施工不易,单位渗水面积的造价高于渗沟,易于淤塞,选用较少。

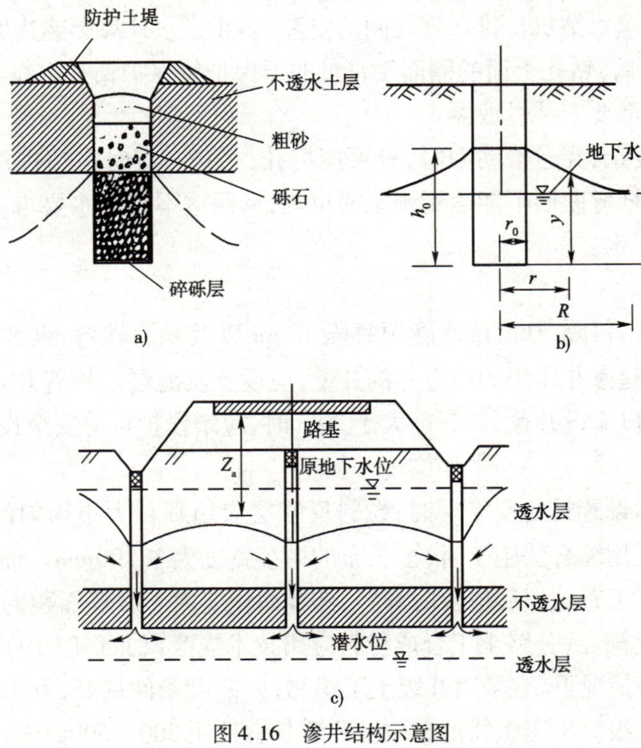

图4.16　渗井结构示意图

渗井的平面布置、孔径与渗水量，按水力计算而定，一般为直径1.0～1.5m的圆柱形或为1.0～1.5m的方形。渗井顶部四周用黏土填筑围护，井顶加盖封闭。施工开挖时根据土质选用合理的支撑形式，并随挖随支撑、及时回填。井深视地层构造情况而定，井内由中心向四周按层次分别填入由粗到细的砂石材料。填充料要求筛分冲洗，含泥量小于5%，按单一粒径分层填筑，下层透水层范围内宜填碎石或卵石，上层不透水范围内宜填砂或砾石。井壁与填充料之间应设反滤层。渗井的排水填充材料和反滤层的施工方法通常是用铁皮套筒分离，填入不同粒径的材料，随着填料的增高，再逐段拔除铁皮套筒。

5. 仰斜式排水孔

仰斜式排水孔是采用小直径的排水管在边坡体内排除深层地下水的一种有效方法，它可以快速疏干地下水，提高岩土体抗剪强度，防止边坡失稳，并减少对岩(土)体的开挖，加快工程进度和降低造价。仰斜式排水孔排出的水一般引入路堑边沟排除。目前国内最长排水孔已达50m。

仰斜式排水孔钻孔直径一般为75～150mm，仰角不小于6°，长度应伸至地下水富集或潜在滑动面。孔内透水管直径一般为50～100mm，渗水孔一般梅花形排列，透水管外包1～2层渗水土工布，以防止泥土将渗水孔堵塞。

仰斜式排水孔施工要求由专业施工机具和施工队伍。其施工程序可按以下步骤进行：

(1)用钻机在挖方边坡平台上水平方向钻入滑坡体含水层，钻孔的仰斜坡可为10%～20%，然后孔内推插入PVC排水管(可利用钻机将PVC排水管放在钻杆内一起钻入，然后抽回钻杆实现)。

(2)带孔的PVC排水管圆孔直径为10mm，纵向间距75mm，沿管周分三排均布排列，一排在管顶，其他两排在管的两侧，顶排圆孔位置与侧排圆孔交错排列。

(3)靠近出水口1～2m的长度内，应设置不带槽孔的PVC排水管，并在进出水口600mm长度范围内，用黏土填塞钻机与排水管之间的空隙，防止泉水外渗影响边坡稳定。

(4)钻达含水层后，钻孔上面的侧面用带过滤器保护管保护钻孔。在透水性弱的地基中集水时，整个保护管都要安装过滤器。

由于地质情况复杂，穿过滑动面时，有可能坍孔。另外，有时在钻进过程中遇到坚硬的孤石等，容易引起钻杆弯曲而不能达到预定的位置，从而达不到排水要求。这时可以采取其他工程措施排除地下水。

6. 检查井

一般情况下，渗沟每隔30m、渗水隧洞每隔120m以及平面转弯、纵坡变坡点等处，宜设置检查、疏通井。兼起渗井作用的检查井的井壁，应设置反滤层。检查井直径不宜小于1m，井内应设检查梯，井口应设井盖，当深度大于20m时，应增设护栏等安全设备。

7. 反滤层施工

在渗沟的迎水面设置粒料反滤层时，粒料反滤层应用颗粒大小均匀的碎、砾石，分层填筑。土工布反滤层采用缝合法施工时，土工布的搭接宽度大于100mm。铺设时紧贴保护层，但不宜拉得过紧。土工布破损后应及时修补，修补面积应大于破坏面积的4～5倍。用于反滤层的无纺土工布应符合《公路土工合成材料应用技术规范》(JTJ/T 019)的强度基本要求，如表4.8所示。一般情况下，宜采用Ⅱ级土工织物；如铺设条件良好，可采用Ⅲ级；如所处环境有冲刷时应采用Ⅰ级。土工织物的单位面积质量宜选用300～500g/m^2。

土工织物强度的基本要求 表4.8

测试项目	用途分类					
	Ⅰ级		Ⅱ级		Ⅲ级	
	伸长率<50%	伸长率≥50%	伸长率<50%	伸长率≥50%	伸长率<50%	伸长率≥50%
握持强度(N)	≥1400	≥900	≥1100	≥700	≥800	≥500
撕裂强度(N)	≥500	≥350	≥400	≥250	≥300	≥175
刺破强度(N)	≥500	≥350	≥400	≥250	≥300	≥175
CBR顶破强度(N)	≥3500	≥1750	≥2750	≥1350	≥1000	≥950

无砂混凝土块反滤层用在卵石、砾石、粗中砂含水层中效果良好。坑壁土质为黏性土或粉细砂土，采用无砂混凝土板作反滤层时，在无砂混凝土板的外侧应加设100~150mm厚的中粗砂或渗水土工织物反滤层。

思考及训练

一、选择题

1. 当路基上侧山坡汇水面积较大时，应在挖方坡顶以外或填方路基上侧适当距离设( )。

A. 边沟　B. 截水沟　C. 排水沟　D. 渗水井

2. 为了排除路基范围内及流向路基的少量地表水，可设置( )。

A. 排水沟　B. 急流槽　C. 边沟　D. 天沟

3. ( )具有吸收、降低、汇集、排除地下水的功能。

A. 暗沟　B. 渗沟　C. 截水沟　D. 渗水井

4. 路基下有泉水时，可采用( )引导水流到路基以外。

A. 渗沟　B. 排水沟　C. 渗水井　D. 暗沟

5. 路基边沟、截水沟、取土坑或路基附近的积水，主要通过( )排除到路基以外的天然河沟。

A. 排水沟　B. 盲沟　C. 跌水　D. 涵洞

6. 截水沟在平面上布置的特点是( )。

A. 与水流方向平行　B. 与水流方向相交

C. 与水流方向垂直　D. 因地形而异

7. 影响排水沟渠加固类型的主要因素是( )。

A. 沟底纵坡　B. 土质　C. 流速　D. 流量

8. 沟渠冲刷的最主要原因是( )。

A. 流量过大　B. 过水面积小　C. 土质　D. 沟底纵坡大

9. 路基排水的目的是保证路基的( )。

A. 强度　B. 稳定性　C. 强度和稳定性　D. 干燥

10. 排水沟渠加固类型选择与( )无关。

A. 土质　B. 水流速度　C. 沟底纵坡　D. 断面形状

11. 排水沟渠应满足的条件为( )。

A. $V_{实际} > V_{最小}$　B. $V_{实际} < V_{最小}$　C. $V_{容} > V_{实际} > V_{最小}$　D. $V_{实} = V_{计}$

12. 某排水沟渠的纵坡 $i = 10\%$，需设跌水，若每级台阶的长度为5m，则台阶高应为(　　)。

A. 0.5m　　B. 2m　　C. 1m　　D. 0.1m

13. 某山区路线在路堑与高路堤接头处，路堑的边沟水通过(　　)引到路基以外。

A. 急流槽　　B. 截水沟　　C. 排水沟　　D. 盲沟

14. 某矩形边沟，宽度0.5m，根据水力最佳断面确定边沟深度，并考虑边沟设计水位线以上的安全高度取0.15m，则边沟深度为(　　)。

A. 0.65m　　B. 0.8m　　C. 0.35m　　D. 0.5m

15. 渗水井下部为排水结构，井深必须穿过不透水层而深达(　　)。

A. 岩层　　B. 土层　　C. 不透水层　　D. 透水层

16. 下列排水构造物中，可以克服坡差最大的是(　　)。

A. 边沟　　B. 跌水　　C. 截水沟　　D. 急流槽

17. 下列排水构造物中属于地下排水设施的是(　　)。

A. 边沟　　B. 排水沟　　C. 盲沟　　D. 截水沟

18. 排水沟渠纵坡过大会(　　)，过小易(　　)。

A. 漫流　　B. 淤积　　C. 冲刷　　D. 紊流

二、简答题

1. 简述各种地面排水设备的特点及布置。
2. 简述各种地下排水设备的特点及构造。
3. 边沟和截水沟的主要区别是什么？
4. 路面表面排水主要有哪些措施？
5. 路基路面排水的目的是什么？
6. 地面排水设施有哪些？设置要点是什么？
7. 地下排水设施有哪些？设置要点是什么？
8. 常用沟渠横断面的水力要素及其相互关系是什么？
9. 渗沟按作用不同分为哪几种？其作用是什么？
10. 边沟和截水沟的主要区别是什么？
11. 地下排水结构物有几种？各适用于何种情况？
12. 地下排水设施有哪些？设置要点有哪些？
13. 排水设施施工的外观质量有什么要求？
14. 排水沟渠可以自上游向下游开挖吗？为什么？

模块5 路基防护与加固工程施工

教学目标

通过模块5的学习，能够明确路基防护与加固工程的基本构造组成及施工工艺要求，能够按照施工图及规范要求组织完成路基防护与加固工程的施工工作。

5.1 防护工程施工

公路路基，大面积地暴露于空间，受到水、风、冰冻等自然因素和行车荷载的长期综合作用，经常发生变形和破坏，如不及时加以防治，就会引起严重的病害。为确保路基的强度和稳定性，路基防护是不可缺少的工程技术措施。根据具体作用和目的的不同，路基防护可分为坡面防护、冲刷防护和支挡防护三类。

5.1.1 坡面防护

坡面防护，主要是保护路基边坡表面免受雨水冲刷，减缓温差及湿度变化的影响，防止和延缓软弱岩土表面的风化、碎裂、剥蚀演变进程，从而保护路基边坡的整体稳定性，在一定程度上还可兼顾路基美化和协调自然环境。常见的坡面防护主要有：植物防护、骨架植物防护、圬工防护、封面等类型。坡面防护设施，不承受外力作用，要求坡面岩土整体稳定牢固。

植物防护有植被防护、三维植被网防护、湿法喷播、客土喷播等类型；骨架植物防护有浆砌片石或水泥混凝土骨架植草护坡、多边形水泥混凝土空心块植物护坡、锚杆混凝土框架植物防护等类型。

1. 植物防护与骨架植物防护

植物防护与骨架植物防护类型及适用情况见表5.1。

植物防护、骨架植物防护工程类型表 表5.1

防护加固类型		适用范围及要求	图 示
植物防护	种草	边坡坡度较缓的（缓于1:1）各种土质边坡，边坡高度不高，雨量较多，适于草籽生长。采用易成活、生长快、根系发达、叶茎矮或有匍匐茎的多年生草种	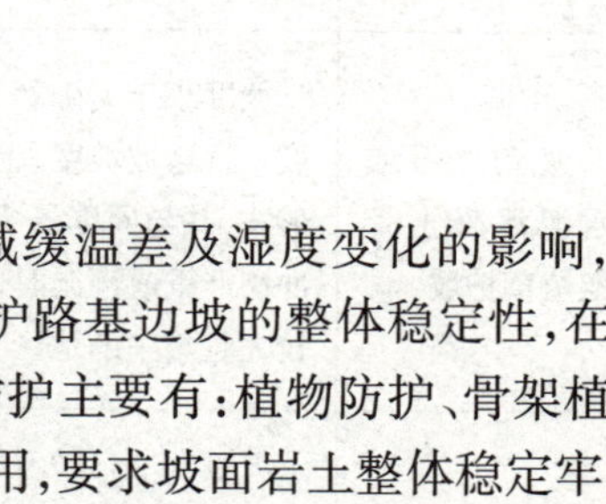 植物防护
	铺草皮	需要快速绿化且坡度缓于1:1的土质边坡和严重风化的软质岩石边坡；草皮选择根系发达、茎矮叶茂耐旱草种，不适合采用喜水草种	

续上表

防护加固类型		适用范围及要求	图示
植物防护	植树	适用于坡率小于1∶1.5的边坡，或在边坡以外的河岸及漫滩外；选用能迅速生长且根深枝密的低矮灌木类	
	三维植被网防护	适用于砂性土、土夹石及风化岩石坡率小于1∶0.75边坡防护；三维植被网中的回填土采用客土或土、肥料及含腐殖质土的混合物	 三维植被网防护
	湿法喷播	适用于土质边坡、土夹石边坡、严重风化岩石且坡率小于1∶0.5的路堑和路堤边坡及中央分隔带、立交区、服务区及弃土堆绿化防护	
	客土喷播	适用于风化岩石、土壤较少的软质岩石、养分较少的土壤、硬质土壤、植物立地条件差的高大陡坡面和受侵蚀显著的坡面。当坡度大于1∶1时，设置挂网或混凝土框架	
骨架植物防护	浆砌片石或水泥混凝土骨架植草护坡	坡度小于1∶0.75的土质和全风化岩石边坡。视边坡坡度、土质和当地情况确定骨架形式，并与周围景观相协调，当坡面受雨水冲刷严重或潮湿时，坡度应小于1∶1，降雨量较大且集中的地区，骨架宜做成截水沟型	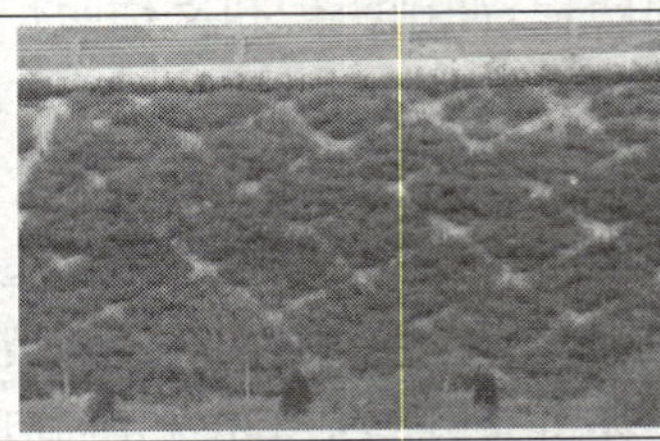
	多边形水泥混凝土空心块植物护坡	坡度小于1∶0.75的土质边坡和全风化、强风化的岩石路堑边坡，视需要设置浆砌片石或混凝土骨架；多边形空心预制块的混凝土强度等级不应低于C20，厚度不应小于150mm。空心预制块内填充种植土，喷播植草	
	锚杆混凝土框架植物防护	土质边坡和坡体中无不良结构面、风化破碎的岩石路堑边坡，锚杆采用非预应力的全长黏结型锚杆，锚杆间距、长度应根据边坡地质情况确定。锚杆保护层厚度不应小于20mm；框架应采用钢筋混凝土，混凝土强度等级不应低于C25，框架几何尺寸应根据边坡高度和地层情况等确定，框架内宜植草	

施工注意事项：

(1)植被施工：铺、种植被后，应适时进行洒水、施肥等养护管理，直到植被成活，养护用水应不含油、酸、碱、盐等有碍草木生长的成分。

(2)浆砌片石(或混凝土)骨架植草防护施工：骨架内应采用植物或其他辅助防护措施。

植草草皮下宜有 50 ~ 100 mm 厚的种植土，草皮与坡面和骨架密贴。

(3)水泥混凝土空心块植物防护护坡施工：在路堤沉降稳定且预制块验收合格后进行，预制块铺设前应将坡面整平，预制块与坡面紧贴，没有空隙，并与相邻坡面平顺。

2. 圬工防护

圬工防护有喷护、锚杆挂网喷浆(混凝土)、护坡、护面墙等类型，圬工防护的构造及要求见表 5.2。

圬工防护类型及要求 表 5.2

防护与加固类型		适用范围及构造要求	图示
喷护		适用于坡度小于 1:0.5、易风化但未遭强风化的岩石边坡；喷浆防护厚度不小于 50mm，砂浆强度等级不低于 M10；喷射混凝土防护厚度不小于 80mm，混凝土强度等级不低于 C15；设置泄水孔和伸缩缝	 喷护
锚杆钢筋网喷射混凝土		适用于坡面为碎裂结构的硬质岩石或层状结构的不连续地层，以及坡面岩石与基岩分开并有可能下滑的挖方边坡。锚杆嵌入稳固基岩内，一般不小于 1m；钢筋网喷射混凝土支护厚度不小于 100mm，不大于 250mm。钢筋保护层厚度不小于 20mm	
护坡	干砌片石护坡	适用于坡度小于 1:1.25 的土(石)质路堑边坡。干砌片石护坡厚度不宜小于 250mm，铺砌层设置厚度不小于 100mm 碎石或砂砾垫层	 浆砌片石防护
	浆砌片石护坡	用于坡度小于 1:1 的易风化的岩石和土质路堑边坡。浆砌片(卵)石护坡的厚度不宜小于 250mm，砂浆强度等级不应低于 M5，设置伸缩缝和泄水孔。铺砌层设置厚度不小于 100mm 的碎石或砂砾垫层	 干砌片石防护
	水泥混凝土预制块护坡	适用于石料缺乏地区的路基边坡防护。预制块的混凝土强度等级不应低于 C15，在严寒地区不低于 C20。铺砌层设置厚度不小于 100mm 的碎石或砂砾垫层	
浆砌片石护面墙(实体护面墙、窗孔式护面墙、拱式护面墙、肋式护面墙)		护面墙适用于防护易风化或风化严重的软质岩石或较破碎岩石的挖方边坡以及坡面易受侵蚀的土质边坡，坡度不宜大于 1:0.5。窗孔式护面墙防护的坡度不大于 1:0.75；拱式护面墙适用于边坡下部岩层较完整而上部需防护路段，坡度小于 1:0.5。 基础设置在稳定的地基上，埋置深度根据地质条件确定；埋置在冰冻深度以下不小于 250mm。护面墙前趾应低于边沟铺砌的底面；单级护面墙的高度不宜超过 10m，设置伸缩缝和泄水孔	 护面墙

圬工防护施工注意事项：

(1)喷护前应采取措施对泉水、渗水进行处治，并按设计要求设置泄水孔，排、防积水。喷射顺序自下而上进行。砂浆初凝后，立即开始养生，养护期一般为 5 ~ 7d。及时对喷浆层顶部进行封闭处理;喷射混凝土防护施工作业前应进行试喷,选择合适的水灰比和喷射压力。喷射混凝土初凝后,立即养生,养护期一般为7~10d。防护施工质量应符合相关规定。

(2)锚杆挂网喷射混凝土(砂浆)防护施工。锚杆嵌入稳固基岩内,锚固深度根据设计要求结合岩体性质确定。锚杆孔深应大于锚固长度200mm。钢筋保护层厚度不宜小于20mm。固定锚杆的砂浆应捣固密实,钢筋网与锚杆连接牢固。铺设钢筋网前宜在岩面喷射一层混凝土,钢筋网与岩面的间隙宜为30mm,然后再喷射混凝土至设计厚度。喷射混凝土的厚度要均匀,钢筋网及锚杆不得外露。做好泄、排水孔和伸缩缝。锚杆挂网喷射混凝土(砂浆)防护施工质量应符合表5.3的相关规定。

边坡锚固防护施工质量标准 表5.3

项次	检查项目	规定值或允许偏差	检查方法和频率
1	混凝土强度(MPa)	不小于设计强度	每台班2组试件
2	注浆强度(MPa)	不小于设计强度	每台班2组试件
3	钻孔位置(mm)	100	钢尺:逐孔检查
4	钻孔倾角、水平方向角	与设计锚固轴线的倾角、水平方向角偏差为±1°	地质罗盘仪:逐孔检查
5	锚孔深度(mm)	不小于设计	尺量:抽查20%
6	锚杆(索)间距(mm)	±100	尺量:抽查20%
7	锚杆拔力(kN)	拔力平均值≥设计值,最小拔力≥0.9×设计值	拔力试验:锚杆数1%,且不少于3根
8	喷层厚度(mm)	平均厚≥设计厚,60%检查点的厚度≥设计厚,最小厚度≥0.5×设计厚,且不小于设计规定	尺量(凿孔)或雷达断面仪:每10m检查2个断面,每3m检查2点
9	锚索张拉应力(MPa)	符合设计要求	油压表:每索由读数反算
10	张拉伸长率(%)	符合设计要求;设计未规定时采用±6	尺量:每索
11	断丝、滑丝数	每束1根,且每断面不超过钢线总数的1%	目测:逐根(束)检查

(3)干砌片石护坡施工。边坡为粉质土、松散的砂或粉砂土等易被冲蚀的土时,碎石或砂砾垫层厚度不宜小于100mm。基础选用较大石块砌筑,如基础与排水沟相连,基础则设在沟底以下,并按设计要求砌筑浆砌片石,如图5.1所示。砌筑应彼此镶紧,接缝要错开,缝隙间用小石块填满塞紧。施工质量符合表5.4的要求。

干砌片石施工质量标准 表5.4

项次	检查项目	规定值或允许偏差	检查方法与频率
1	厚度(mm)	±50	每100m^{2}抽查8点
2	顶面高程(mm)	±30	水准仪:每20m抽查5点
3	外形尺寸(mm)	±100	每20m或自然段,长宽各测5点
4	表面平整度(mm)	50	2m直尺:每20m测5点

(4)浆砌片(卵)石护坡施工。砂浆终凝前,砌体应覆盖,砂浆初凝后,立即进行养生。路堤边坡采用浆砌片石护坡,宜在路堤沉降稳定后施工。在冻胀变化较大的土质边坡上,护坡底面应铺设100~150mm厚的碎石或砂砾垫层。每10~15m留一伸缩缝,缝宽20~

30mm。在基底地质有变化处,应设沉降缝,可将伸缩缝与沉降缝合并设置。泄水孔的位置和反滤层的设置符合设计要求,施工质量符合表 5.5 的要求。

浆砌砌体施工质量标准 表 5.5

项次	检 查 项 目	规定值或允许偏差		检查方法与频率
1	砂浆强度	不小于设计强度		每工作台班 2 组试件
2	顶面高程(mm)	料、块石	±15	水准仪:每 20m 抽查 5 点
		片石	±20	
3	底面高程(mm)	-20		
4	坡度或垂直度(%)	料、块石	0.3	吊锤线:每 20m 检查 5 点
		片石	0.5	
5	断面尺寸(mm)	料石、混凝土块	±20	尺量:每 20m 检查 5 点
		块石	±30	
		片石	±50	
6	墙面距路基中线(mm)	±50		尺量:每 20m 检查 5 点
7	表面平整度(mm)	料石、混凝土块	10	2m 直尺:每 20m 检查 5 处
		块石	20	
		片石	30	

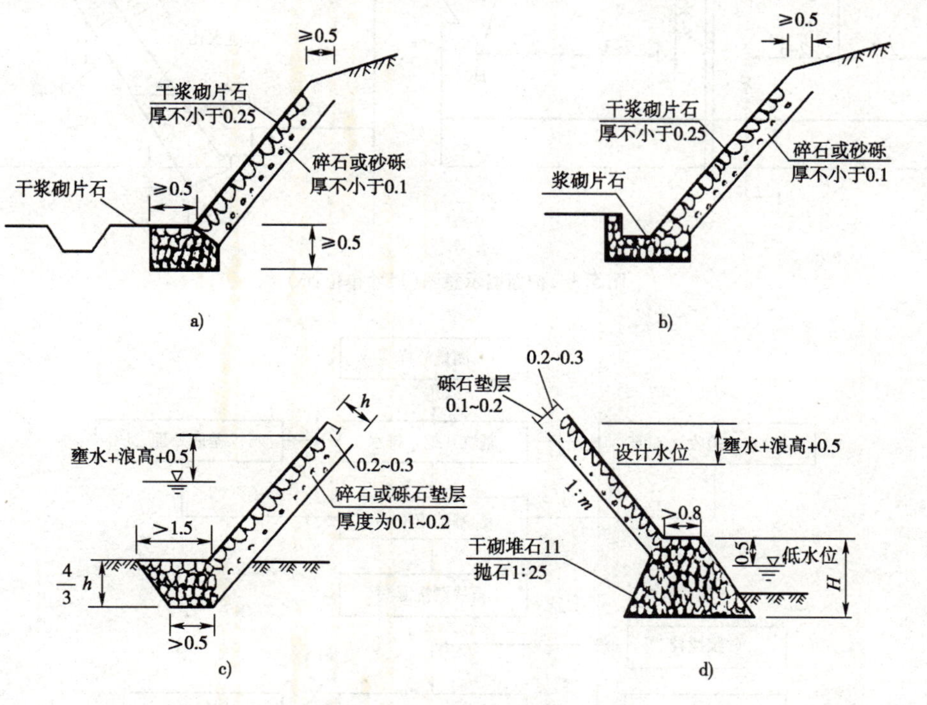

图 5.1　石砌护坡(尺寸单位:m)

(5)水泥混凝土预制块护坡施工。在寒冷地区,预制块混凝土强度等级不宜低于 C20。路堤边坡护坡宜在路堤沉降稳定后施工。铺设混凝土预制块前将坡面平整,碎石或砂砾垫层的厚度不宜小于 100mm。预制块应错缝砌筑,砌筑坡面应平顺,并与相邻坡面顺接。泄水孔的位置应符合设计要求,并保证畅通。水泥混凝土预制块护坡示意图见图 5.2。

(6)浆砌片石护面墙施工。修筑护面墙前,清除边坡风化层至新鲜岩面。对风化迅速的岩层,清挖到新鲜岩面后应立即修筑护面墙。护面墙的基础设置在稳定的地基上,地基承载能力不够时,采取加固措施,基础埋置深度根据地质条件确定,冰冻地区埋置在冰冻深度以下至少250mm。护面墙背必须与路基坡面密贴,边坡局部凹陷处,挖成台阶后用与墙身相同的圬工砌补,不得回填土石或干砌片石。坡顶护面墙与坡面之间应按设计要求做好防渗处理。应按设计要求做好伸缩缝。当护面墙基础修筑在不同岩层上时,应在变化处设置沉降缝。泄水孔的位置和反滤层的设置应符合设计要求。护面墙示意图见图5.3,施工质量施工质量符合表5.5的要求。砌石工程施工工艺流程图见图5.4。

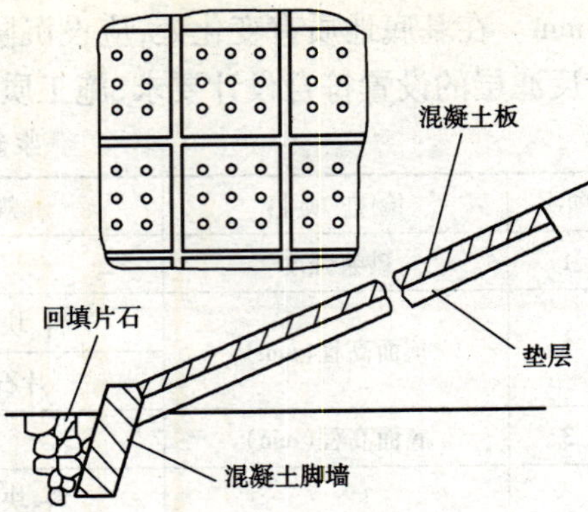

图5.2 混凝土护坡断面示意图

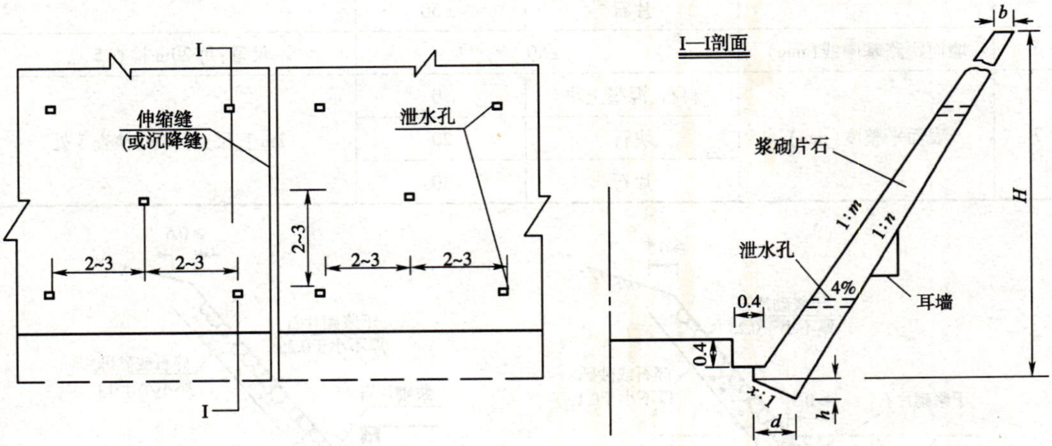

图5.3 护面墙示意图(尺寸单位:m)

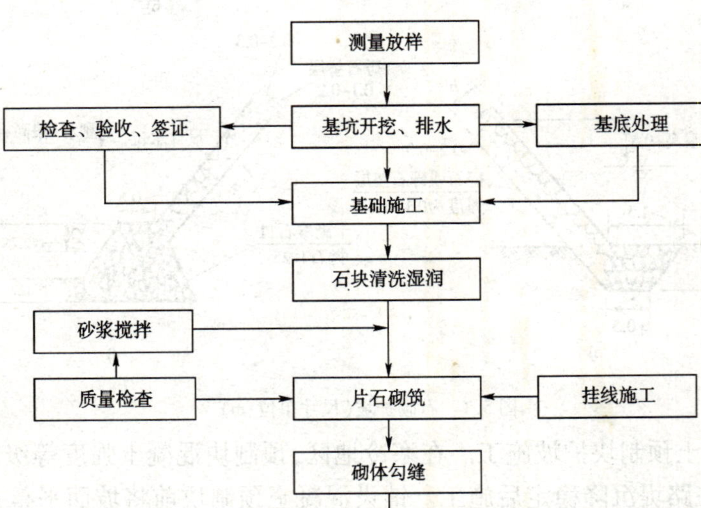

图5.4 砌石工程施工工艺流程图

3. 封面与捶面工程

封面与捶面的适用情况及施工要求见表5.6。

封面及捶面适用范围及施工要求 表5.6

防护与加固类型		适用范围及施工要求	施　工
封面	抹面（封面）	适用于坡面较干燥、未经严重风化的各种易风化岩石边坡，不适用于由煤系岩层及成岩作用很差的红色黏土岩组成的边坡。抹面防护使用年限为8～10年，高速公路路基边坡不宜采用抹面防护。抹封面厚度不宜小于30mm，表层可涂软化点稍高于当地气温的沥青保护层	常用材料有水泥、石灰、砂子、炉渣、黏土等； 封面、捶面的顶部必须封闭，或在顶部作200mm×200mm的小型截水沟（水沟用封面、捶面材料加固），或将封面、捶面嵌入边坡内300～500mm
捶面	捶面	适用于边坡坡度小于1:0.5、易受冲刷的土质边坡或易风化剥落的岩石边坡。使用年限为10～15年，高速公路路基边坡不宜采用捶面防护。捶面宜采用等厚截面，其厚度不宜小于100mm	

5.1.2 冲刷防护

沿河地段路基当受水流冲刷时，根据河流特性、水流性质、河道地貌、地质等因素，结合路基位置，选用适宜的防护工程、导流或改河工程。冲刷防护工程顶面高程为设计水位加上波浪侵袭、壅水高度及安全高度。基底埋设在冲刷深度以下不小于1m或嵌入基岩内。当冲刷深度较深、水下施工困难时，可采用桩基、沉井基础或适宜的平面防护。设置导流建筑物时，应根据河道地貌、地质、水流特性、河道演变规律和防护要求等设计导线，并应避免农田、村庄、公路和下游路基的冲刷加剧。在山区河谷地段，不宜设置挑水导流建筑物。

1. 冲刷防护的类型

冲刷防护按照受力特点可分为直接防护与间接防护两大类，具体防护类型及要求见表5.7。

路基冲刷防护类型 表5.7

防护类型	防护特点及构造要求	图　示
植物防护	允许流速小于1.2～1.8m/s的季节性水流冲刷。经常浸水或长期浸水的路堤边坡，不宜采用种草防护。在沿河路基外的河滩上植造防护林带，树种应具有喜水性。植树防护宜采用带状或条形。防护河岸路基或防御风浪侵蚀，宜采用横行带状；防护桥头引道路堤，宜采用纵行带状	 植物防护
砌石或混凝土护坡	允许流速为2～8m/s的路堤边坡。用于冲刷防护的干（浆）砌片石（混凝土块）护坡应符合坡面防护的要求。 浆砌片（卵）石护坡厚度应按流速和波浪的大小等因素确定，不小于350mm。护坡底面设厚度不小于100mm的反滤层	
护坦	适用于沿河路基挡土墙或护坡的局部冲刷深度过大，深基础施工不便的路段。护坦防护施工中，护坦顶面应埋入计算河床以下0.5～1.0m	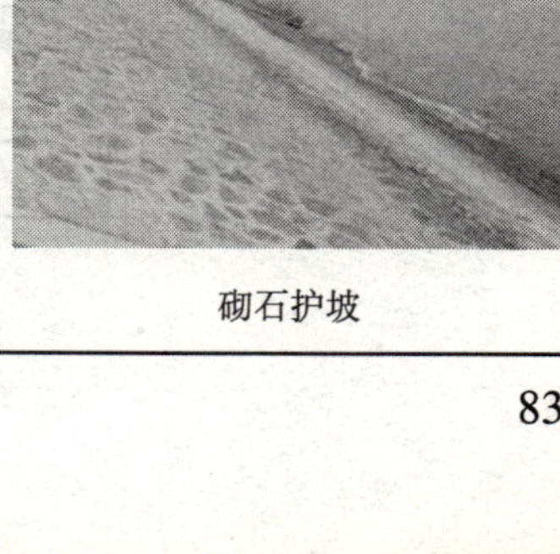 砌石护坡
抛石	适用于经常浸水且水深较大的路基边坡或坡脚以及挡土墙、护坡的基础防护。多用于抢修工程。石料粒径大于300mm，坡度不应陡于所抛石料浸水后的天然休止角，厚度不应小于所用最小石料粒径的两倍	

续上表

防护类型	防护特点及构造要求	图　示
石笼	适用于受水流冲刷和风浪侵袭，且防护工程基础不易处理或沿河挡土墙、护坡基础局部冲刷深度过大的沿河路堤坡脚或河岸。石笼内所填石料，应采用重度大、浸水不崩解、坚硬且未风化石块，粒径应大于石笼的网孔	
浸水挡土墙	用于允许流速为5～8m/s的峡谷急流和水流冲刷严重的河段	抛石防护
土工膜袋	土工织物软体沉排、土工膜袋适用于允许流速为2～3m/s的沿河路基冲刷防护。可用于替代干砌块石、砂浆块石等修建堤坡、堤脚，构筑丁坝、堤坝主体，还可以用于堤坝崩塌、江河崩岸险情的抢护	
丁坝	适用于宽浅变迁性河段。垂直于水流方向上的投影长度不宜超过稳定河床宽度的1/4。一般采用漫水坝或潜坝，丁坝与水流方向的交角以小于或等于90°为宜	石笼防护
顺坝	适用于河床断面较窄、基础地质条件较差的河岸或沿河路基防护，用于调整流水曲度和改善流态。 顺坝与上、下游河岸的衔接，应使水流顺畅，起点应选择在水流匀顺的过渡段，坝根位置宜设在主流转向点的上方。 坝顶宽度应根据稳定计算确定，坝根应嵌入稳定河岸内不小于3m。漫溢式顺坝，应在坝后设置格坝	 土工膜袋防护
改移河道	沿河路基受水流冲刷严重，或防护工程艰巨，以及路线在短距离内多次跨越弯曲河道时可改移河道。主河槽改动频繁的变迁性河流或支流较多的河段不宜改河。 改河起点和终点的位置应与原河床顺接。为防止水流重归故道，宜在改河入口处加陡纵坡并设置拦河坝或顺坝。新河槽断面应按设计洪水频率的流量设计	 丁坝防护

2. *冲刷防护施工要求及注意事项*

(1)植物防护施工。沿河路堤边坡铺草皮防护，宜采用平铺、叠铺草皮的方法，如图5.5所示，铺置符合设计要求，基础部分的铺置层的表面应与地面齐平。经常浸水或长期浸水的路堤边坡，不适合种草防护。植树选用喜水性树种，林带由多行树木组成，乔灌木密植，植树后，采取有效措施加以保护。植树防护宜采用带状或条形。防护河岸路基或防御风浪侵蚀，

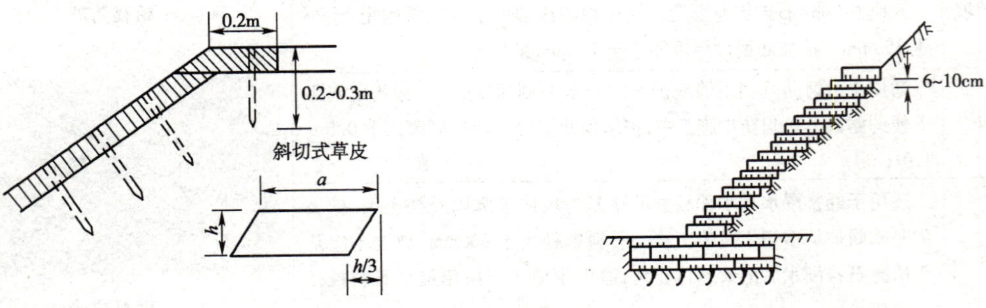

图5.5　草皮防护示意图

宜采用横行带状;防护桥头引道路堤,宜采用纵行带状。

(2)砌石或混凝土防护同时满足坡面防护要求。开挖基坑时,核对地质情况,与设计要求不符时需按程序处理,基础完成后及时用符合设计要求的材料回填。每 10 ~ 15m 设伸缩缝,基底土质变化处设沉降缝,按设计要求做好伸缩缝、沉降缝及泄水孔。石料选用未风化的坚硬岩石,铺砌层底面的碎石、砂砾石垫层或反滤层,符合设计要求。坡面密实、平整、稳定后方可铺砌,砌块应交错嵌紧,严禁浮塞。砂浆应饱满、密实,不得有悬浆。采用干、浆砌片石时,不得大面平铺,石块应彼此交错搭接,不得松动。采用干、浆砌河卵石时,必须长方向垂直坡面,成横行栽砌牢固。采用铺砌混凝土预制块时,应按设计规格和要求检验合格后方可铺筑。就地浇筑混凝土板时,宜采取措施提高早期强度,混凝土表面应平整、光滑。

(3)护坦防护施工。护坦顶面应埋入计算河床以下 0.5 ~ 1.0m。

(4)抛石防护施工。除特殊情况外,在枯水季节施工。选用质地坚硬、耐冻且不易风化崩解的石块,抛石厚度,一般为粒径的 3 ~ 4 倍;用大粒径时,不小于 2 倍。抛石体边坡坡度和石料粒径应根据水深、流速和波浪情况确定,石料粒径大于 300mm,用大小不同的石块掺杂抛投。坡度不大于抛石石料浸水后的天然休止角。

(5)石笼防护施工。根据设计要求或不同情况和用途,合理选用石笼形状,石笼应做到位置正确,搭叠衔接稳固、紧密,确保整体性;选用浸水不崩解、不易风化的石料。基底应大致整平,必要时用碎石或砾石垫层找平。石笼防护施工质量应符合表 5.8 的规定。

石笼防护施工质量标准 表 5.8

项次	检 查 项 目	规定值或允许偏差	检查方法和频率
1	平面位置(mm)	符合设计要求	经纬仪:按设计图控制坐标检查
2	长度(mm)	不小于(设计长度 -300)	尺量:每个(段)检查
3	宽度(mm)	不小于(设计宽度 -200)	每个(段)量 8 处
4	高度(mm)	不小于设计	水准仪或尺量:每个(段)检查 8 处
5	底面高程(mm)	不高于设计	水准仪:每个(段)检查 8 点

(6)浸水挡土墙施工。浸水挡土墙应选用坚硬未风化且浸水不崩解的石块,与岸坡的衔接要平顺,同时满足挡墙施工的其他要求。

(7)土工膜袋防护施工。按设计要求整平坡面,放线定位,挖好边界处理沟;膜袋顶部宜采用浆砌块石固定。有地面径流处,坡顶应采取防护措施,防止地表水侵蚀膜袋底部,膜袋护坡的侧翼宜设压袋沟,岸坡膜袋底端应设压脚或护脚棱体,有冲刷处应采取防冲措施。膜袋与坡面间应按设计要求铺设好土工织物滤层,需要排水的边坡,适时开孔设置排水管。膜袋铺展后应拉紧固定,防止充填时下滑,充填材料根据设计要求和实际情况合理选用,充填应连续。

(8)丁坝防护施工。施工前制订合理的施工方案,合理安排工期,避免因工期过长引起农田、村庄、上下游路基被冲刷。丁坝坝头应做平面防护,坝根与相连接的地层或其他防护设施的衔接平顺。丁坝间的河岸或路基边坡所承受的容许流速小于水流靠岸回流流速时,应缩短坝距或对河岸及路基边坡采取防护措施。

(9)顺坝防护施工。顺坝与上下游河岸的衔接,应使水流顺畅。起点应选择在水流匀顺的过渡段,坝根位置宜设在主流转向点的上方,坝根嵌入稳定河岸内的距离应符合设计要求,坝根附近河岸应防护加固至上游不受水流冲击处。丁坝、顺坝施工质量应符合表 5.9 的规定。导流工程示意图见图 5.6。

导流工程施工质量标准　　表5.9

项次	检查项目		规定值或允许偏差	检查方法和频率
1	砂浆强度(MPa)		不小于设计强度	每1工作台班2组试件
2	平面位置(mm)		30	经纬仪:按设计图控制坐标检查
3	长度(mm)		不小于(设计长度-100)	尺量:每个检查
4	断面尺寸		不小于设计	尺量:检查8处
5	高程(mm)	基底	不大于设计	水准仪:检查8点
		顶面	±30	

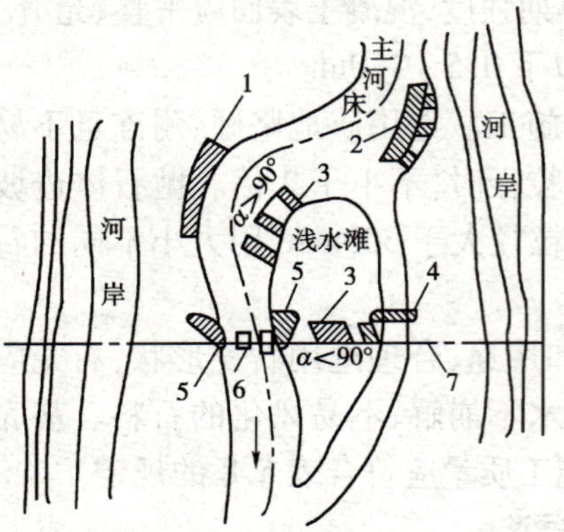

图5.6　导流工程示意图

1-顺水坝;2-格坝;3-挑水坝(丁坝);4-拦水坝;5-导流坝;6-桥墩;7-路中线

(10)改移河道施工。改移河道工程应在枯水时期施工,一个旱季不能完成时,应采取防洪措施。河道开挖应先挖好中段,然后再开挖两端,确认新河床工程已符合要求后,方可挖通其上游河段。利用开挖新河道的土石填平旧河道时,在新河道未通流前,旧河道应保持适当的流水断面。通流时,改河上游进口河段的河床纵坡宜稍大于设计坡度。河床加固设施及导流构造物的施工应合理安排,及时配套完成。

5.2　挡土墙

挡土墙(支挡防护)是用来支撑路基填土或山坡土体,防止填土或土体变形失稳的一种构造物。在路基工程中,挡土墙可用以稳定路堤和路堑边坡,减少土石方工程量和占地面积,防止水流冲刷路基,此外,挡土墙还经常用于整治塌方、滑坡等路基病害。在山区公路中,挡土墙的应用更为广泛。

1. 设置挡土墙的基本要求

(1)挡土墙可采用锥坡与路堤连接,墙端伸入路堤内不小于0.75m。挡土墙端部嵌入路堑原地层的深度,土质地层不小于1.5m,风化软质岩层不小于1.0m,微风化岩层不应小于0.5m。

(2)根据挡土墙墙背渗水量合理布置排水构造物。具有整体式墙面的挡土墙应设置伸缩缝和沉降缝。

(3)挡土墙墙背填料宜采用渗水性强的砂性土、砂砾、碎(砾)石、粉煤灰等材料,严禁采用淤泥、腐殖土、膨胀土,不宜采用黏土作为填料。在季节性冻土地区,不应采用冻胀性材料做填料。

(4)路肩式挡土墙的顶面宽度不应占据硬路肩、行车道及路缘带的路基宽度范围,并应设置护栏。

2. 挡土墙的类型

(1)按照挡土墙的结构及受力特点,挡土墙有重力式、半重力式、悬臂式、扶臂式、锚杆式、锚定板式、加筋土、柱板式等类型。各类挡墙的构造特点及适用性见表5.10。

各类挡土墙适用条件 表 5.10

<table>
<tr><th>挡墙类型</th><th>适用条件</th><th>构造要求</th><th>图示</th></tr>
<tr><td>重力式挡土墙</td><td>一般地区、浸水地区和地震地区的路肩、路堤和路堑等支挡工程。墙高不宜超过 12m，干砌挡土墙的高度不宜超过 6m。高速、一级公路不用干砌挡土墙</td><td rowspan="2">墙顶宽度，当墙身为混凝土浇筑时，不小于 0.4m；当墙身为浆砌时，不小于 0.5m；当墙身为干砌圬工时，不小于 0.6m。根据墙趾处地形情况及经济比较，合理选择重力式挡土墙墙背坡度。衡重式路肩挡土墙的衡重台与上墙背相交处应采取适当的加强措施，提高该处墙身截面的抗剪能力。半重力式挡土墙应按弯曲抗拉强度和刚度计算要求，确定立壁与底板之间的转折点数。端部厚度不应小于 0.4m，底板的前趾扩展长度不宜大于 1.5m</td><td rowspan="6">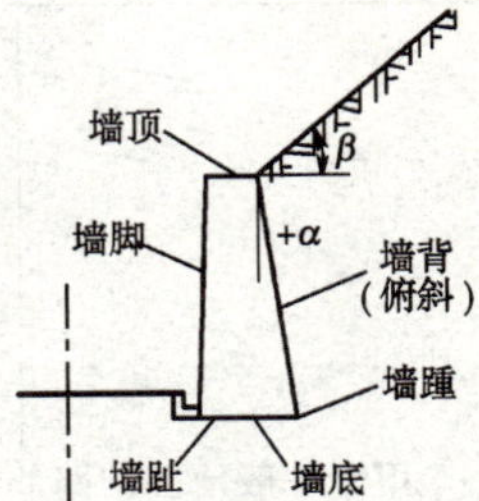

重力式
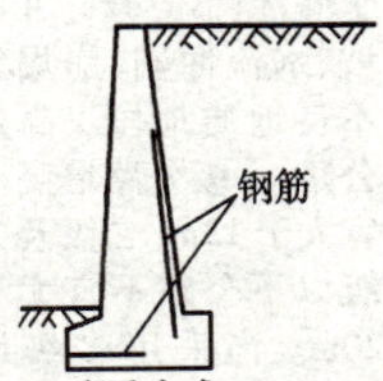

半重力式
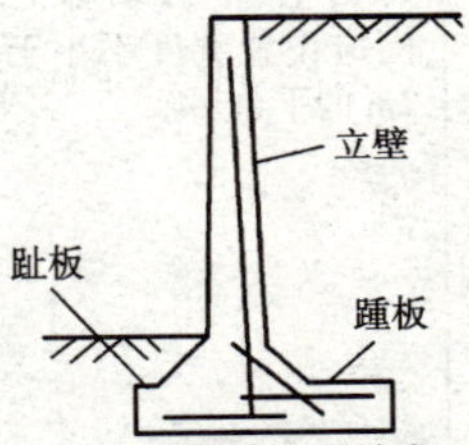

钢筋混凝土悬臂式
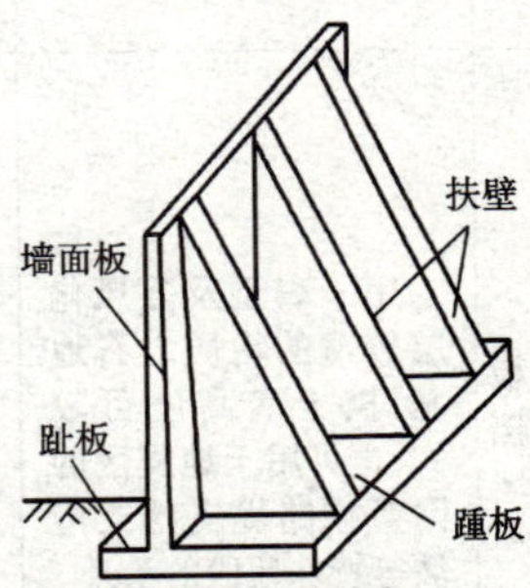

钢筋混凝土扶臂式
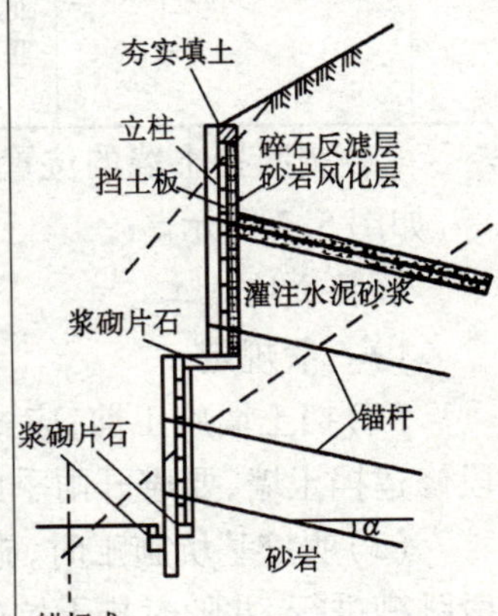

锚杆式</td></tr>
<tr><td>半重力式挡土墙</td><td>用于不宜采用重力式挡土墙的地下水位较高或较软弱的地基上，墙高不宜超过 8m</td></tr>
<tr><td>悬臂式挡土墙</td><td>石料缺乏、地基承载力较低的填方路段采用，墙高不宜超过 5m</td><td rowspan="2">立壁的顶宽不小于 0.2m，底板厚度不小于 0.3m。
扶壁式挡土墙的混凝土强度等级不低于 C20；配置于墙中的主筋，直径不宜小于 12mm；扶壁式挡土墙分段长度不宜超过 20m。每一分段宜设三个或三个以上的扶壁</td></tr>
<tr><td>扶壁式挡土墙</td><td>在石料缺乏、地基承载力较低的填方路段采用，墙高不宜超过 15m</td></tr>
<tr><td>锚杆挡土墙</td><td>用于墙高较大的岩质路堑地段，可用作抗滑挡土墙，可采用肋柱式或板壁式单级墙或多级墙，每级墙高不宜大于 8m，多级墙的上、下级墙体之间应设置宽度不小于 2m 的平台</td><td>肋柱和墙面板采用的混凝土强度等级不低于 C20；肋柱式锚杆挡土墙的肋柱间距一般为 2.0 ~ 3.0m。肋柱宜垂直布置或向填土一侧仰斜，仰斜度不大于 1:0.05。每级肋柱上的锚杆层数，为双层或多层。锚杆可按弯矩相等或支点反力相等的原则布置，向下倾斜。每层锚杆与水平面的夹角宜控制在 15° ~ 20° 之间，锚杆层间距不小于 2.0m。肋柱受力方向的前后侧面内配置直径不小于 12mm 通长受力钢筋。多级肋柱式锚杆挡土墙的平台用厚度不小于 0.15m 的 C15 混凝土封闭，并向墙外倾斜 2% 的横坡度。墙面板宜采用等厚度板，板厚不得小于 0.3m。预制墙面板预留锚杆的锚锭孔</td></tr>
<tr><td>锚定板挡土墙</td><td>宜使用在缺少石料地区的路肩墙或路堤式挡土墙，但不应建筑于滑坡、坍塌、软土及膨胀土地区。可采用肋柱式或板壁式，墙高不宜超过 10m。肋柱式锚定板挡土墙可采用单级墙或双级墙，每级墙高不宜大于 6m，上、下级墙体之间应设置宽度不小于 2m 的平台。上下两级墙的肋柱宜交错布置</td><td>肋柱、挡土板、墙面板、锚定板、肋柱分离式垫块基础及肋柱杯座式基础、板壁式锚定板挡土墙帽石的混凝土强度等级不低于 C20。肋柱条形基础的混凝土强度等级不低于 C15。
肋柱式锚定板挡土墙的肋柱间距，宜为 1.5 ~ 2.5m，每级肋柱高度宜采用 3 ~ 5m。肋柱应采用垂直或向填土侧后仰布置，仰斜度宜为 1:0.05，严禁肋柱前倾布置。肋柱须预留圆形或椭圆形拉杆孔道，孔道直径或短轴长度应大于拉杆直径。
肋柱下端应设置混凝土条形基础、分离式垫块基础或杯座式基础，基础厚度不宜小于 0.5m，襟边宽度不宜小于 0.1m。肋柱受力方向的前后侧面内配置直径不应小于 12mm 通长受力钢筋。多级肋柱式锚定板挡土墙的平台，宜用厚度不小于 0.15m 的 C15 混凝土封闭，并设置向墙外倾斜的 2% 的横坡度。采用细粒土作填料时，路基顶面也宜设置封闭层。
壁式挡土墙的每块墙面板至少连接一根拉杆，拉杆直径宜为 22 ~ 32 mm。锚定板宜采用钢筋混凝土板，肋柱式锚定板面积不小于 $0.5m^2$，无肋柱式锚定板面积不小于 $0.2m^2$。定板需双向配筋</td></tr>
</table>

挡墙类型	适用条件	构造要求	图示
加筋土挡土墙	用于一般地区的路肩式挡土墙、路堤式挡土墙，但不应修建在滑坡、水流冲刷、崩塌等不良地质地段。高速公路、一级公路墙高不宜大于12m，二级及二级以下公路不宜大于20m。当采用多级墙时，每级墙高不宜大于10m，上、下级墙体之间应设置宽度不小于2m的平台	面板预制件强度等级不宜低于C20，厚度不小于80mm。加筋土墙面的平面线形可采用直线、折线和曲线。相邻墙面间的内夹角不宜小于70°。非石砌圬工、混凝土构件上或基岩地基时，设置宽度不小于0.40m，厚度不小于0.20m的混凝土基础。土质地基基础埋置深度，不小于0.60m。加筋土挡土墙顶面宜设置混凝土或钢筋混凝土帽石。 设计水位以下宜做成石砌或混凝土实体墙。季节性冰冻地区的加筋体应采取防冻胀措施。斜坡上的加筋体设宽度不小于1m的护脚，加筋体面板基础埋置深度从护脚顶面算起。非浸水加筋土挡土墙，当基础埋深小于1.25m时，宜在墙面地表处设置宽度为1.0m，厚度大于0.25m的混凝土预制块或浆砌片石防护层，其表面宜做成向外倾斜3%~5%的排水横坡。加筋土挡土墙的基底不宜设置纵坡，可做成水平或结合地形做成台阶形。多级加筋土挡土墙的平台顶部应设不小于2%的排水横坡，并用厚度不小于0.15m的C15混凝土板防护。当采用细粒填料时，上级墙的面板基础下应设置宽度不小于1.0m，厚度不小于0.50m的砂砾或灰土垫层。 在满足抗拔稳定的前提下，墙高大于3.0m时，拉筋最小长度宜大于0.8倍墙高，且不小于5m；当采用不等长的拉筋时，同等长度拉筋的墙段高度，应大于3.0m；相邻不等长拉筋的长度差不宜小于1.0m；墙高小于3.0m时，拉筋长度不应小于3.0m，且应采用等长拉筋；采用预制钢筋混凝土带时，每节长度不宜大于2.0m	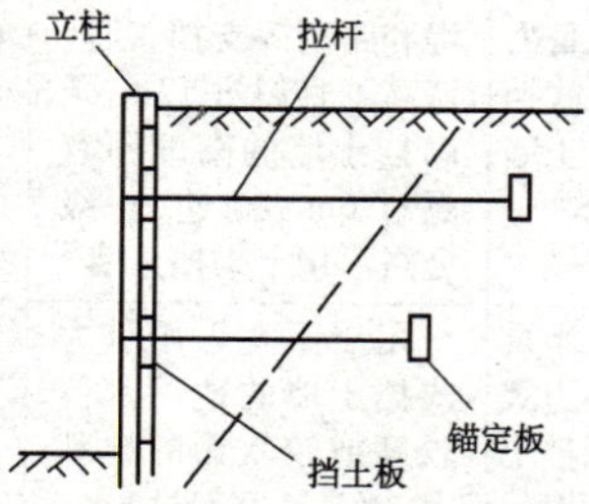 锚定板式 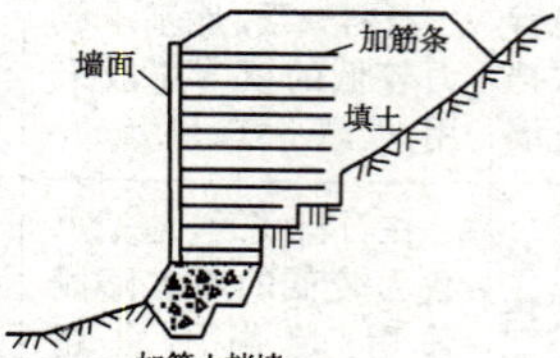 加筋土挡墙 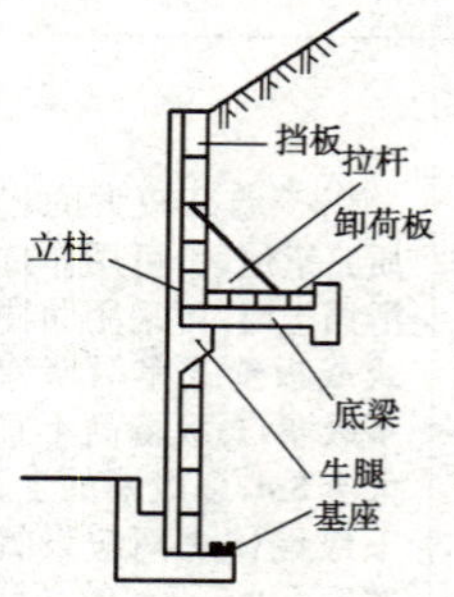 桩柱式
桩板式挡土墙	用于表土及强风化层较薄的均质岩石地基，挡土墙高度可较大，也可用于地震区的路堑或路堤支挡或滑坡等特殊地段的治理	桩板式挡土墙的锚固桩必须锚固在稳定的地基中，桩的悬臂长度不宜大于15m，锚固桩和挡土板的混凝土强度等级不低于C20。挡土板与桩搭接，搭接长度每端不得小于1倍板厚。若为圆形桩，则应在桩后设置搭接用的凸形平台。平台宽度应比搭接长度宽20~30mm；挡土板外侧墙面的钢筋保护厚度应大于35mm，板内侧墙面保护层厚度应大于50mm；桩的受力钢筋应沿桩长方向通长布置，直径不应小于12mm。桩的钢筋保护层净距不小于50mm，当采用拱形挡土板时，不宜用混凝土灌筑，而应当沿径向和环向配置一定数量的构造钢筋，钢筋直径不宜小于100mm。 加锚杆的锚固桩应保证桩与锚杆的变形协调	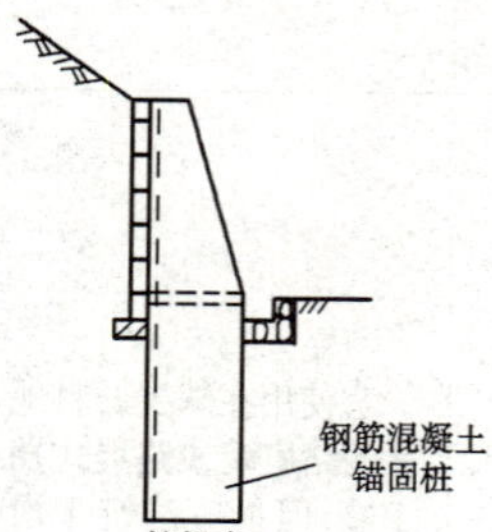 桩板式

(2)按照挡土墙的位置，挡土墙有路肩墙、路堤墙、路堑墙、山坡墙、浸水挡墙、抗滑挡墙等，如图5.7所示。

3. 挡土墙施工

1)一般规定

(1)挡土墙施工前，应做好截、排水及防渗设施。在岩体破碎、土质松软或地下水丰富地段修建挡土墙，要避开雨季施工。

(2)明挖基坑施工时，施工过程中地质情况与设计不符时，应及时处理。基坑开挖宜分段跳槽进行，并随时排干坑内积水。采用倾斜基底时，基底标高按设计控制，不能超挖填补。

(3)基底检验合格后,应及时进行下道工序施工。

(4)挡土墙端部伸入路堤或嵌入地层部分应与墙体同时砌筑。挡土墙顶应找平抹面或勾缝,其与边坡间的空隙应用黏土或其他材料夯填封闭。

(5)挡土墙与桥台、隧道洞门连接应协调施工,必要时应加临时支撑,确保与墙相接的填方或山体的稳定。

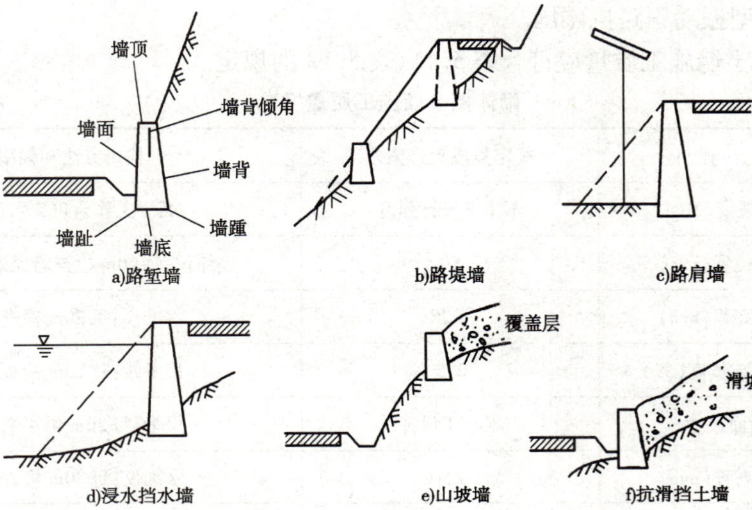

图5.7　设置挡土墙的位置

2)重力式挡土墙施工

(1)基础施工

①应将基底表面风化、松软土石清除。

②硬质岩石基坑中的基础,宜满坑砌筑。

③雨季在土质或易风化软质岩石基坑中砌筑基础时,应在基坑挖好后及时封闭坑底。当基底设有向内倾斜的稳定横坡时,应采取临时排水措施,辅以必要坐浆后安砌基础。

④采用台阶式基础时,台阶与墙体应连在一起同时砌筑,基底及墙趾台阶转折处不得砌成垂直通缝,砌体与台阶壁间的缝隙砂浆应饱满。

⑤基坑应随砌筑分层回填夯实,并在表面留3%的向外斜坡。

(2)墙身施工

根据墙背不同的倾斜方向,墙身的断面形式可分为仰斜、垂直、俯斜、凸形折线式和衡重式等几种,如图5.8所示。

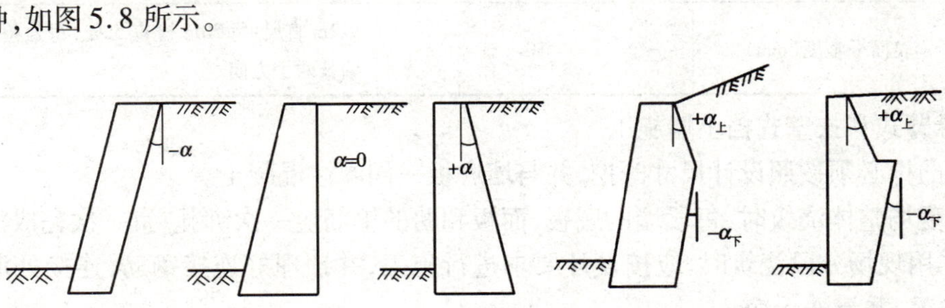

图5.8　重力式挡土墙的不同形式

①墙身要分层错缝砌筑,砌出地面后基坑应及时回填夯实,并完成其顶面排水、防渗

设施。

②伸缩缝与沉降缝内两侧壁应竖直、平齐,无搭叠;缝中防水材料应按设计要求施工。

③泄水孔应在砌筑墙身过程中设置,确保排水畅通,并应保证墙背反滤、防渗设施的施工质量。

④当墙身的强度达到设计强度的75%时,方可进行回填等工作。在距墙背0.5~1.0m以内,不宜用重型振动压路机碾压。

(3)砌体挡土墙施工质量应符合表5.11、表5.12的规定。

砌体挡土墙施工质量标准 表5.11

项次	检查项目		规定值或允许偏差	检查方法和频率
1	砂浆强度(MPa)		不小于设计强度	每1工作台班2组试件
2	平面位置(mm)		50	经纬仪:每20m检查墙顶外边线5点
3	顶面高程(mm)		±20	水准仪:每20m检查2点
4	垂直度或坡度(%)		0.5	吊垂线:每20m检查4点
5	断面尺寸		不小于设计	尺量:每20m量4个断面
6	底面高程(mm)		±50	水准仪:每20m检查2点
7	表面平整度(mm)	混凝土块、料石	10	2m直尺:每20m检查5处,每处检查竖直和墙长两个方向
		块石	20	
		片石	30	

干砌挡土墙施工质量标准 表5.12

项次	检查项目	规定值或允许偏差	检查方法和频率
1	平面位置(mm)	50	经纬仪:每20m检查5点
2	顶面高程(mm)	±30	水准仪:每20m检查5点
3	垂直度或坡度(%)	0.5	吊垂线:每20m检查4点
4	断面尺寸	不小于设计	尺量:每20m量4个断面
5	底面高程(mm)	±50	水准仪:每20m检查2点
6	表面平整度(mm)	50	2m直尺:每20m检查5处,每处检查竖直和墙长两个方向

3)悬臂式和扶壁式挡土墙施工

(1)凸榫必须按照设计尺寸开挖,并与墙底板一同灌注混凝土。

(2)现场整体浇筑时,每段墙的底板、面板和肋的钢筋应一次绑扎,宜一次完成混凝土灌注。当采用现场分段浇筑时,应按设计要求进行施工,并预埋好连接钢筋,连接处混凝土面应严格凿毛,并清洗干净。

(3)灌注混凝土后,应按有关规定进行养护。墙体达到设计强度的75%以后方可进行墙背填土,并应按设计要求的填料和密实度分层填筑、压实;墙背排水设施应随填土及时施工。

(4)现浇悬臂式和扶壁式挡土墙施工质量应符合表5.13的规定。

现浇悬臂式和扶壁式挡土墙施工质量标准　　表5.13

项次	检查项目	规定值或允许偏差	检查方法和频率
1	混凝土强度(MPa)	不小于设计强度	每1工作台班2组试件
2	平面位置(mm)	30	经纬仪:每20m检查5点
3	顶面高程(mm)	±20	水准仪:每20m检查2点
4	垂直度或坡度(%)	0.3	吊垂线:每20m检查4点
5	断面尺寸(mm)	不小于设计	尺量:每20m量4个断面,抽查扶臂4个
6	底面高程(mm)	±30	水准仪:每20m检查2点
7	表面平整度(mm)	5	2m直尺:每20m检查3处,每处检查竖直和墙长两个方向

(5)装配法施工,基础混凝土强度达到设计强度75%后,方可安装。预制墙板与基础必须按设计要求连接牢固。预制墙板预制、安装质量应符合表5.16的规定。

4)锚杆挡土墙施工

(1)锚杆应按设计尺寸下料、调直、除污、加工,并按照设计要求,在施工前作锚杆抗拔力验证试验。

(2)钻孔施工。施工前,应清除岩面松动石块,整平墙背坡面。根据设计孔径及岩土性质合理选择钻孔机具;孔轴应保持直线,孔位允许偏差为±50mm,深度允许偏差为-10~+50mm。钻孔后应将孔内粉尘、石渣清理干净。

(3)安装普通砂浆锚杆。锚杆应安装在孔位中心,锚杆未插入岩层部分,必须按设计要求作防锈处理。有水地段安装锚杆,应将孔内的水排出或采用早强速凝药包式锚杆。砂浆应随拌随用,宜先插入锚杆然后灌浆,灌浆应采用孔底注浆法,灌浆管应插至距孔底50~100mm,并随水泥砂浆的注入逐渐拔出,灌浆压强宜不小于0.2MPa。砂浆锚杆安装后,不得敲击、摇动。普通砂浆锚杆在3天内,早强砂浆锚杆在12h内,不得在杆体上悬挂重物。必须待砂浆达到设计强度的75%后方可安装肋柱、墙板。

(4)安装墙板时,应边安装墙板边进行墙背回填及墙背排水系统施工。

5)锚定板挡土墙施工

(1)拉杆使用前应按规定取样试验。拉杆埋于土中部分,必须进行防锈处理。

(2)吊装时应保证肋柱不前倾。

(3)拉杆及锚定板埋设,应先填土后挖槽就位。挖槽时,锚定板比设计位置宜高30~50mm。锚定板前方超挖部分宜用C10水泥混凝土或灰土回填夯实。严禁直接碾压拉杆和锚定板。

(4)肋柱、锚定板上的锚头及螺丝杆应作防锈处理和防水封闭。

(5)分级平台应按设计要求进行封闭,并设2%的外倾排水坡。

6)加筋土挡土墙施工

(1)施工工艺流程图如图5.9所示。安装直立式墙面板应按不同填料和拉筋预设仰斜坡,仰斜坡一般为1:0.02~1:0.05,墙面不得前倾。

(2)拉筋应有粗糙面,并按设计布置呈水平铺设,当局部与填土不密贴时应铺砂垫平。

钢拉筋与钢材外露部分应作防锈处理。连续敷设的拉筋接头应置于其尾部;拉筋尾端宜用拉紧器拉紧,各拉筋的拉力应大体均匀,但应避免拉动墙面板。

(3)墙背拉筋锚固段填料宜采用粗粒土或改性土等填料。墙背填土必须满足设计压实度要求。

(4)填料摊铺、碾压应从拉筋中部开始平行于墙面碾压,先向拉筋尾部逐步进行,然后再向墙面方向进行,严禁平行于拉筋方向碾压。

(5)填土分层厚度及碾压遍数,应根据拉筋间距、碾压机具和密实度要求,通过试验确定,严禁使用羊足碾碾压。靠近墙面板1m范围内,应使用小型机具夯实或人工夯实,不得使用重型压实机械压实。

(6)当采用聚丙烯土工带时,拉带应平顺,不得出现打折、扭曲等现象,不得与硬质、棱角填料直接接触。

(7)施工过程中随时观测加筋土挡土墙异常变化。

锚杆挡土墙、锚定板挡土墙、加筋土挡土墙施工质量应符合表5.14~表5.17的规定。

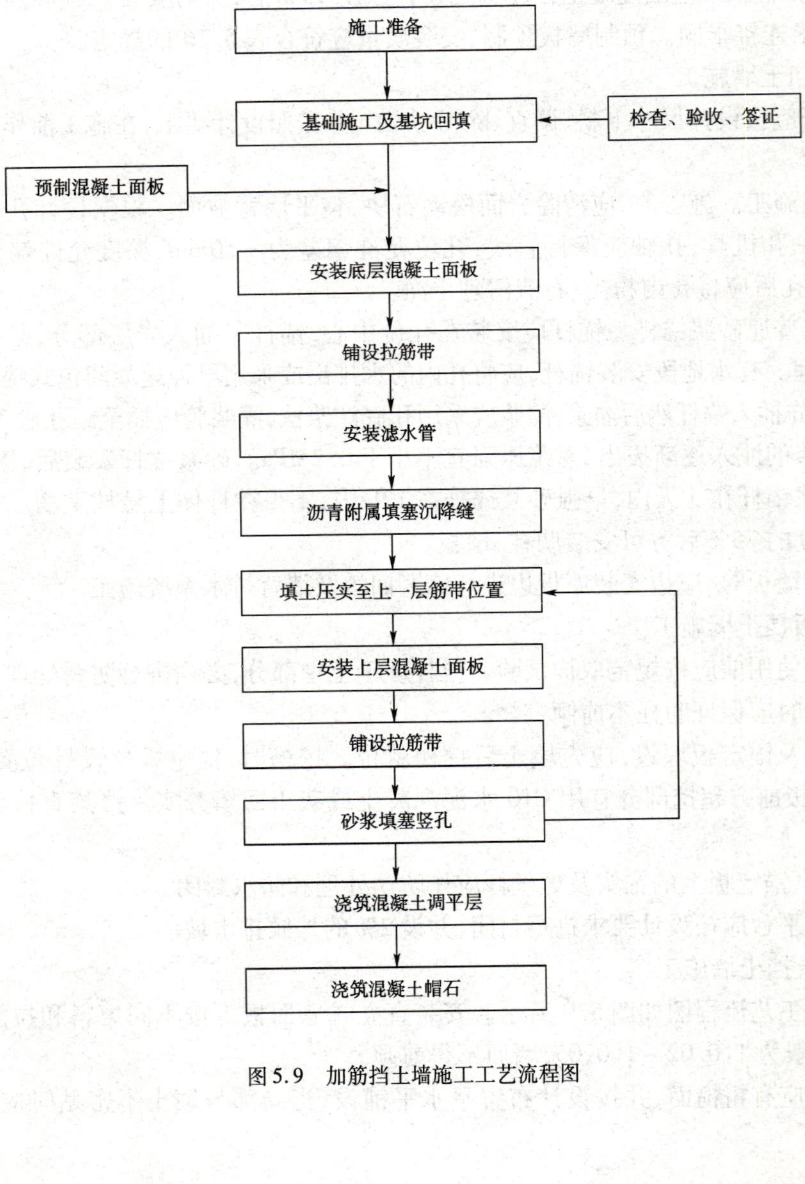

图5.9 加筋挡土墙施工工艺流程图

筋带施工质量标准 表 5.14

项次	检查项目	规定值或允许偏差	检查方法和频率
1	筋带长度	不小于设计	尺量:每 20m 检查 5 根(束)
2	筋带与面板连接	符合设计要求	目测:每 20m 检查 5 处
3	筋带与筋带连接	符合设计要求	目测:每 20m 检查 5 处
4	筋带铺设	符合设计要求	目测:每 20m 检查 5 处

锚杆、拉杆施工质量标准 表 5.15

项次	检查项目	规定值或允许偏差	检查方法和频率
1	锚杆、拉杆长度	符合设计要求	尺量:每 20m 检查 5 根
2	锚杆、拉杆间距(mm)	±20	尺量:每 20m 检查 5 根
3	锚杆、拉杆与面板连接	符合设计要求	目测:每 20m 检查 5 处
4	锚杆、拉杆防护	符合设计要求	目测:每 20m 检查 10 处
5	锚杆抗拔力	抗拔力平均值≥设计值,最小抗拔力≥0.9 设计值	抗拔力试验:锚杆数量的 1%,并不少于 3 根

面板预制、安装施工质量标准 表 5.16

项次	检查项目	规定值或允许偏差	检查方法和频率
1	混凝土强度(MPa)	不小于设计强度	每台班 2 组试件
2	边长(mm)	±5 或 0.5% 边长	尺量:长宽各量 1 次,每批抽查 20%
3	两对角线差(mm)	10 或 0.7% 最大对角线长	尺量:每批抽查 20%
4	厚度(mm)	+5, -3	尺量:检查 4 处,每批抽查 20%
5	表面平整度(mm)	4 或 0.3% 边长	2m 直尺:长、宽方向各测 1 次,每批抽查 20%
6	预埋件位置(mm)	5	尺量:检查每件,每批抽查 20%
7	每层面板顶高程(mm)	±10	水准仪:每 20m 抽查 5 组板
8	轴线偏位(mm)	10	挂线、尺量:每 20m 量 5 处
9	面板竖直度或坡度	+0, -0.5%	吊垂线或坡度板:每 20m 量 5 处
10	相邻面板错台(mm)	5	尺量:每 20m 面板交界处检查 5 处

注:面板安装以同层相邻两板为一组。

锚杆、锚定板、加筋土挡土墙总体施工质量标准 表 5.17

项次	检查项目		规定值或允许偏差	检查方法和频率
1	墙顶和肋柱平面位置(mm)	路堤式	+50, -100	经纬仪:每 20m 检查 5 处
		路肩式	±50	
	墙顶和柱顶高程(mm)	路堤式	±50	水准仪:每 20m 测 5 点
		路肩式	±30	
3	肋柱间距(mm)		±15	尺量:每柱间
4	墙面倾斜度(mm)		+0.5% H 且不大于 +50,-1% H 且不小于 -100,见注	吊垂线或坡度板:每 20m 测 4 处
5	面板缝宽(mm)		10	尺量:每 20m 至少检查 5 条
6	墙面平整度(mm)		15	2m 直尺:每 20m 测 5 处,每处检查竖直和墙长两个方向
7	墙背填土:距面板 1m 范围内的压实度(%)		90	每 100m 每压实层测 2 处,并不得少于 2 处

注:平面位置和倾斜度"+"指向外,"-"指向内,H 为墙高。

思考及训练

一、选择题

1. 路基防护与加固的重点是(　　)。

A. 边沟　　B. 路肩　　C. 路基边坡　　D. 路基本体

2. 某路堑边坡属于风化的岩石,且坡面不平整,应采用的防护措施是(　　)。

A. 喷浆　　B. 抹面　　C. 植被防护　　D. 灌浆

3. 为了防止路基边坡发生滑塌,可采用的防护措施是(　　)。

A. 植物防护　　B. 设挡土墙　　C. 砌石防护　　D. 设护面墙

4. 护面墙的主要作用是(　　)。

A. 防护土质边坡　　B. 防护软质岩石边坡

C. 防护土质及岩石边坡　　D. 加固边坡,防止塌方

5. 坡面处治主要用于(　　)。

A. 较陡的土质路堑边坡　　B. 陡峭的岩石路堑边坡

C. 软质岩石和破碎岩石路堑边坡　D. 松散的碎石土类路堑边坡

6. 防护水下部分路基边坡时,不宜采用(　　)。

A. 铺草皮　　B. 抛石　　C. 浆砌片石　　D. 石笼

7. 下列路基冲刷防护中,属于直接防护的是(　　)。

A. 抛石　　B. 护坦　　C. 丁坝　　D. 顺坝　　E. 石笼

8. 公路常用冲刷防护设备中属直接防护的有(　　)。

A. 驳岸　　B. 丁坝　　C. 抛石　　D. 石笼

9. 什么位置的挡土墙需要设护栏?(　　)

A. 路堤墙　　B. 路肩墙　　C. 路堑墙　　D. 山坡墙

10. 为了减少拆迁和占地面积,一般可采用(　　)。

A. 路堑墙　　B. 路堤墙　　C. 山坡挡土墙　　D. 路肩墙

二、填空题

1. 常见的石砌挡土墙一般由墙身、基础及______、______等几个主要部分构成。
2. 根据重力式挡土墙墙背倾角的正负,可划分为______式、______式及垂直式挡土墙。
3. 加筋挡土墙是由面板、______及连接件与______组成。
4. 加筋挡土墙的基本工作原理是靠______和______之间的摩擦作用来抵抗土压力的。
5. 重力式挡土墙一般由______、______、______和______组成。
6. 挡土墙按设置的位置不同可分为:______、______、______和______等类型。
7. 锚定式挡土墙通常包括______、______两种。
8. 薄壁式挡土墙通常包括______和______两种形式。

三、简答题

1. 路基防护与加固的目的和意义是什么?
2. 路基直接防护与间接防护主要有哪些区别?
3. 按作用不同路基防护与加固工程,可分为哪几类?
4. 试述植物防护的作用、类型及适用条件。
5. 试述工程防护的作用、类型及适用条件。

6. 按作用不同，路基防护与加固工程可分为哪几种？各类的作用是什么？
7. 骨架植物防护主要有哪些类型？
8. 挡土墙的用途及适用条件有哪些？
9. 挡土墙的类型有哪些？
10. 挡土墙的布置包括哪几个方面？
11. 挡土墙抗滑稳定性不满足要求时，应采用哪些措施？
12. 当挡土墙的抗倾覆稳定系数 $K<1.5$ 时，可采用哪些有效措施？
13. 简述加筋挡土墙的特点。
14. 试述各类挡土墙的结构特点及其适用条件。
15. 重力式挡土墙的墙背有哪几种形式？各有什么特点？
16. 按照挡土墙的设置位置，挡土墙可分为哪几种？各有何用途？
17. 路基在遇到什么情况时可考虑修建挡土墙？
18. 图 5.10 为某重力式挡土墙横断面：
(1)列出图中所示 A、B、C、D、E 各部分的名称；
(2)说明当 B 的形式发生变化时，挡土墙对应的名称。

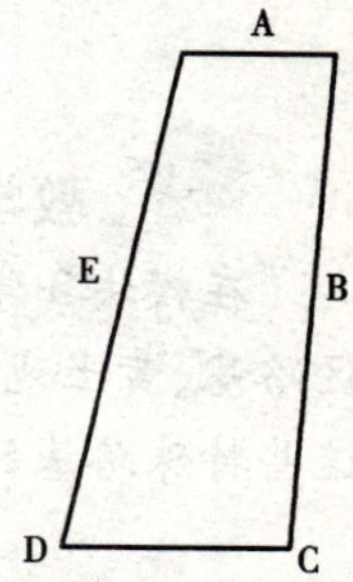

图 5.10

模块6 特殊路基施工

教学目标

在模块3学习的基础上，通过模块6的学习，能够进一步明确、强化特殊路基中软土地区路基、黄土地区路基、盐渍土地区路基的工程特性及施工工艺要求，能够有针对性的组织这些特殊路基的施工工作。

6.1 软土地区路基施工

1. 软土的工程特性

软土地基：黏土或粉土微小颗粒含量极高，或由孔隙率大的有机质土、泥浆、松砂组成的土层。软土天然含水率大，胀缩性高，承载力低，在荷载作用下易产生滑动或固结沉降。软土的鉴别指标见表6.1。

软土鉴别指标 表6.1

<table>
<tr><th>土类</th><th colspan="2">天然含水率（%）</th><th>天然孔隙比</th><th>直剪内摩擦角（°）</th><th>十字板剪切强度（kPa）</th><th>压缩系数 $\alpha_{0.1\sim0.2}$（MPa^{-1}）</th></tr>
<tr><td>黏质土、有机质土</td><td>≥35</td><td rowspan="2">≥液限</td><td>≥1.0</td><td>宜小于5</td><td rowspan="2"><35</td><td>宜大于0.5</td></tr>
<tr><td>粉质土</td><td>≥30</td><td>≥0.90</td><td>宜小于8</td><td>宜大于0.3</td></tr>
</table>

2. 软土地基处置方法

（1）水平垫层。软土地基上修筑的路堤底部均宜设置透水性水平垫层，厚度以0.50m为宜。对于缺少砂砾的地区，可以将土工合成材料和砂砾垫层配合使用，以减小砂砾垫层的厚度。砂垫层处置软土地基示意图见图6.1。

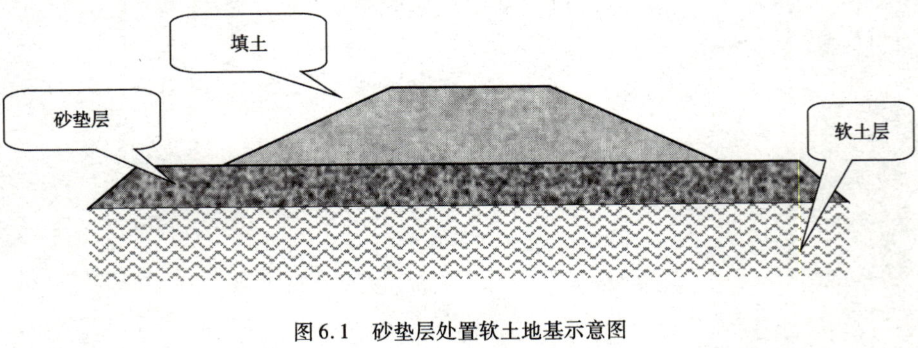

图6.1 砂垫层处置软土地基示意图

（2）轻质路堤。轻质路堤可采用粉煤灰、泡沫聚苯乙烯（EPS）块等轻质材料填筑。

（3）加筋路堤。路堤加筋采用强度高、变形小、耐老化的土工合成材料作为路堤的加筋材料。

(4)反压护道。反压护道在路堤的一侧或两侧设置,其高度一般不超过路堤高度的1/2,宽度应通过稳定计算确定。

(5)排水固结法。排水固结法是软土地基处理的成熟和经济的措施,在软土地基处理中经常使用。包括砂垫层预压、塑料排水板或袋装砂井预压、真空联合堆载预压等,常与轻质路堤、加筋路堤、反压护道等配合使用。排水固结法现场施工图见图6.2、图6.3。

图6.2　塑料排水板

图6.3　塑料排水板联合真空预压——真空板布置

(6)粒料桩。用粒料桩加固软土地基有置换、排水固结和应力集中等作用。粒料桩长度以内的地基属于复合地基。

(7)加固土桩。加固土桩是将石灰、水泥或其他某些对土固化的材料,通过专用的机械在地基深部将软土和固化剂强制拌和形成的具有较高强度的竖向加固体,从工艺上分为干法(粉体)搅拌桩和湿法(浆液)搅拌桩。

(8)强夯。饱和软黏土地基中夹有多层粉砂或采用在夯坑中回填块石、碎砾石、卵石等粒料进行强夯置换时可以采用强夯法处理。

3.常用软土地基处置工艺施工要求

1)砂垫层

(1)砂垫层施工工艺流程见图6.4。

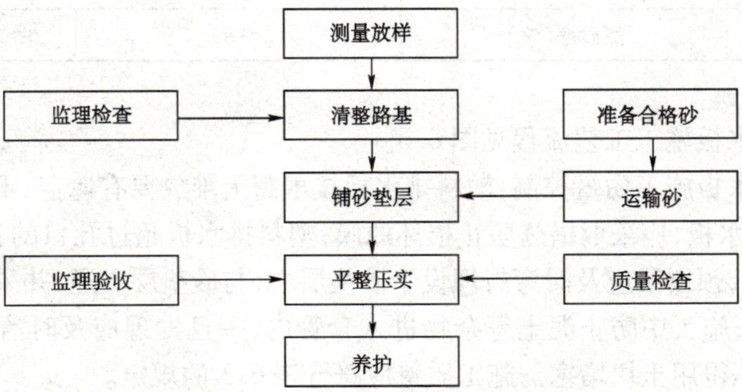

图6.4　砂垫层施工工艺流程图

(2)质量要求:

①材料。垫层材料宜采用无杂物的中、粗砂,含泥量应小于5%。采用天然级配砂砾料时,最大粒径应小于50mm,砾石强度不低于四级(即洛杉矶法磨耗率小于60%)。垫层宜分层摊铺压实,碾压到规定的压实度。垫层采用砂砾料时,应避免粒料离析。垫层宽度应宽出路基边脚500~1000mm,两侧宜用片石护砌或采用其他方式防护。

②施工控制。砂垫层施工过程中,严防尘土、泥土和杂物污染,对受到污染的部分必须返工或更换。砂垫层的高程、厚度、干密度、平整度渗透系数必须符合设计要求。砂垫层完

活后，应及时洒水养护，限制人员、机动车通行，并尽快安排下一道工序的施工。

2)袋装砂井

(1)袋装砂井工艺流程见图6.5。

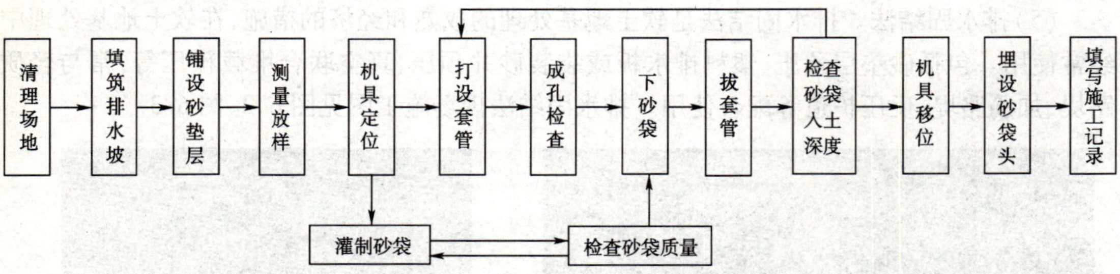

图6.5　袋装砂井施工工艺流程图

(2)袋装砂井施工质量控制：袋装砂井中、粗砂中大于0.6mm颗粒的含量占总重的50%以上，含泥量小于3%，渗透系数大于5×10^{-2}mm/s。砂袋的渗透系数应不小于砂的渗透系数；砂袋露天堆放时应有遮盖，不能长时间暴晒；砂袋应垂直下井，不得扭结、缩颈、断裂、磨损；拔钢套管时如将砂袋带出或损坏，应在原孔位边缘重打；连续两次将砂袋带出时，应停止施工，查明原因并处理后方可施工；砂袋在孔口外的长度，应能顺直伸入砂垫层至少300mm；施工质量应符合表6.2的规定。

袋装砂井施工质量标准　　表6.2

项　次	检查项目	规定值或允许偏差	检查方法和频率
1	井距(mm)	±150	抽查3%
2	井长	不小于设计值	查施工记录
3	井径(mm)	+10,0	挖验3%
4	竖直度(%)	1.5	查施工记录
5	灌砂率(%)	-5	查施工记录

3)塑料排水板

(1)塑料排水板施工工艺流程见图6.6。

(2)塑料排水板施工质量控制：塑料排水板技术露天堆放要有遮盖，不得长时间曝晒，现场堆放的塑料排水板，应采取措施防止损坏滤膜；塑料排水板超过孔口的长度应能伸入砂垫层不小于500mm，预留段应及时弯折埋设于砂垫层中，与砂垫层贯通，并采取保护措施；塑料排水板不得搭接；施工中防止泥土等杂物进入套管内，一旦发现应及时清除；打设形成的孔洞应用砂回填，不得用土块堵塞。施工质量应符合表6.3的规定。

塑料排水板施工质量标准　　表6.3

项　次	检查项目	规定值或允许偏差	检查方法和频率
1	板距(mm)	±150	抽查3%
2	板长	不小于设计值	抽查3%
3	竖直度(%)	1.5	查施工记录

4)砂桩

(1)砂桩施工工艺流程见图6.7。

(2)砂桩施工质量控制：采用中、粗砂，大于0.6mm颗粒含量宜占总重的50%以上，含泥量应小于 3%，渗透系数大于 5×10^{-2}mm/s；也可使用砂砾混合料，含泥量应小于 5%。砂桩施工采用单管冲击法、一次打桩管成桩法或复打成桩法施工时，应使用饱和砂；采用双管冲击法、重复压拔法施工时，可使用含水量为 7% ~9% 的砂；饱和土中施工可用天然湿砂；地面下 1 ~2m 土层应超量投砂，通过压挤提高表层砂的密实程度；成桩过程应连续；实际灌砂量未达到设计用量时，应进行处理；砂桩施工质量应符合表 6.4 的规定。

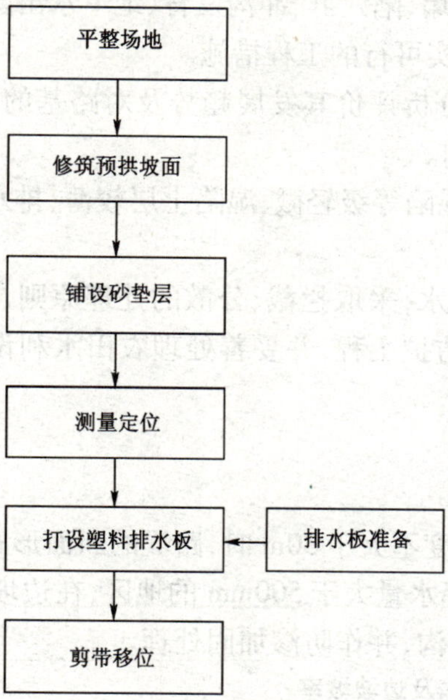

图 6.6　塑料排水板施工工艺流程图

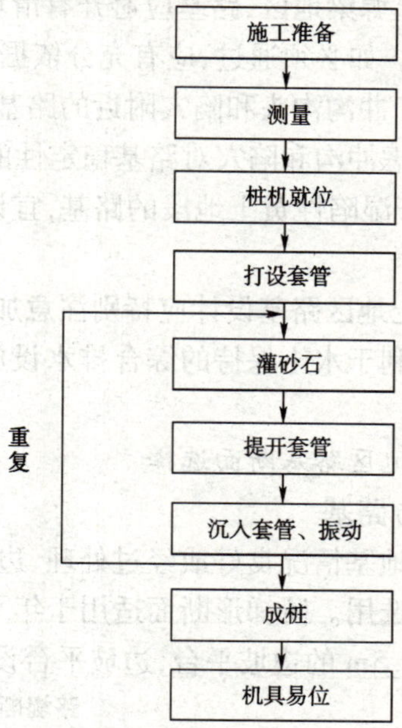

图 6.7　砂桩施工工艺流程图

砂桩施工质量标准　　表 6.4

项　次	检 查 项 目	规定值或允许偏差	检查方法和频率
1	桩距（mm）	±150	抽查 3%
2	桩长	不小于设计值	查施工记录
3	桩径	不小于设计值	抽查 3%
4	竖直度（%）	1.5	查施工记录
5	灌砂量	不小于设计值	查施工记录

6.2　黄土地区路基施工

1. 黄土的分布及特性

黄土是一种以粉粒为主、多孔隙、天然含水率小、呈黄红色、含钙质的黏质土。我国黄土的总面积占国土面积的 6% 以上，主要分布在北纬 34° ~41° 的大陆内部干旱和半干旱地区。其中以秦岭以北、长城以南、太行山以西、日月山以东的黄河中游地区的关中、陕北、宁夏、豫西、陇东及陇中的黄土高原的黄土最为典型，具有分布连续、土层厚度大等特点，且主要为风成黄土。

黄土因地质沉积年代的不同，可分为新黄土、老黄土、红色黄土三类，这三类黄土在性质（遇水后的表现、抗剪强度）上有很大的差别。黄土为低液限黏土或低液限粉土，孔隙率一般为 35% ~60%，是特殊土的一种，其强度与稳定性受水的影响较大，在外荷载或自重的作用下受水浸湿后会产生湿陷变形,即黄土的湿陷性。

2. 黄土地区路基修筑一般要求

(1)黄土地区路基修筑,需查明黄土分布范围、厚度及其变化规律;沿线黄土的成因类型和地层特征;路线所处的地貌单元及地表水、地下水等情况;各种不同地层黄土的物理、力学性质、湿陷性类型和湿陷等级。

(2)黄土塬梁地区,路基应避开有滑坡、崩塌、陷穴群、冲沟发育、地下水出露的塬梁边缘和斜坡地段。如必须通过,应有充分依据和切实可行的工程措施。

(3)位于冲沟沟头和陷穴附近的路基,应分析评价其发展趋势及对路基的危害程度,并在设计中考虑冲沟和陷穴对路基稳定性的影响。

(4)位于湿陷性黄土地段的路基,宜设在湿陷等级轻微、湿陷土层较薄、排水条件较好的地段。

(5)黄土地区路基设计应特别注意加强排水,采取拦截、分散的处理原则,设置防冲刷、防渗漏和有利于水土保持的综合排水设施及防护工程,并妥善处理农田水利设施与路基的相互干扰。

3. 黄土地区路基断面选择

(1)填方路基

当路堤地基情况良好或经过处理、边坡高度不大于30m时,路堤的断面形式及边坡坡率可按表6.5选用。阶梯形断面适用于年平均降水量大于500mm的地区,在边坡高20m处设宽为2.0~2.5m的边坡平台,边坡平台设截水沟,并作防渗加固处理。

路堤断面形式及边坡坡率 表6.5

<table>
<tr><th rowspan="2">断面形式</th><th colspan="3">路基以下边坡分段坡率</th></tr>
<tr><th>$0 < H \leq 10m$</th><th>$10 < H \leq 20m$</th><th>$20 < H \leq 30m$</th></tr>
<tr><td>折线形</td><td>1:1.5</td><td>1:1.75</td><td>1:2</td></tr>
<tr><td>阶梯形</td><td>1:1.5</td><td>1:1.75</td><td>1:1.75</td></tr>
</table>

当路堤边坡高度大于30m时,宜与桥梁方案相比较,进行个别设计;对高度大于20m的路堤,应按工后沉降量预留路基顶面加宽值;工后沉降量可按路堤高度的0.7%~1.5%估算。

(2)挖方路基

黄土路堑边坡形式,根据黄土类别及其均匀性、边坡高度按表6.6确定。高速公路、一级公路黄土路堑边坡宜采用台阶形。边坡小平台宽度为2.0~2.5m,边坡大平台宽度应根据稳定计算确定,宜为4~6m。年平均降水量大于250mm的地区,平台上应设截水沟,并应予以防护。

路堑边坡形式及适用条件 表6.6

<table>
<tr><th colspan="2">边坡形式</th><th>适用条件</th></tr>
<tr><td colspan="2">直线形(一坡到顶)</td><td>(1)均质土层,Q_4、Q_3黄土边坡高度$H \leq 15m$;Q_2、Q_1黄土边坡高度$H \leq 20m$;
(2)非均质土层,边坡高度$H \leq 10m$</td></tr>
<tr><td colspan="2">折线形(上缓下陡)</td><td>非均质土层,边坡高度$H \leq 15m$</td></tr>
<tr><td rowspan="2">台阶形</td><td>小平台</td><td>(1)均质土层,Q_4、Q_3黄土边坡高度$15m < H \leq 30m$;Q_2、Q_1黄土边坡高度$20m < H \leq 30m$;
(2)非均质土层,边坡高度$15m < H \leq 30m$</td></tr>
<tr><td>宽平台</td><td>边坡高度$H > 30m$</td></tr>
</table>

挖方边坡高度不超过 30m 时，边坡坡率根据黄土的地貌单元、时代成因、构造节理、地下水分布、降雨量、边坡高度、施工方法，并结合自然或人工稳定边坡坡率按表 6.7 确定。

黄土地区路堑边坡坡率 表 6.7

分区	分类		边坡高度(m)			
			≤6	6~12	12~20	20~30
Ⅰ 东南区	新黄土 Q_3、Q_4	坡积	1:0.5	1:0.5~1:0.75	1:0.75~1:1.0	—
		洪积	1:0.2~1:0.3	1:0.3~1:0.5	1:0.5~1:0.75	1:0.75~1:1
	新黄土 Q_3		1:0.3~1:0.5	1:0.4~1:0.6	1:0.6~1:0.75	1:0.75~1:1.0
	老黄土 Q_2		1:0.1~1:0.3	1:0.2~1:0.4	1:0.3~1:0.5	1:0.5~1:0.75
Ⅱ 中部区	新黄土 Q_3、Q_4	坡积	1:0.5	1:0.5~1:0.75	1:0.75~1:1.0	—
		洪积、冲积 5	1:0.2~1:0.3	1:0.3~1:0.5	1:0.5~1:0.7	1:0.75~1:1.0
	新黄土 Q_3		1:0.3~1:0.4	1:0.4~1:0.5	1:0.5~1:0.75	1:0.75~1:1.0
	老黄土 Q_2		1:0.1~1:0.3	1:0.2~1:0.4	1:0.3~1:0.5	1:0.5~1:0.75
	红色黄土 Q_1		1:0.1~1:0.2	1:0.2~1:0.3	1:0.3~1:0.4	1:0.4~1:0.6
Ⅲ 西部区	新黄土 Q_3、Q_4	坡积	1:0.5~1:0.75	1:0.75~1:1.0	1:1.0~1:1.25	—
		洪积、冲积	1:0.2~1:0.4	1:0.4~1:0.6	1:0.6~1:0.75	1:0.75~1:1.0
	新黄土 Q_3		1:0.4~1:0.5	1:0.5~1:0.75	1:0.75~1:1.0	1:1.0~1:1.25
	老黄土 Q_2		1:0.1~1:0.3	1:0.2~1:0.4	1:0.3~1:0.5	1:0.5~1:0.75
Ⅳ 北部区	新黄土 Q_3、Q_4	坡积	1:0.5~1:0.75	1:0.75~1:1.0	1:1.0~1:1.25	—
		洪积、冲积	1:0.2~1:0.4	1:0.4~1:0.6	1:0.6~1:0.75	1:0.75~1:1.0
	新黄土 Q_3		1:0.3~1:0.5	1:0.5~1:0.6	1:0.6~1:0.75	1:0.75~1:1.0
	老黄土 Q_2		1:0.1~1:0.3	1:0.2~1:0.4	1:0.3~1:0.5	1:0.5~1:0.75
	红色黄土 Q_1		1:0.1~1:0.2	1:0.2~1:0.3	1:0.3~1:0.4	1:0.4~1:0.6

注：表内边坡值为设平台后的平均值。

黄土路堑边坡高度超过 30m 时，应与隧道方案进行比较。路堑高边坡进行个别设计。

4. 路基基底处理要求

(1)若基底为非湿陷性黄土，且无地下水时，可按一般土质路堤规定进行基底处理，同时做好施工排水、防水措施。

(2)若地基为一般湿陷性黄土，应采取措施拦截、排除地表水。地下排水构造物与地面排水沟渠必须采取防渗措施，防止地表水下渗。

(3)若地基黄土具有强湿陷性或较高的压缩性，应按设计要求进行处理。

(4)路基范围内的陷穴，应在其发源地点对陷穴进口进行封填，并截排周围地表水。现有的陷穴、暗穴，可采用灌砂、灌浆、开挖回填、导洞和竖井等措施进行填充。

(5)陷穴表面的防渗处理层厚度不宜小于 300mm，并将流向陷穴的附近地面水引离。

(6)挖方边坡顶以外 50m 范围内、路堤坡脚以外 20m 范围内的黄土陷穴宜进行处理。挖方边坡顶以外的陷穴，若倾向路基，应作适当处理。对串珠状陷穴应彻底进行处治。

5. 黄土地区路基施工注意事项

(1)路床填料不能使用老黄土，路堤填料不能含有粒径大于 100mm 的块料；浸水路堤不能用黄土填筑。

(2)在施工中为了防止和减少水的蒸发，上路的土要及时碾压；施工作业面的自然地表水，要迅速排出；为防止临时性土边沟因雨水造成堵塞、边坡和坡脚发生水毁，边沟要在雨季前砌筑片石或混凝土预制块，出口要加固，并尽量通过排水沟将边沟水引入远离路基坡脚之外的天然河流；地下排水构造物必须采取防渗措施。

(3)作业面在填筑横跨沟壑的路基土方时，应做好纵横向界面的处理。黄土路堤边坡应拍实，并应及时予以防护，防止路表水冲刷。

(4)黄土路堑

路堑路床土质应符合设计要求，密实度不足时，应采取措施碾压至要求的压实度。路堑施工前，应做好堑顶地表排水导流工程。路堑施工期间，开挖作业面应保持干燥。路堑施工中，应严格按设计坡度开挖，如设计为陡坡时施工中不得放缓，以免引起边坡冲刷；如边坡地质与设计不符，可提出修改边坡坡度。

6.3 盐渍土地区路基施工

1. 盐渍土的特性

盐渍土是不同程度盐化土、碱化土的总称。由于土中含有易溶盐，土的物理、力学性质和路用性能发生变化，容易引起路基病害。盐渍土的路用性能，与所含易溶盐的性质和含量有关，其次也与所在区域的气候、水文和地形条件有关，此外也与公路等级和路面结构类型有关。

2. 盐渍土的分类

(1)盐渍土按含盐性质的不同，分为五类，见表6.8。

盐渍土按含盐性质分类 表6.8

盐渍土名称	离子含量比值	
	Cl^-/SO_4^{2-}	$CO_3^{2-}\ HCO_3^-/Cl^-\ SO_4^{2-}$
氯盐渍土	>2	—
亚氯盐渍土	1~2	—
亚硫酸盐渍土	0.3~1.0	—
硫酸盐渍土	<0.3	—
碳酸盐渍土	—	>0.3

注：离子含量以1kg土中离子的毫摩尔数计($\times 10^{-3}$mol/kg)。

(2)盐渍土的盐渍化程度按表6.9进行分类。

盐渍土按盐渍化程度分类 表6.9

盐渍土名称	细粒土 土层的平均含盐量(以质量百分数计)		粗粒土 通过10mm筛孔土的平均含盐量(以质量百分数计)	
	氯盐渍土及亚氯盐渍土	硫酸盐渍土及亚硫酸盐渍土	氯盐渍土及亚氯盐渍土	硫酸盐渍土及亚硫酸盐渍土
弱盐渍土	0.3~1.0	0.3~0.5	2.0~5.0	0.5~1.5
中盐渍土	1.0~5.0	0.5~2.0	5.0~8.0	1.5~3.0
强盐渍土	5.0~8.0	2.0~5.0	8.0~10.0	3.0~6.0
过盐渍土	>8.0	>5.0	>10.0	>6.0

注：离子含量以100g干土内的含盐总量计。

3. 盐渍土地区路堤

盐渍土地区路基应以填方路堤通过，其高度结合当地气候特征、水文地质、土质盐渍化程度、地下水毛细作用高度、盐胀深度、冻胀深度以及公路等级等因素综合确定。渍土地区路基边缘，高出地面或地下水位或地表长期积水位的最小高度，不低于表 6.10 的规定。盐渍土填筑路堤的填料可用性，应视不同公路等级和路堤填筑部位以及当地气候特征、水文地质条件，按表 6.11 确定；盐渍土地区路堤边坡坡率，根据填筑材料的土质和盐渍化程度，按照表 6.12 确定。

盐渍土地区路基最小高度　　表 6.10

土质类别	高出地面(m)		高出地下水位或地表长期积水位(m)	
	弱、中盐渍土	强、过盐渍土	弱、中盐渍土	强、过盐渍土
砾类土	0.4	0.6	1.0	1.1
砂类土	0.6	1.0	1.3	1.4
黏性土	1.0	1.3	1.8	2.0
粉性土	1.3	1.5	2.1	2.3

注：一级公路、高速公路按 2 倍计；二级公路按 1.2 ~ 1.5 倍计。

盐渍土用作路基填料的可用性　　表 6.11

土质类别＼项目		高速公路、一级公路			二级公路			三、四级公路	
		0 ~ 0.80m	0.80 ~ 1.50m	1.50m 以下	0 ~ 0.80m	0.80 ~ 1.50m	1.50m 以下	0 ~ 0.80m	0.80 ~ 1.50m
粗粒土	弱盐渍土	×	○	○	$\triangle^1$	○	○	○	○
	中盐渍土	×	×	○	$\triangle^1$	○	○	$\triangle^3$	○
	强盐渍土	×	×	$\triangle^1$	×	$\triangle^2$	$\triangle^3$	×	$\triangle^1$
	过盐渍土	×	×	×	×	×	$\triangle^2$	×	$\triangle^2$
细粒土	弱盐渍土	×	$\triangle^1$	○	$\triangle^1$	○	○	$\triangle^1$	○
	中盐渍土	×	×	$\triangle^1$	×	$\triangle^1$	○	×	$\triangle^4$
	强盐渍土	×	×	×	×	×	$\triangle^2$	×	$\triangle^2$
	过盐渍土	×	×	×	×	×	$\triangle^2$	×	×

注：①表中“○”—“可用”；“△”—部分可用；“×”—不可用。

②$\triangle^1$：氯盐渍土及亚氯盐渍土可用；$\triangle^2$：强烈干旱地区的氯盐渍土及亚氯盐渍土经过论证可用；$\triangle^3$：粉土质(砂)、黏土质(砂)的不可用；$\triangle^4$：水文地质条件差时的硫酸盐渍土及亚硫酸盐渍土不可用。

盐渍土地区路堤边坡坡率　　表 6.12

土质类别	填料盐渍化程度	
	弱、中盐渍土	强盐渍土
砾类土	1:1.5	1:1.5
砂类土	1:1.5	1:1.5 ~ 1:1.75
粉质土	1:1.5 ~ 1:1.75	1:1.75 ~ 1:2.00
黏质土	1:1.5 ~ 1:1.75	1:1.75 ~ 1:2.00

4. 基底、护坡道处治

盐渍土地区路堤基底，应视地表不同情况分别进行处理。表层的植被、盐壳、腐殖质土必须清除后再压实；过湿地段应排除积水，挖除表层湿土后换填，换填厚度不应小于0.30m。在风积沙或河沙比较近便的路段，应优先利用风积沙或河沙换填。受地面水或地下毛细水影响的路基，可考虑设置隔断层。软弱地基应作特殊处理设计。

表土不符合表6.11的规定时，应挖除；路堤高度小于表6.10的规定时，除应将基底土挖除外，并应按设计要求换填透水性较好的土。含水率超过液限的原地基土，应按设计要求将基底以下1m全部换填为透水性材料。含水率界于液限和塑限之间时，应按设计要求换填100～300mm厚的透水性材料。含水率在塑限以下时，可直接填筑黏性土。地下水位以下的软弱土体应按设计要求采用透水性好的粗粒土换填，高度宜高出地下水位300mm以上。在内陆盆地干旱地区，路面为沥青混凝土、水泥混凝土或沥青表处时，应按设计要求在路堤下部设置封闭性隔断层。地表为过盐渍土的细粒土、有盐结皮和松散土层时，应将其铲除，铲除的深度通过试验确定。地表过盐渍土层过厚时，如仅铲除一部分，则应设置封闭隔断层，隔断层宜设置在路床顶以下800mm处；若存在盐胀现象，隔断层应设在产生盐胀的深度以下。

5.施工注意事项

(1)盐渍土路堤的施工，应从基底处理开始，连续施工。在设置隔断层的地段，宜一次做到隔断层的顶部。

(2)地下水位高的黏性盐渍土地区，宜在夏季施工；砂性盐渍土地区，宜在春季和夏初施工；强盐渍土地区，宜在表层含盐量较低的春季施工。

(3)施工中应及时合理设置排水设施，路基及其附近不得积水。

(4)取土坑底面应高出地下水位至少150mm，底面向路堤外侧应有2%～3%排水横坡。在排水困难地段或取土坑有可能被水淹没时，应在取土坑外采取适当处治措施。

(5)在地下水位较高地段，应加深两侧边沟或排水沟，以降低路基下的地下水位。盐渍土地区的地下排水管与地面排水沟渠，必须采取防渗措施。盐渍土地区不宜采用渗沟。

思考及训练

1.说明软土的工程特性。
2.常见软土地基的处治方法有哪些?
3.试说明排水固结法软土地基处理的工作原理及主要方法。
4.说明砂桩施工工艺流程。
5.简述黄土的工程特性及黄土地区地基处理的要求。
6.什么是盐渍土？按照盐渍化程度可分为哪几个等级?

模块 7　路基整修与验收

教学目标

通过模块 7 的学习，能够进一步明确路基竣工验收的内容及施工过程的检测控制方法，能够在现场正常完成路基的检测工作；能够熟练配合操作完成灌砂法检测路基压实度的实验检测及结果评定工作。

7.1　公路工程质量检验与等级评定基本方法

根据《公路工程质量检验评定标准》（JTG F80/1—2004）要求，公路工程施工单位、工程监理单位、建设单位、质量检测机构和质量监督部门对公路工程质量的管理、监控和检验评定。施工单位要对各分项工程按本标准所列基本要求、实测项目和外观鉴定进行自检，按“分项工程质量检验评定表”及相关施工技术规范提交真实、完整的自检资料，对工程质量进行自我评定。

建设项目划分为单位工程、分部工程、分项工程三级。路基单位工程中分部和分项的划分内容见表 7.1。

路基单位工程中分部及分项工程的划分　　表 7.1

单位工程	分部工程	分项工程
路基工程（每 10km 或每标段）	路基土石方工程*（1～3km 路段）	土方路基*，石方路基*，软土地基*，土工合成材料处治层*等
	排水工程（1～3km 路段）	管节预制，管道基础及管节安装*，检查（雨水）井砌筑*，土沟，浆砌排水沟*，盲沟，跌水，急流槽*，水簸箕，排水泵站等
	小桥及符合小桥标准的通道*，人行天桥，渡槽（每座）	基础及下部构造*，上部构造预制、安装或浇筑*，桥面*，栏杆，人行道等
	涵洞、通道（1～3km 路段）	基础及下部构造*，主要构件预制、安装或浇筑*，填土，总体等
	砌筑防护工程（1～3km 路段）	挡土墙*，墙背填土，抗滑桩*，锚喷防护*，锥坡、护坡，导流工程，石笼防护等
	大型挡土墙*，组合式挡土墙*（每处）	基础*，墙身，墙背填土，构件预制*，构件安装*，筋带，锚杆、拉杆，总体*等

注：带 * 表示为主要工程，评分时给以 2 的权值；不带 * 表示为一般工程，权值为 1。

根据建设任务、施工管理和质量检验评定的需要，在施工准备阶段按本标准将建设项目划分为单位工程、分部工程和分项工程。在建设项目中，根据签订的合同，具有独立施工条件的工程为单位工程。在单位工程中,应按结构部位、路段长度及施工特点或施工任务划分为若干个分部工程。在分部工程中,应按不同的施工方法、材料、工序及路段长度等划分为若干个分项工程。工程质量检验评分以分项工程为单元,采用100分制进行。在分项工程评分的基础上,逐级计算各相应分部工程、单位工程、合同段和建设项目评分值。工程质量评定等级分为合格与不合格,应按分项、分部、单位工程、合同段和建设项目逐级评定。

7.1.1 工程质量评分

1. 分项工程质量评分

分项工程质量检验内容包括基本要求、实测项目、外观鉴定和质量保证资料四个部分。只有在其使用的原材料、半成品、成品及施工工艺符合基本规定,且无严重外观缺陷和质量保证资料真实并基本齐全时,才能对分项工程质量进行检验评定。实测项目的规定极值是指任一单个检测值都不能突破的极限值,不符合要求时该实测项目为不合格。

分项工程的评分值满分为100分,按实测项目采用加权平均法计算。存在外观缺陷或资料不全时,须予减分。

$$\text{分项工程得分} = \frac{\sum[\text{检查项目得分} \times \text{权值}]}{\sum \text{检查项目权值}}$$

$$\text{分项工程评分值} = \text{分项工程得分} - \text{外观缺陷减分} - \text{资料不全减分}$$

(1)基本要求检查

分项工程所列基本要求,对施工质量优劣具有关键作用,应按基本要求对工程进行认真检查。经检查不符合基本要求规定时,不得进行工程质量的检验和评定。

(2)实测项目计分

对规定检查项目采用现场抽样方法,按照规定频率和下列计分方法对分项工程的施工质量直接进行检测计分。

检查项目除按数理统计方法评定的项目以外,均应按单点(组)测定值是否符合标准要求进行评定,并按合格率计分。

$$\text{检查项目合格率}(\%) = \frac{\text{检查合格的点(组)数}}{\text{该检查项目的全部检查点(组)数}} \times 100$$

$$\text{检查项目得分} = \text{检查项目合格率} \times 100$$

(3)外观缺陷减分

对工程外表状况应逐项进行全面检查,如发现外观缺陷,应进行减分。对于较严重的外观缺陷,施工单位须采取措施进行整修处理。

(4)资料不全减分

分项工程的施工资料和图表残缺,缺乏最基本的数据,或有伪造涂改者,不予检验和评定。资料不全者应予减分,减分幅度可按标准所列各款逐款检查,视资料不全情况,每款减1~3分。

2. 分部工程和单位工程质量评分

分项工程和分部工程区分为一般工程和主要(主体)工程,分别给以1和2的权值。进行分部工程和单位工程评分时,采用加权平均值计算法确定相应的评分值。

$$\text{分部(单位)工程评分值} = \frac{\sum[\text{分项(分部)工程评分值} \times \text{相应权值}]}{\sum \text{分项(分部)工程权值}}$$

7.1.2 工程质量等级评定

分项工程评分值不小于 75 分者为合格,小于 75 分者为不合格;机电工程、属于工厂加工制造的桥梁金属构件不小于 90 分者为合格,小于 90 分者为不合格。评定为不合格的分项工程,经加固、补强或返工、调测,满足设计要求后,可以重新评定其质量等级,但计算分部工程评分值时按其复评分值的 90% 计算。所属各分项工程全部合格,则该分部工程评为合格;所属任一分项工程不合格,则该分部工程为不合格。所属各分部工程全部合格,则该单位工程评为合格;所属任一分部工程不合格,则该单位工程为不合格。合同段和建设项目所含单位工程全部合格,其工程质量等级为合格;所属任一单位工程不合格,则合同段和建设项目为不合格。

7.2 路基实测项目

7.2.1 外观鉴定

1. 土方路基外观鉴定

(1)路基表面平整,边线直顺,曲线圆滑。不符合要求时,单向累计长度每 50m 减 1 ~ 2 分。

(2)路基边坡坡面平顺,稳定,不得亏坡,曲线圆滑。不符合要求时,单向累计长度每 50m 减 1 ~ 2 分。

(3)取土坑、弃土堆、护坡道飞碎落台的位置适当,外形整齐、美观,防止水土流失。不符合要求时,每处减 1 ~ 2 分。

2. 石方路基外观鉴定

(1)上边坡不得有松石。不符合要求时,每处减 1 ~ 2 分。

(2)路基边线直顺,曲线圆滑。不符合要求时,单向累计长度每 50m 减重 1 ~ 2 分。

7.2.2 实测项目

土、石方路基实测项目具体见表 7.2、表 7.3。

土方路基实测项目　　表 7.2

<table>
<tr><th rowspan="3">项次</th><th rowspan="3" colspan="3">检 查 项 目</th><th colspan="3">规定值或允许偏差</th><th rowspan="3">检查方法和频率</th><th rowspan="3">权值</th></tr>
<tr><th rowspan="2">高速公路、一级公路</th><th colspan="2">其他公路</th></tr>
<tr><th>二级公路</th><th>三、四级公路</th></tr>
<tr><td rowspan="5">1△</td><td rowspan="5">压实度(%)</td><td rowspan="2">零填及挖方(m)</td><td>0 ~ 0.30</td><td>—</td><td>—</td><td>94</td><td rowspan="5">密度法:每 200m 每压实层测 4 处</td><td rowspan="5">3</td></tr>
<tr><td>0 ~ 0.80</td><td>≥96</td><td>≥95</td><td>—</td></tr>
<tr><td rowspan="3">填方(m)</td><td>0 ~ 0.80</td><td>≥96</td><td>≥95</td><td>≥94</td></tr>
<tr><td>0.80 ~ 1.50</td><td>≥94</td><td>≥94</td><td>≥93</td></tr>
<tr><td>>1.50</td><td>≥93</td><td>≥92</td><td>≥90</td></tr>
<tr><td>2△</td><td colspan="3">弯沉(0.01mm)</td><td colspan="3">不大于设计要求值</td><td>按规定检查</td><td>3</td></tr>
</table>

续上表

<table>
<tr><th rowspan="3">项次</th><th rowspan="3">检 查 项 目</th><th colspan="3">规定值或允许偏差</th><th rowspan="3">检查方法和频率</th><th rowspan="3">权值</th></tr>
<tr><th rowspan="2">高速公路、一级公路</th><th colspan="2">其他公路</th></tr>
<tr><th>二级公路</th><th>三、四级公路</th></tr>
<tr><td>3</td><td>纵断高程(mm)</td><td>+10,-15</td><td colspan="2">+10,-20</td><td>水准仪:每200m测4个断面</td><td>2</td></tr>
<tr><td>4</td><td>中线偏位(mm)</td><td>50</td><td colspan="2">100</td><td>经纬仪:每200m测4点,弯道加HY、YH两点</td><td>2</td></tr>
<tr><td>5</td><td>宽 度(mm)</td><td colspan="3">不小于设计</td><td>米尺:每200m测4处</td><td>2</td></tr>
<tr><td>6</td><td>平整度(mm)</td><td>15</td><td colspan="2">20</td><td>3m直尺:每200m测2处×10尺</td><td>2</td></tr>
<tr><td>7</td><td>横 坡(%)</td><td>±0.3</td><td colspan="2">±0.5</td><td>水准仪:每200m测4个断面</td><td>1</td></tr>
<tr><td>8</td><td>边 坡</td><td colspan="3">不陡于设计值</td><td>尺量:每200m测4处</td><td>1</td></tr>
</table>

注:①表列压实度以重型击实试验法为准,评定路段内的压实度平均值下置信界限不得小于规定标准,单个测定值不得小于极值(表列规定值减5%)。小于表列规定值2%的测点,按其数量占总检查点的百分率计算减分值。

②采用核子仪检验压实度时应进行标定试验,确认其可靠性。

③特殊干旱、特殊潮湿地区或过湿土路基,可按交通运输部颁发的路基设计、施工规范所规定的压实度标准进行评定。

④三级公路修筑沥青混凝土或水泥混凝土路面时,其路基压实度应采用二级公路标准。

⑤带Δ为关键项目。

石方路基实测项目 表7.3

<table>
<tr><th rowspan="2">项次</th><th rowspan="2" colspan="2">检 查 项 目</th><th colspan="2">规定值或允许偏差</th><th rowspan="2">检查方法和频率</th><th rowspan="2">权值</th></tr>
<tr><th>高速公路、一级公路</th><th>其他公路</th></tr>
<tr><td>1</td><td colspan="2">压实度(%)</td><td colspan="2">层厚和碾压遍数符合要求</td><td>查施工记录</td><td>3</td></tr>
<tr><td>2</td><td colspan="2">纵断高程(mm)</td><td>+10,-20</td><td>+10,-30</td><td>水准仪:每200m测4个断面</td><td>2</td></tr>
<tr><td>3</td><td colspan="2">中线偏位(mm)</td><td>50</td><td>100</td><td>经纬仪:每200m测4点,弯道加HY、YH两点</td><td>2</td></tr>
<tr><td>4</td><td colspan="2">宽度(mm)</td><td colspan="2">不小于设计</td><td>米尺:每200m测4处</td><td>2</td></tr>
<tr><td>5</td><td colspan="2">平整度(mm)</td><td>20</td><td>30</td><td>3m直尺:每200m测2处×10尺</td><td>2</td></tr>
<tr><td>6</td><td colspan="2">横坡(%)</td><td>±0.3</td><td>±0.5</td><td>水准仪:每200m测4个断面</td><td>1</td></tr>
<tr><td rowspan="2">7</td><td rowspan="2">边坡</td><td>坡度</td><td colspan="2">不陡于设计值</td><td rowspan="2">每200m抽查4处</td><td rowspan="2">1</td></tr>
<tr><td>平顺度</td><td colspan="2">符合设计要求</td></tr>
</table>

注:土石混填路基压实度或固体体积率可根据实际可能进行检验,其他检测项目与石方路基相同。

7.3 关键项目检测

7.3.1 压实度的检测

1. 检测方法

现场压实质量用压实度来表示(石方路基用空隙率表示,现场采用灌水法测定)。土基的压实度是指压实层材料压实后的干密度与该材料的标准最大干密度之比,用百分率表示,常见的现场检测方法见表7.4。

现场密实度检测方法及适用范围比较　　表7.4

试验方法	适用范围
灌砂法	适用于在现场测定基层(或底基层)、砂石路面及路基土的各种材料压实层的密度和压实度,但不适用于填石路堤等有大孔洞或大孔隙材料的压实度检测
环刀法	适用于细粒土及无机结合料稳定细粒土的密度测试。但对无机结合料稳定细粒土,其龄期不宜超过2d,且适用于施工过程中的压实度检测
核子法	适用于现场用核子密度仪以散射法或直接透射法测定路基或路面材料的密度和含水率,并计算施工压实度;适用于施工质量的现场快速评定,不宜用作仲裁试验或评定验收试验
钻芯法	适用于检验从压实的沥青路面上钻取的芯样试件的密实度,以评定沥青面层的施工压实度,同时适用于龄期较长的无机结合料稳定类基层和底基层的密实度检测

由于土的性质、颗粒的差别,确定最大干密度的方法也有区别,不同性质的土的最大干密度确定方法及各方法的适用范围见表7.5。

土的最大干密度确定方法　　表7.5

试验方法	适用范围	土的粒组
轻型、重型击实法	①小试筒适用于粒径不大于25mm的土; ②大试筒适用于粒径不大于38mm的土	细粒土 粗粒土
振动台法	①本试验规定采用振动台法测定无黏性自由排水粗粒土和巨粒土(包括堆石料)的最大干密度; ②本试验方法适用于通过0.074mm标准筛的干颗粒质量百分率不大于60mm的巨粒土; ③对于最大颗粒大于60mm的巨粒土,因受试筒容许最大粒径的限制,易按相似级配法的规定处理	粗粒土 巨粒土
表面振动压实仪法	(适用范围与振动台法相同)	粗粒土 巨粒土

2. *灌砂法*

灌砂法适用于在现场测定基层(或底基层)、砂石路面及路基上的各种材料压实层的密度和压实度检测,但不适用于填石路堤等有大孔洞或大孔隙材料压实度检测。

用挖坑灌砂法测定密度和压实度时,应符合下列规定:

(1)当集料的最大粒径小于13.2mm,测定层的厚度不超过150mm时,宜采用ϕ100mm的小型灌砂筒测试。

(2)当集料的最大粒径大于13.2mm,但不大于31.5mm,测定层的厚度超过150mm,但不超过200mm时,应用ϕ150mm的大型灌砂筒测试。

1)检测器具与材料

(1)灌砂筒:有大小两种,根据需要采用,主要尺寸见表7.6。储砂筒筒底中心有一圆孔,下部装一倒置的圆锥形漏斗,上端开口,直径与储砂筒的圆孔相同。漏斗焊接在一块铁板上,铁板中心有一圆孔与漏斗上开口相接,在储砂筒筒底与漏斗顶端铁板之间设有开关,开关为一薄铁板,一端与筒底及漏斗铁板铰接在一起,另一端伸出筒身外,开关铁板上也有一个相同直径的圆孔。见图7.1。

灌砂筒的主要尺寸 表 7.6

结构		小型灌砂筒	大型灌砂筒
储砂筒	直径(mm)	100	150
	容积(cm^3)	2120	4600
流砂孔	直径(mm)	10	15
金属标定管	内径(mm)	100	150
	外径(mm)	150	200
金属方盘基板	边长(mm)	350	400
	深(mm)	40	50
	中孔直径(mm)	100	150

注:如集料的最大粒径大于40mm,则应相应地增大灌砂筒和标定罐的尺寸。如集料的最大粒径大于60mm,灌砂筒和现场试洞的直径应为200mm。

(2)金属标定罐:用薄铁板制作的金属罐,上端周围有一罐缘。见图7.1。

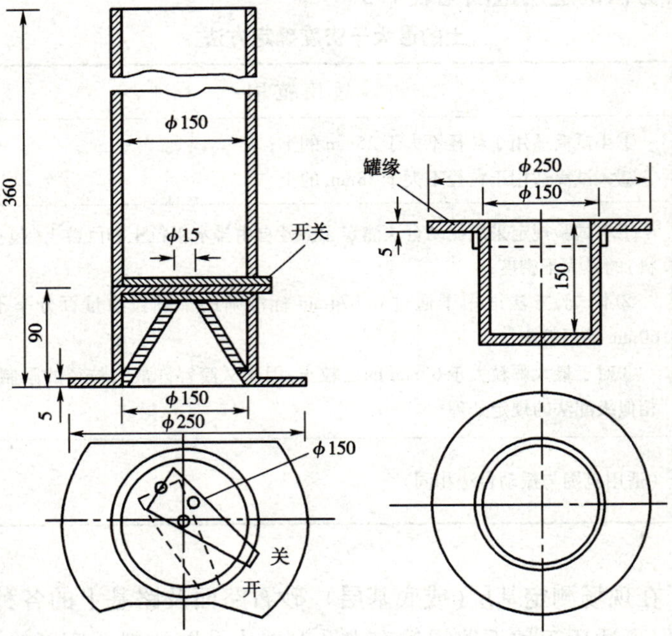

图7.1 灌砂筒和标定罐(尺寸单位:mm)

(3)基板:用薄铁板制作的金属方盘,盘中心有一圆孔。

(4)玻璃板:边长为500~600mm的方形板。

(5)试样盘:小筒挖出的试样可用铝盒存放,大筒挖出的试样可用300mm×400mm×500mm的搪瓷盘为存放。

(6)台秤或天平:称量10~15kg,感量不大于1g。用于含水率测定的天平精度,对细粒土、中粒土、粗粒土宜分别为0.01g、0.1g、1.0g。

(7)含水率测定器具:如铝盒、烘箱等。

(8)量砂:粒径0.3~0.6mm清洁干燥的均匀砂,为20~40kg,使用前须洗净、烘干,并放置足够的时间,使其与空气的湿度达到平衡。

(9)盛砂的容器:塑料桶等。

(10)其他:凿子、改锥、铁锤、长把勺、小簸箕、毛刷等。

2)方法与步骤

(1)检测对象的试样用同种材料进行击实试验,得到最大干密度及最佳含水率。

(2)选用适宜的灌砂筒。

(3)按下列步骤标定灌砂筒下部圆锥体砂的质量:

①在灌砂筒筒口高度上,向灌砂筒内装砂至距筒顶15mm左右为止;称取装入筒内砂的质量 m_1,准确至1g;以后每次标定及试验都应该维持装砂高度与质量不变。

②将开关打开,使灌砂筒筒底的流砂孔、圆锥形漏斗上端开口的圆孔及开关铁板中心的圆孔上下对准,让砂自由流出,并使流出砂的体积与工地所挖试坑内的体积相当(或等于标定罐的容积),然后关上开关,称灌砂筒内剩余质量 m_5。

③不晃动储砂筒的砂,轻轻地将罐砂筒移至玻璃板上,将开关打开,让砂流出,直到筒内砂不再下流时,将开关关上,并细心地取走灌砂筒。

④收集并称量留在玻璃板上的砂或称量筒内的砂,准确至1g。玻璃板上的砂就是填满筒下部圆锥体的砂 m_2。

⑤重复上述测量三次,取其平均值。

(4)按下列步骤标定量砂的松方密度 ρ_s(g/cm^3):

①用水确定标定罐的容积 V,准确至1mL。

②储砂筒中装入质量为 m_1 的砂,并将灌砂筒放在标定罐上,打开开关,让砂流出。在整个流砂过程中,不要碰到灌砂筒,直到储砂筒内的砂不再下流时,关闭开关,取下灌砂筒,称取筒内剩余砂的质量 m_3,准确至1g。

③按下式计算填满标定灌所需砂的质量 m_a(g):

$$m_a = m_1 - m_2 - m_3$$

式中:m_a——标定罐中砂的质量(g);

m_1——装入灌砂筒内的砂的总质量(g);

m_2——灌砂筒下部圆锥体内砂的质量(g);

m_3——灌砂入标定罐后,筒内剩余砂的质量(g)。

④重复上述测量三次,取其平均值。

⑤按下式计算量砂的密度 ρ_s:

$$\rho_s = \frac{m_a}{V}$$

式中:ρ_s——量砂的密度(g/cm^3);

V——标定罐的体积(cm^3)。

(5)试验步骤。

①在测试地点,选一块约40cm×40cm的平坦表面,并将其清扫干净,其面积不得小于基板面积。

②将基板放在平坦表面上。当表面的粗糙度较大时,则将盛有量砂的灌砂筒(m_5)放在基板中间的圆孔上,将灌砂筒的开关打开,让砂流入基板的中孔内,直到储砂筒内的砂不再下流时关闭开关。取下灌砂筒,并称量筒内砂及筒的质量(m_6),准确至1g。当需要检测厚度时,应当测量厚度后再进行这一步骤。

③取走基板,并将留在试验地点的量砂收回,重新将表面清扫干净。

④将基板放回扫干净的表面(尽量放在原处),在凿洞过程中,应注意勿使凿出的材料丢失,并随时将凿出的材料取出装入塑料袋中,不使水分蒸发,也可放在大试样盒内。试样洞的深度应等于测定层厚度,但不得有下层材料混入,测定层厚度较大时,可分层测定,最后将洞内的全部凿松材料取出。对土基或基层,为防止试样盘内材料的水分蒸发,可分几次称取材料的质量。全部取出材料的总质量为 m_w,准确至1g。

⑤从挖出的全部材料中取出有代表性的样品,放在铝盒或洁净的搪瓷盘中,测定其含水率(w,以%计)。

样品的数量如下:

小灌砂筒测定时,对细粒土,不少于100g;对于中粒土,不少于500g。

大灌砂筒测定时,对细粒土,不少于200g;对于各类中粒土,不少于1000g;对于粗粒土或水泥、石灰、粉煤灰等无机结合料稳定材料,将取出的全部材料烘干,且不少于2000g,称其质量 m_d,准确至1g。

⑥将基板安放在试坑上,将灌砂筒安放在基板中间(储砂筒内放满砂到要求质量 m_1),灌砂筒的下口对准基板的中孔及试洞,打开灌砂筒的开关,让砂流入试坑内。在此期间,应注意勿碰动灌砂筒。直到储砂筒内的砂不再下流时,关闭开关。仔细取走灌砂筒,并称量剩余砂及筒的质量 m_4,准确至1g。

⑦如清扫干净的平坦表面粗糙度不大,可省去②和③的操作。在试洞挖好后,将灌砂筒直接对准放在试坑上,中间不需要放基板,打开筒的开关,让砂流入试坑内。在此期间,应注意勿碰动灌砂筒。直到储砂筒内的砂不再下流时,关闭开关。仔细取走罐砂筒,并称量剩余砂及筒的质量 m_4',准确至1g。

⑧仔细取出试筒内的量砂,以备下次试验再用。若量砂的湿度已发生变化或量砂中混有杂质,应重新烘干、过筛,并放置一段时间,使其与空气的湿度达到平衡后再用。

(6)数据处理。将有关数据记入表7.7。

(7)压实度评定。

压实度评定是以1~3km长的路段为检测评定单元,按规范要求的检测频率及方法进行现场压实度抽样检查,计算出每一测点的压实度 K_i。

压实度评定的要点为:

①控制平均压实度的置信下限,以保证总体水平。

②规定单点极限值不得超出给定值,防止局部隐患。

③规定扣分界限以区分质量优劣。

7.3.2 弯沉的检测

国内外普遍采用回弹弯沉值来表示路基路面的承载能力,回弹弯沉值越大,承载能力越小,反之则越大。回弹弯沉值在我国已广泛使用且有很多试验和研究成果,它不仅用于路面结构的设计中(设计回弹弯沉),用于施工控制及施工验收中(竣工验收弯沉值),同时还用在旧路补强设计中,它是公路工程的一个基本参数。

弯沉值是指在规定的标准轴载作用下,路基或路面表面轮隙中心处产生的总垂直变形(总弯沉),或垂直回弹变形值(回弹弯沉),以0.01 mm为单位。通常所说的回弹弯沉是指后轴载轮隙中心处的最大回弹弯沉值。

灌砂法测压实度试验记录表 表 7.7

分组： 检测日期： 姓名：

混合料名称		锥体内砂质量(g)		标准砂密度(g/cm^3)	
最大干密度(g/cm^3)		最佳含水率(%)		要求压实度(%)	

取样位置				
超粒径土样质量(g)				
土样质量 m_3(g)				
灌砂前筒+砂质量 m_1(g)				
灌砂后筒+砂质量 m_2(g)				
锥体内砂质量(g)				
灌入试坑砂质量(g)				
试坑体积(cm^3)				
湿密度(g/cm^3)				
盒号				
盒质量(g)				
盒+湿样质量 m_4(g)				
盒+干样质量(g)				
干样质量(g)				
水分质量(g)				
含水率 w(%)				
干密度(g/cm^3)				
压实度(%)				

弯沉值的测试方法较多,目前用得最多的是贝克曼梁法,在我国已有成熟的经验。现将几种常用方法各自的特点作简单的比较,见表 7.8。

几种弯沉测试方式比较 表 7.8

方法	特点
贝克曼梁法	传统方法,速度慢,静态测试,比较成熟,目前属于标准方法
自动弯沉仪	利用贝克曼梁原理快速连续,属于静态测试范畴,但测定的是总弯沉,因此使用时应用贝克曼梁进行标定换算
落锤式弯沉仪	利用重锤自由落下的瞬间产生的冲击荷载测定弯沉,属于动态弯沉,并能反算路面的回弹模量,快速连续,使用时应用贝克曼梁法进行标定换算

贝克曼梁法利用杠杆原理制成杠杆式弯沉仪测定轮隙弯沉,适用于测定各类路基路面的回弹弯沉,用以评定其整体承载能力,供路面结构设计使用。沥青路面的弯沉以路表温度20℃时为准,在其他温度测试时,对厚度大于5cm 的沥青路面,弯沉值应进行温度修正。

1. 检测器具与材料

(1)标准车

双轴、后轴双侧 4 轮的载货汽车,其标准轴荷载、轮胎尺寸、轮胎间隙及轮胎气压等主要参数应符合表 7.9 的要求。测试车采用后轴 10t 的 BZZ-100 的汽车。

测定弯沉用的标准车参数 表7.9

标准轴载等级	BZZ-100
后轴标准轴载 P(kN)	100±1
一侧双轮荷载(kN)	50±0.5
轮胎充气压力(MPa)	0.70±0.05
单轮传压面当量圆直径(cm)	21.30±0.5
轮隙宽度	应能满足自由插入弯沉仪测头的测试要求

(2)弯沉仪

由贝克曼梁、百分表及表架组成。贝克曼梁由合金铝制成,上有水准泡,其前臂(接触路面)与后臂(装百分表)长度比为2:1。弯沉仪长度有两种:一种长3.6m,前后臂长分别为2.4m和1.2m;另一种弯沉仪长5.4m,前后臂长分别为3.6m和1.8m。当在半刚性基层、沥青混凝土或水泥混凝土路面上测定时,宜采用长5.4m的贝克曼梁弯沉仪;对柔性基层沥青路面或混合式结构沥青路面可采用长度为3.6m的贝克曼梁弯沉仪,弯沉采用百分表量得,也可用自动记录装置进行测量。

(3)接触式路表温度计

端部为平头,分度不大于1℃。

(4)其他

皮尺、口哨、白油漆或粉笔、指挥旗等。

2.检测方法

(1)准备工作

①检查并保持测定用标准车的车况,制动性能要良好、轮胎符合规定的充气压力。

②向汽车车槽中装载铁块等集料,并在地磅上称量后轴质量,符合要求的轴重规定。汽车行驶及测定过程中,轴重不得变化。

③测定轮胎接地面积:在平整光滑的硬质路面上用千斤顶将汽车后轴顶起,在轮胎下方铺一张新的复写纸,轻轻落下千斤顶,即在方格纸印上轮胎印痕,用求积仪或数方格的方法测算轮胎接地面积,准确至0.1cm^2。

④检查弯沉仪百分表测量灵敏情况。

⑤当在沥青路面上测定时,用路表温度计测定试验时的气温及路表温度(一天中气温不断变化,应随时测定),并通过气象台了解前5d的平均气温(日最高气温与最低气温的平均值)。

⑥记录沥青路面修建或改建时材料、结构、厚度、施工及养护等情况。

(2)测试步骤

①在测试路段布置测点,其距离随测试需要而定。测点应在路面行车道的轮迹带上,并用白漆或粉笔画上标记。

②将试验车后轮轮隙对准测点后为3~5cm处的位置上。

③将弯沉仪插入汽车后轮之间的缝隙处,与汽车方向一致,梁臂不得碰到轮胎,弯沉仪测头置于测点上(轮隙中心前方3~5cm处),并安装百分表于弯沉仪的测杆上。百分表调零后用手指轻轻叩打弯沉仪,检查百分表是否归零。弯沉仪可以是单侧测定,也可以是双侧同时测定。

④测定者吹哨发令指挥汽车缓缓前进,百分表随路面变形的增加而持续向前转动。当表针转动到最大值时,迅速读取初读数L_1。汽车仍在继续前进,表针反向回转,待汽车驶出弯沉影响半径(约3m以上)后,吹口哨或挥动指挥红旗,汽车停止。待表针回转稳定后,再次读取终读数L_2。汽车前进的速度宜为5km/h左右。

3. 结果计算

(1)路面测点的回弹弯沉值依下式计算：

$$L_T = (L_1 - L_2) \times 2$$

式中：L_T——在温度为 T 时的回弹弯沉值(0.01mm)；

L_1——车轮胎中心临近弯沉仪测头时百分表的最大读数(0.01mm)；

L_2——汽车驶出弯沉影响半径停止后，表针回转稳定时百分表的读数(0.01mm)。

(2)按下式计算每一个评定路段的代表弯沉：

$$L_r = \overline{L} + Z_\alpha \cdot S$$

式中：L_r——一个评定路段的代表弯沉(0.01mm)；

$\overline{L}$——一个评定路段内经各项修正后的各测点弯沉的平均值(0.01mm)；

S——一个评定路段内经各项修正后全部测点弯沉的标准差(0.01mm)；

Z_α——与保证率有关的系数，高速、一级公路采用2.0；二、三级公路采用1.645；四级公路采用1.5。

①当路基的弯沉代表值不符合要求时，可将超出 $\overline{L} \pm (2 \sim 3)S$ 的弯沉特异值舍弃，重新计算平均值和标准差。对舍弃的弯沉值大于 $\overline{L} + (2 \sim 3)S$ 的点，应找出其周围界限，进行局部处理。

②弯沉代表值大于设计要求的弯沉值时相应分项工程为不合格。

若在不利季节测定时，应考虑季节影响系数。

若用两台弯沉仪同时进行左右轮弯沉值测定时，应按两个独立测点计，不能采用左右两点的平均值。

4. 检测报告(表7.10)

回弹弯沉测试记录 表7.10

分组： 测试车型号： 车轮当量圆直径： 后轴重：

气温： 路面温度： 车辆单位压力： 检验日期：

编号	测点桩号	百分表读数(0.01mm)				支点变形修正值(0.01mm) $(L_3 - L_4) \times 6$	温度修正系数 K	回弹弯沉(0.01mm)	路况情况	计算结果
		初读数 L_1		终读数 L_2						
		左	右	左	右					
										$\overline{L}$ =
										S =
										L_r =

报告应包括下列内容：

(1)弯沉测定表、支点变形修正值。

(2)每一个评定路段的各测点弯沉的平均值、标准差及代表弯沉。

思考及训练

1. 土方路基实测项目有哪些？石方路基与其有什么不同？

2. 某二级公路路基工程进行交工验收，已知：压实度规定值为95%，规定极值为90%，测得某段压实度数值为96.5%、97.5%、96.0%、95.5%、95.6%、94.5%、97.5%、96.5%，请对该段压实度检测结果进行评定。

3. 质量评定案例：某高速公路土方路基分项评定资料见表7.11～表7.16。

表 7.11

灌砂法测压实度试验记录表

工程名称：K0 +000 ~ K1 +000 上路床　　施工单位：× × ×路桥建筑工程有限公司　　监理单位：× × ×监理工程咨询有限公司

混合料名称				锥体内砂质量(g)			780.00			标准砂密度(g/cm³)			1.43		
最大干密度(g/cm³)		1.86		最佳含水率(%)			7.0			要求压实度(%)			96		
取样位置	K0 +020 左	+040 右	+060 左	+100 中	+140 左	+160 左	+180 右	K1 +220 中	+260 左	+300 右	+320 中	+380 中	+420 左	+460 中	+500 右
超粒径土样质量	0	0	0	0	0	0	0	0	0	0	0	0	0	0	0
土样质量(g)	5005	4995	4998	5000	5010	5000	5003	4995	4990	4992	5001	5005	5011	5000	5000
灌砂前砂质量(g)	9000	9000	9000	9000	9000	9000	9000	9000	9000	9000	9000	9000	9000	9000	9000
灌砂后砂质量(g)	4571	4570	4499	4559	4507	4555	4512	4566	4561	4539	4565	4591	4491	4531	4509
灌入试坑砂质量(g)	3649	3650	3721	3661	3713	3665	3708	3654	3659	3681	3655	3629	3729	3689	3711
试坑体积(cm³)	2551.7	2552.4	2602.1	2560.1	2596.5	2562.9	2593.0	2555.2	2558.7	2574.1	2555.9	2537.8	2607.7	2579.7	2595.1
湿密度(g/cm³)	1.96	1.96	1.92	1.95	1.93	1.95	1.93	1.95	1.95	1.94	1.96	1.97	1.92	1.94	1.93
盒质量(g)	25.1	25.5	25.1	25.5	25.5	25.5	25.1	25.1	25.5	25.1	25.5	25.5	25.1	25.1	25.5
湿样加盒质量(g)	120.8	119.1	109.4	118.8	119.1	120.0	119.9	120.1	115.6	114.3	109.5	111.2	120.5	105.8	108.1
干样加盒质量(g)	114.2	112.0	103.5	113.0	113.8	114.3	113.9	114.0	108.2	109.2	104.1	105.5	114.6	100.9	102.9
干样质量(g)	89.1	86.5	78.4	87.5	88.3	88.8	88.8	88.9	82.7	84.1	78.6	80.0	89.5	75.8	77.4
水质量(g)	6.6	7.1	5.9	5.8	5.3	5.7	6.0	6.1	7.4	5.1	5.4	5.7	5.9	4.9	5.2
含水率(%)	0.074	0.082	0.075	0.066	0.060	0.064	0.068	0.069	0.089	0.061	0.069	0.071	0.066	0.065	0.067
干密度(g/cm³)	1.83	1.81	1.79	1.83	1.82	1.83	1.81	1.83	1.79	1.83	1.83	1.84	1.80	1.82	1.81
压实度(%)	98.2	97.2	96.0	98.2	97.9	98.2	97.2	98.2	96.2	98.2	98.2	99.0	96.9	97.9	97.2

检验者：　　　　检测日期：　　　　校核者：

续上表

混合料名称			锥体内砂质量(g)			780.00			标准砂密度(g/cm^3)			1.43		
最大干密度(g/cm^3)	1.86		最佳含水率(%)			7.0			要求压实度(%)			96		
取样位置	K0+640左	+700右	+740左	+860中	+940左									
超粒径土样质量	0	0	0	0	0									
土样质量(g)	4995	5003	5000	5000	5010									
灌砂前砂质量(g)	9000	9000	9000	9000	9000									
灌砂后砂质量(g)	4570	4512	4509	4531	4507									
灌入试坑砂质量(g)	3650	3708	3711	3689	3713									
试坑体积(cm^3)	2552.4	2593.0	2595.1	2579.7	2596.5									
湿密度(g/cm^3)	1.96	1.93	1.93	1.94	1.93									
盒质量(g)	25.5	25.1	25.5	25.1	25.5									
湿样加盒质量(g)	119.1	119.9	108.1	105.8	119.1									
干样加盒质量(g)	112.0	113.9	102.9	100.9	113.8									
干样质量(g)	86.5	88.8	77.4	75.8	88.3									
水质量(g)	7.1	6.0	5.2	4.9	5.3									
含水率(%)	0.082	0.068	0.067	0.065	0.060									
干密度(g/cm^3)	1.81	1.81	1.81	1.82	1.82									
压实度(%)	97.2	97.2	97.1	97.9	97.9									

检验者：　　　　检测日期：　　　　校核者：

表 7.12

路基弯沉检测记录表

工程名称：K0 +000 ~ K1 +000 路基　　施工单位：× × ×路桥建筑工程有限公司　　监理单位：× × ×监理工程咨询有限公司

编号	测点桩号	百分表读数(0.01mm)				支点变形修正值(0.01mm) $(L_3-L_4)\times 6$	温度修正系数 K	回弹弯沉(0.01mm)		路况情况	计算结果
		终读数 L_1		最大读数 L_2							
		左	右	左	右			左	右		
1	K0 +020	0	2	41	41			82	78		
2	K0 +040	11	3	49	42			76	78		
3	K0 +080	9	2	50	42			82	80		
4	K0 +100	2	3	41	44			78	82		
5	K0 +120	3	4	42	41			78	74		
6	K0 +140	2	12	42	51			80	78		
7	K0 +150	3	12	44	50			82	76		
8	K0 +160	4	11	41	50			74	78		$\overline{L} = 75.2$
9	K0 +180	12	7	51	48			78	82		
10	K0 +200	12	3	50	40			76	74		
11	K0 +220	11	23	50	62			78	78		$S = 14.57$
12	K0 +250	7	1	48	40			82	78		
13	K0 +280	3		40				74			$L_r = 104.3$
14	K0 +300	23	12	62	52			78	80		
15	K0 +320	1	10	40	49			78	78		
16	K0 +340	3	7	39	45			72	76		
17	K0 +360	12	3	52	41			80	76		
18	K0 +380	10	23	49	61			78	76		
19	K0 +400	7	0	45	42			76	84		
20	K0 +420	3	11	41	50			76	78		
21	K0 +450	23	9	61	52			76	86		

续上表

编号	测 点 桩 号	百分表读数(0.01mm)				支点变形修正值(0.01mm) $(L_3-L_4)\times 6$	温度修正系数 K	回弹弯沉 (0.01mm)		路 况 情 况	计 算 结 果
		终读数 L_1		最大读数 L_2							
		左	右	左	右			左	右		
22	K0 +480	3	2	40	40			74	76		
23	K0 +500	12	3	51	39			78	72		
24	K0 +520	10	2	47	42			74	80		
25	K0 +530	3	3	44	45			82	84		
26	K0 +560	7	4	46	45			78	82		
27	K0 +600	3	12	41	51			76	78		
28	K0 +640	12	12	51	55			78	86		
29	K0 +660	10	10	48	48			76	76		
30	K0 +680	6	3	42	45			72	84		
31	K0 +720		7		47				80		
32	K0 +760		3		44				82		
33	K0 +800	3	12	46	46			86	68		
34	K0 +820	23	10	60	41			74	62		
35	K0 +840	1	6	42	45			82	78		
36	K0 +860	3	11	44	48			82	74		
37	K0 +880	12	7	50	42			76	70		
38	K0 +900	10	3	52	44			84	82		
39	K0 +940		13		52				78		
40	K0 +950	3	1	39	44			72	86		
41	K1 +020	5	3	42	41			74	76		
42	K1 +040	1	10	40	51			78	82		

检验者：　　　　　　　　检测日期：　　　　　　　　校核者：

表 7.13

路基横坡检验记录表

工程名称：K0 +000 ~ K1 +000 路基　　施工单位：× × ×路桥建筑工程有限公司　　监理单位：× × ×监理工程咨询有限公司

起讫桩号		K0 +000 ~ K1 +000								允许偏差		±0.3%		第 1 页共 1 页	
序号	桩 号	设计横坡(%)		实际横坡(%)		偏差(%)		序号	桩 号	设计横坡(%)		实际横坡(%)		偏差(%)	
		左	右	左	右	左	右			左	右	左	右	左	右
1	K0 +040	2%	2%	1.75%	2.21%	-0.25	0.21								
2	K0 +160	2%	2%	2.11%	2.21%	0.11	0.21								
3	K0 +280	2%	2%	2.22%	2.01%	0.22	0.01								
4	K0 +340	2%	2%	2.20%	2.15%	0.20	0.15								
5	K0 +420	2%	2%	1.87%	1.80%	-0.13	-0.20								
6	K0 +520	2%	2%	1.90%	1.70%	-0.10	-0.30								
7	K0 +600	2%	2%	2.25%	2.31%	0.25	0.31								
8	K0 +720	2%	2%	2.25%	2.31%	0.25	0.31								
9	K0 +840	2%	2%	2.25%	2.20%	0.25	0.20								
10	K0 +960	2%	2%	2.11%	1.89%	0.11	-0.11								
检测		自检结论：经现场检验，本项目平整度合格。签名：　日期：						监理意见：签名：　日期：							
记录															

表 7.14

路基平整度检测记录表

工程名称：K0 +000 ~ K1 +000 路基　　施工单位：×××路桥建筑工程有限公司　　监理单位：×××监理工程咨询有限公司

间距(mm) / 桩号	尺数										平均值	不合格尺数
	1	2	3	4	5	6	7	8	9	10		
K0 +020	10	5	7	12	6	16	8	5	6	11		1
K0 +100	14	6	18	10	13	9	7	9	15	10		1
K0 +200	15	8	12	13	8	8	16	11	6	7		1
K0 +320	9	18	8	14	5	7	15	9	14	13		1
K0 +420	5	11	12	12	16	9	5	11	5	13		1
K0 +500	11	14	5	10	16	10	10	17	14	14		2
K0 +620	6	12	8	9	17	5	8	18	8	9		2
K0 +720	15	7	8	6	18	12	11	19	9	8		2
K0 +820	7	5	11	14	19	13	6	20	14	7		2
K0 +920	13	15	13	9	20	8	12	21	14	6		2
结果	平均值		11.6		不合格尺数		15		合格率		85	

检验者：　　检测日期：　　校核者：

分项工程质量检验评定表

表 7.15

分项工程名称：K0 +000 ~ K1 +000 土方路基　　所属分部工程名称：路基工程　　所属建设项目：×××高速公路工程

工程部位：路基　　施工单位：×××路桥建筑工程有限公司　　监理单位：×××监理工程咨询有限公司

基本要求	1. 在路基用地和取土范围内，应清除地表植被、杂物、积水、淤泥和表土，处理坑塘，并按规范和设计要求对基底进行压实；2. 路基填料符合规范和设计的规定，经认真调查、试验后合理选用。3. 填方路基须分层填筑压实，每层表面平整，路拱合适，排水良好；4. 施工临时排水系统应与设计排水系统结合，避免冲刷边坡，勿使路基附近积水；5. 在设定取土区内合理取土，不得滥开滥挖。完工后应按要求对取土坑和弃土堆现场进行整修，保持合理的几何外形

	项次	检查项目	规定值或允许偏差	实测值或实测偏差值										质量评定			
				1	2	3	4	5	6	7	8	9	10	平均、代表值	合格率(%)	权值	得分
实测项目	1△	压实度(%)	96	见附表										97.6、97.3	100	3	
	2△	弯沉(0.01mm)	不大于设计要求值	见路基弯沉检测记录表										75.2、104.3	100	3	
	3	纵断面高程(mm)	+10，-15	见附表(表 7-16)										—	90	2	
	4	中线偏位(mm)	50	见附表(表 7-16)										38.5	90	2	
	5	宽度(mm)	符合设计要求	见附表(表 7-16)										25.8	100	2	
	6	平整度(mm)	15	见 3m 直尺测定路基平整度检测表										11.6	85	2	
	7	横坡度(%)	±0.3	见附表(表 7-16)										—	90	1	
	8	边坡	符合设计要求	见附表(表 7-16)										1:1.2	100	1	
	合计															16	95

外观鉴定	表面平整，边线顺直，边坡平顺、稳定，个别弃土堆堆放不整齐	减分	2 分	监理意见	经现场检验，质量符合规范及设计要求
质量保证资料	资料真实、齐全	减分	0 分		
工程质量等级评定	评分：93 分	质量等级：合格			

检测负责人：　　检测：　　记录：　　复核：　　年　月　日

分项工程质量检验评定表（附表） 表 7.16

分项工程名称：土方路基　　所属分部工程名称：路基工程　　所属建设项目：×××高速公路工程

工程部位：K0+000～K1+000 路基　　施工单位：×××路桥建筑工程有限公司　　监理单位：×××监理工程咨询有限公司

基本要求	1. 在路基用地和取土范围内，应清除地表植被、杂物、积水、淤泥和表土，处理坑塘，并按规范和设计要求对基底进行压实；2. 路基填料符合规范和设计的规定，经认真调查、试验后合理选用。3. 填方路基须分层填筑压实，每层表面平整，路拱合适，排水良好；4. 施工临时排水系统应与设计排水系统结合，避免冲刷边坡，勿使路基附近积水；5. 在设定取土区内合理取土，不得滥开滥挖。完工后应按要求对取土坑和弃土堆现场进行整修，保持合理的几何外形

	项次	检查项目	规定值或允许偏差	实测值或实测偏差值										质量评定			
				1	2	3	4	5	6	7	8	9	10	平均、代表值	合格率（%）	权值	得分
实测项目	1	压实度（%）	96	98.2	97.2	96.0	98.5	97.9	98.5	97.2	98.3	96.2	98.3	97.6、97.3	100	3	
				98.4	99.0	96.9	97.9	97.2	97.2	97.2	97.1	97.3	97.4				
	2	纵断面高程（mm）	+10，−15	+4	−1	+2	+3	+6	−3	−6	−7	−16	+8	—	90	2	
				+7	0	−12	+4	+3	+11	+5	+7	+4	+7				
	3	中线偏位（mm）	50	25	33	36	31	32	43	31	43	34	38	38.5	90		
				51	42	44	40	51	41	32	41	39	42				
	4	宽度（mm）	符合设计要求	20	30	25	26	25	30	31	33	25	20	25.8	100	2	
				15	20	25	20	26	25	30	25	31	33				
	5	横坡度（%）	±0.3	−0.25	0.21	0.11	0.21	0.22	0.01	0.20	0.15	−0.13	−0.20	—	90	1	
				−0.10	−0.30	0.25	0.31	0.25	0.31	0.25	0.20	0.11	−0.11				
	6	边坡	符合设计要求	1:1.1	1:1.0	1:1.2	1:1.1	1:1.1	1:1.2	1:1.3	1:1.3	1:1.2	1:1.2	1:1.2	100	1	
				1:1.1	1:1.3	1:1.3	1:1.2	1:1.3	1:1.2	1:1.3	1:1.1	1:1.2	1:1.1				

承包人		监理员		检测人		记录		日期	

模块8　路基施工管理及施工机械

教学目标

通过模块8的学习，能够明确路基施工组织设计的具体内容、施工网络计划的编制依据及控制、路基施工机械的性能特点；能够合理调配使用机械并进行路基施工过程的管理组织。

8.1　施工组织设计

8.1.1　施工组织设计的阶段和任务

公路工程在设计阶段、施工开始前均要编制施工组织设计。

1.初步施工组织设计

设计阶段编制的初步施工组织设计的内容主要是制订公路施工的轮廓计划，初步拟定施工方法、施工程序及施工时间（工期）。它是由设计人员编制的，是编制施工图预算和招标标底的依据。

2.指导性施工组织设计

施工单位在参加施工投标时，应根据工程招标文件的要求，结合本单位的具体情况，编制施工组织设计。中标后，在施工开始之前，施工单位还要进行重新审查、修订或重新编制施工组织设计，这个阶段的施工组织设计称为指导性施工组织设计。

指导性施工组织设计是施工单位在深入了解和研究了设计文件，以及调查复核了现场情况之后着手编制的。它不但要制订出设计中拟定的施工方法付诸实施的具体措施，还要深入研究加以改进甚至变更。对设计中未规定施工方法的，则要一一落实合适的施工方法。施工中所需劳动力的数量及进场、退场时间，所需机具的种类、规格、数量及进、退场时间，所需材料的品种、规格、数量及分期供应计划，工地运输组织工作，附属企业、加工厂的设置，预制场的布置，工地用临时房屋的规划，工地供水、供电的计划，施工场地的平面布置，以及降低成本措施，施工财务计划等，都要通过施工组织设计来反映。

指导性施工组织设计的主要任务是：

（1）确定最合适的施工方法和施工程序，以保证在合同工期内完成或提前完成施工任务。

（2）及时而周密地做好施工准备工作、供应工作和服务工作。

（3）合理地组织劳动力和施工机具，使其需要量没有骤增骤减的现象，同时尽量发挥其工作效率。

(4)在施工场地内最合理地布置生产、生活、交通等一切设施，最大限度地节约临时用地，节省生产时间，同时方便生活。

(5)施工进度计划及劳动力、机具、材料供应计划，要详细到按月安排，以便于具体进行组织供应工作。

指导性施工组织设计是编制施工预算的主要依据，是组织施工的总计划，所以，应使其尽可能符合客观实际，并随时根据客观情况的变化不断调整和修改。

3. 实施性施工组织设计

对于单位工程和分部工程，应在指导性施工组织设计的基础上编制实施性的施工组织设计。实施性施工组织设计的任务是：

(1)它是用来直接指挥施工的计划，因此应具体制订出按工作日程安排的施工进度计划，这是它的核心内容。

(2)根据施工进度计划，具体计算出劳动力、机具、材料等的日程需要量，并规定工作班组及机械在作业过程中的移动路线及日程。

(3)在施工方法上，要结合具体情况考虑到工程细目的具体施工细节，具体到能按所定施工方法确定工序、劳动组织及机具配备。

(4)工序的划分、劳动力的组织及机具的配备，既要适应施工方法的需要，还要考虑适应工作班组的组织结构和设备情况，要最有效地发挥班组的工作效率，又便于实行分项承包和结算，还要切实保证工程质量和施工安全。

(5)要考虑到当发生意外情况时留有调节计划的余地。如因故中途必须停止计划项目的施工时，要准备机动工程，调动原计划安排的班组继续工作，避免窝工。

实施性施工组织设计，必须具体、详细，以达到指导施工的目的，但应避免编制过于复杂、烦琐。

上述三种施工组织设计中，用来指导公路施工的主要是指导性施工组织设计和实施性施工组织设计。不过实施性施工组织设计是在指导性施工组织设计基础之上，基本按照指导性施工组织设计规定的内容进行编制的，其作用是把指导性施工组织设计分期、分部付诸实施。

8.1.2 施工组织设计的编制

1. 施工方案的选择和制订

(1)选择和制订施工方案的目的和要求

编制施工组织设计首先遇到的问题就是选择和制订施工方案，这个问题不解决，施工组织设计乃至以后的施工工作就不可能进行，所以，施工方案的优劣，在很大程度上决定了施工组织设计质量的好坏和施工任务能否圆满完成。

选择和制订施工方案，首先要考虑其是否可行，同时还要做到技术先进、经济合理、施工安全。所谓可行是指施工方案能从实际出发，符合当前实际情况，有实现的可能性；技术先进是指能有效地采用新技术、新方法、新工艺、新材料，从而提高工效、缩短工期、保证质量；经济合理是指能尽量采用降低施工费用的一切正当、有效的措施，挖掘潜力，使施工费用降至最低限度；施工安全则是指施工方案符合安全规程，有保证安全的技术组织措施。以上几点在选择和制订施工方案时应全面权衡、通盘考虑。

(2)施工方法的确定

施工方法是施工方案的核心内容，它对工程的实施具有决定性的作用。确定施工方法应突出重点，凡是采用新技术、新工艺和对本工程质量起关键作用的项目，以及工人在操作上还不够熟练的项目，应详细而具体，不仅要拟订进行这一项目的操作过程和方法，而且要提出质量要求，以及达到这些要求的技术措施，并要预见可能发生的问题，提出预防和解决这些问题的办法。对于一般性工程和常规施工方法则可适当简化，但要提出工程中的特殊要求。

确定施工方法，应考虑工程项目的特点，结合现场一切有关的自然条件和施工单位拥有的施工经验和设备，吸收国内外同类工程成功的施工方法和先进技术，以达到施工快速、经济和优质的目的。

(3)施工作业方法和顺序

施工作业方法是决定施工劳动组织和施工顺序的依据。在编制施工组织设计时，研究和确定施工作业方法是一项非常重要的工作。

公路工程多采用流水作业法和网络计划法进行施工。

施工顺序的安排应根据现有技术经济条件、组织管理水平、水文气象资料、施工质量及安全要求，以及其他有关影响因素综合考虑，按最优顺序进行。原则上应做到：

①尽量安排流水作业或部分流水作业，以充分发挥劳动力和机具的效率。

②尽量减少工人和机械的停歇时间，以加快进度。

③减少或避免各作业之间的相互干扰，以保证施工作业顺利进行。

④尽量防止自然条件对施工的不利影响，以确保施工质量和施工安全。

2.施工进度及资源调配计划的编制

(1)施工进度计划

施工进度计划是施工组织设计中最重要的组成部分，它必须配合施工方案的选择进行安排，它又是劳动力组织、机具调配、材料供应以及施工场地布置的主要依据。一切施工组织工作都是围绕施工进度计划来进行的。

编制施工进度计划的目的是要确定各个项目的施工顺序，开、竣工日期一般以月为单位进行安排，从而据此计算人力、机具、材料等的分期(月)需要量，进行整个施工场地的布置和编制施工预算。

施工进度计划一般用图示法表现。通常采用横道图，它的形式简单、醒目、易绘制、易懂；还可以在施工过程中在同一图上描绘实际进度，与计划进度相比。当工程项目及工序比较简单，且它们之间的关系也不太复杂，其工序衔接及进度安排凭已有施工经验即可确定时，可以直接绘制横道图进度计划。当工程项目以及他们之间的相互关系比较复杂、各工序的衔接及进度安排有多种方案需进行比较时，则要用网络图求得最优先计划，再整理绘制成横道进度图。

(2)劳动力需要量计划

施工进度计划所反应的劳动力调配情况，是检查施工进度安排是否合理的标志之一。

劳动力的调配一般应遵循这样的规律：开始时调少量工人进入工地做准备工作；随着准备工作的进展，进入工地的工人数量陆续增加，到工程全面开工时，工人人数增加到计划需要量的最高额，然后尽可能保持人数稳定，直到工程主要部分完成后，工人逐步分批撤离工地，最后只留少量工人完成收尾情况工作。尽可能避免工人数量骤增骤减和时增时减，否则会增加劳动力调遣费，增加临时工程，增多工具设备，增加生活供应的工作量，以及增加施工管理费。

根据施工进度计划图,可以计算出各个时期所需劳动力人数,绘制劳动力调配图(通常与进度相对应,共同绘在一张图上),从图形上可以看出施工计划安排是否合理;如果劳动力调配图出现不合理情况,应该重新修改施工进度计划。有时需要反复修改多次,才能求得比较合理的方案。采用网络图制订计划时,则可以通过优化计划来求得合理方案。

3. 施工机具、设备计划

依据已确定的施工方法、施工程序及施工进度计划,在选定施工机具的种类、规格、数量的同时,还要确定所需机具的进场、退场时间,机具设备计划应该详细地反映这些内容(通常用表格列出)。

机具、设备的进场时间及数量,原则上也应同劳动力计划一样,不可时增时减,还应注意避免进场后长期停置不用。

4. 施工材料供应计划

材料供应计划是根据施工进度计划编制的。根据进度计划中每月计划完成的各项工程量,所需耗用的各种材料数量即可求得。但材料供应计划中分期供应的材料数量,并不一定等于分期需要的耗用量,在编制材料供应计划时,还应考虑以下因素来计算分期供应量:

(1)凡属国家或地区统一分配的物资,其供应情况往往要受分配指标、分配时间的控制,因而供应计划也必须与之相适应,有时甚至要因此相应调整施工进度计划。

(2)市场采购的材料,要根据市场供求情况和采购的难易程度来制订供应计划。

(3)应考虑运输工作有无季节性限制,如雨季、冬季不能运输时,则这时需用的材料,应该提前供应和储备。

所以,材料供应计划的分期供应数量可用下式表示:

$$\frac{\text{材料供应计划的}}{\text{分期供应数量}}=\frac{\text{计划期需要}}{\text{耗用的数量}}-\frac{\text{前期库存}}{\text{储备的数量}}+\frac{\text{为下期提前}}{\text{储备的数量}}$$

公路工程用的主要材料,都应进行这样的计算。至于用量不多的零星材料,或需要专门订货或加工的特殊材料和制品,最好在计划使用期前全部供应齐全,不必按使用时期分批供应,否则反而会增加采购、运输和管理费用。如果计划不周,还会导致停工待料,因小失大。

5. 场外运输计划

将各种物资从产地或交货地点运到工地仓库、料场,称为场外运输。场外运输计划应解决的主要问题是正确选择运输方式及运输工具,以达到降低成本和加速工程进度的目的。

在选择运输方式和运输工具时,应进行经济比较,其步骤为:

(1)把需要从同一发货地点运至同一卸货地点的各种物资的数量及运量算出。

(2)根据施工需要,决定应在若干工作班内将物资运完,求出每一工作班应运物资的数量。

(3)根据具体情况,初步选定几种可行的运输方式。

(4)分别按各种可能的运输方式,计算需要的运输工具。

(5)分别计算每种可供选择的运输工具的成本,进行比较。

场外运输工作如果发包给运输单位,可用招标办法进行经济比较,选择最低运价授标。

6. 施工现场规划和场地布置

施工现场和场地布置是施工组织设计的基本内容之一,它需要考虑的问题很多、很广泛、也很具体。施工现场规划和场地布置情况应以场地平面布置图表示出来。在施工场地平面布置图内应示出公路的平面位置、场地内需要修建的各项临时工程和露天料场、作业场的平面位置和占地面积，以及场地内各种运输线路，包括由场外运送材料至工地的进出口线路。

(1)材料加工及机械修配场地的规划和布置

施工单位为满足本身的需要，应设置采石场、采砂场、混凝土构件预制场、金属加工厂、机械修配厂等。对于预制场，一般宜设在工地，以减少构件的运输。对于砂石材料开采场，宜设在材料产地。如有两个或以上的产地可供选择时，选择的条件首先是材料品质要符合设计要求，其次是运输距离要近，再次是开采的难易程度、成材率的高低。要加以综合考虑，作出综合经济分析。对于材料加工场地，则一般宜设在原材料产地较为有利。

(2)工地临时房屋的规划与布置

工地临时房屋主要包括施工人员居住用房、办公用房、食堂和其他生活福利设施用房，以及实验室、动力站、工作棚和仓库等。这些临时房屋应建在施工期间不被占用、不被水淹、不被坍塌方影响的安全地带。现场办公用房应建在靠近工地，且受施工噪声影响小的地方。工人宿舍、文化生活用房，应避免设在低洼潮湿、有烟尘和有害健康的地方。此外，房屋之间还应按消防规定相互隔离，并配备灭火器。

(3)工地仓库及料场布置

工地储存材料的设施，一般有露天料场、简易料棚和临时仓库等。易受大气侵蚀的材料，如水泥、铁件、工具、机械配件及容易散失的材料等，宜储存在临时仓库中，钢材、木材等宜设置简易料棚堆放，砂、石、石灰等一般是露天料场中堆放。仓库、料棚、料场的设置位置，必须选择运输及进出料都方便，而且尽量靠近用料最集中、地形较平坦的地点。设计临时仓库、料棚时，应根据储存材料的特点，进料、出料的便利，以及合理的储备定额，来计算需要的面积。面积过大增加临时工程费用，过小可能满足不了储备需要及增加管理费用。材料必须有适当的储备量，以保证施工能不间断地进行。但过多的储备要多建仓库和多积压流动资金，而且像水泥这类材料，储存过久会导致受潮结块及强度降低，从而影响工程质量，或者须降低强度等级使用，甚至使材料报废，所以，应正确决定适当的储备量。

(4)施工场内运输的规划

在工地范围内，从仓库、料场或预制场等地到施工点的料具、物资搬运，称为场内运输。当某些工程的用料数量较大，而运输路线又固定不变时，采用轨道运输是比较经济的。当用料地点比较分散，运输线路不固定，特别是运输线路中有上下坡及急转弯等情况时，可采用汽车运输。采用汽车运输时，道路应与材料加工厂、仓库的位置结合布置，并与场外道路衔接。应尽量利用永久性道路，提前修建永久路基和简易路面；必须修建临时道路时，要把仓库、施工点贯穿起来，按货流量大小设计其规格，末端应有回车场，并避免与已有永久性铁路、公路交叉。一些零星的运输工作，不可能或不必要采用上述运输方法的，有时要利用手推车运输，即使在机械化程度很高的工地，这种简单的运输工具也有发挥作用之处。

(5)工地供电的规划

工地用电包括各种电动施工机械和设备的用电，以及室内外照明的用电。工地用电应尽可能利用当地的电力供应，从当地电站、变电站或高压电网取得电能。当地没有电源，或电力供应不能满足施工需要的情况下，则要在工地设置临时发电站。最好选用两个来源不同的电站供电，或配备小型临时发电装置，以免工作中偶然停电造成损失。同时，还要注意供电线路、电线截面、变电站的功率和数目等的配置，使它们可以互相调剂，不致因为线路发生局部故障而引起停电。

(6)工地供水的规划

工地用水分生产用水和生活用水，均应符合水质要求，否则应设置处理设施进行过滤、净化等处理。工地供水设施包括水泵站、水塔或储水池，以及输水管、线路等。布置施工场地时，应尽量使得用水工作地点互相靠近，并接近水源，以减少管道长度和水的损失。

8.2 施工网络计划技术

网络进度计划能够反映出各项工作相互依赖、相互制约的关系，并且能够找出决定工期的关键线路，在施工过程中能够进行动态的进度管理，是一种科学的、先进的进度计划，在公路工程项目建设过程中应用非常广泛。

8.2.1 施工进度计划编制程序与图表形式

1. 施工进度计划的编制程序

(1)研究施工图纸和有关资料及施工条件。

(2)分解工程项目，划分工艺过程，计算实际工程数量。

(3)编制合理的施工顺序和选择施工方法。

(4)计算各施工过程的实际工作量(劳动量)。

(5)确定各施工过程的劳动力需要量及工种和机械台班数量及规格。

(6)设计与绘制施工进度计划。

(7)检查与调整施工进度。

2. 施工进度计划的图表形式

施工进度计划，一般采用形象的图表形式表达，通常有横道图、垂直图、网络图等。

(1)横道图

横道图以时间为横坐标，分项工程或施工工序为纵坐标，各工程项目的持续对间用横道线表示。

横道图的特点是直观、易懂，反映工作前后搭接关系，但不反映各工作间相互制约、相互依赖的关系和影响，不便于进行各种时间计算，不能客观地突出影响工期的重点(关键)工作。

(2)斜线式施工进度图(垂直图)

这种图是以纵坐标表示施工日期，以横坐标表示里程或工程位置，而各施工项目(工序)的施工进度，则以不同形式的斜线(工作面较长)或垂线(工作面集中)表示，工程量和简易的施工平面图在其下方表示。斜线式施工进度图的特点是，可以反映出时间和施工地点的关系，但不便于将工序划分很细。斜线式施工进度图可用于里程较长、等级较低、管理较粗的施工组织中，以表达工程的形象进度。

(3)网络计划图

网络计划图简称网络图，是由箭线和节点组成的施工进度网状流程图。它能反映各工作之间相互制约、相互依赖的关系，能反映决定工期的关键线路，能用软件分析并进行施工进度优化。

8.2.2 网络计划技术

网络进度计划能够反映出各项工作相互依赖、相互制约的关系,并且能够找出决定工期的关键线路,在施工过程中能够进行动态的进度管理,是一种科学的、先进的进度计划,在公路工程项目建设过程中应用非常广泛。

1.双代号网络计划的组成

网络计划技术,是利用网络计划图进行管理的一种方法,所谓网络计划图,简称网络图,是由箭线和节点组成的用来表示工作流程的有向、有序的网状图形。

1)网络计划技术具有的特点

(1)从工程整体出发,统筹安排,明确反映各工作间的先后顺序和相互制约、相互依赖的关系。

(2)通过时间参数的计算,能找出关键工作与非关键工作、各项工作的机动时间,使管理人员能够抓住主要矛盾,采取技术措施进行有效控制与监督,合理安排人员、材料、机械等资源,以降低成本,缩短工期。

(3)能够进行优化比较,并通过优化,找出最佳方案。

(4)可以利用计算机进行时间参数计算,从而提高管理效率。

2)双代号网络计划组成

双代号网络计划是目前应用较为普遍的一种网络计划,它表示一项工程任务或一个计划中各项工作的先后顺序、衔接关系和所需时间及资源,它的工作用两个代号表示。双代号网络图由箭线、节点、流三个要素组成,如图 8.1 所示。

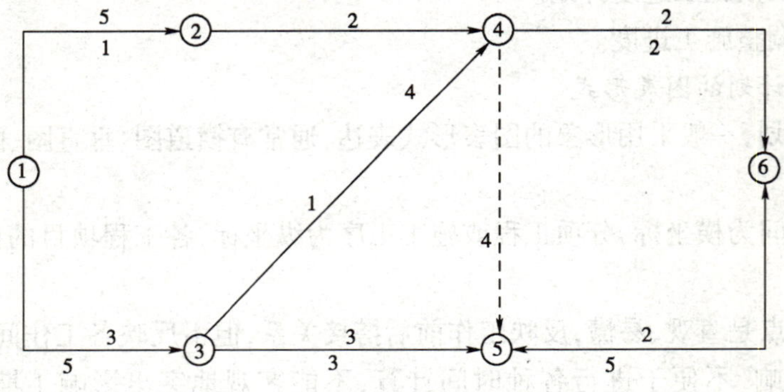

图 8.1 双代号网络图

(1)箭线

①箭线表示工作,又表示施工方向、施工顺序。工作可以是一道工序,也可以是分项、分部工程,构造物,单位工程等。箭尾表示工作的开始,箭头表示工作结束,箭线表示工作内容。

②实箭线:表示工作既消耗时间,又消耗资源,用"—►"表示,如混凝土构件的自然养护、预应力混凝土的张拉等过程都需要时间。

③虚箭线:表示的工作既不消耗时间又不消耗资源,用"--►"表示。它是虚拟的,在工程中实际并不存在,因此无工作名称。

(2)节点

节点是网络图中两项工作的交接点,用圆圈表示。

①节点是两项工作的交接点，既不消耗时间，又不消耗资源，表示前一项工作的结束，同时也表示后一项工作的开始。

②节点编号：为便于检查和计算，每个节点均应统一编号，一条箭线前后两个节点的号码就是该箭线表示的工作代号。节点编号可以不连续，但不能重复，且箭尾节点的号码要小于箭头节点的号码。一项工作的表示方法如图 8.2 所示。

图 8.2 节点编号

在满足节点编号原则的条件下，可采用水平编号法、垂直编号法、删除箭线法对节点进行编号。

水平编号法即从网络图的起点开始，由左到右按箭线顺序逐行编号；垂直编号即从网络图的起点开始由左至右逐列按原则进行编号；删除箭线法即先对起点编号后，划去该节点引出的全部箭线，对网络图中剩下的没有箭线进入的节点依次编号，直到全部节点编完为止。

(3)流

流表示完成各项工作所需的资源量，包括每项具体工作所需的时间、费用和材料设备等，通常标注在箭线的下方。

2. 双代号网络计划的绘制

1)绘制双代号网络计划的基本规则

在绘制网络图时，应正确地表达工作间的逻辑关系，引用虚箭线，遵循相关的绘图基本规则。

(1)一个网络图只允许有一起始点节点和一个终点节点(图 8.3、图 8.4)。

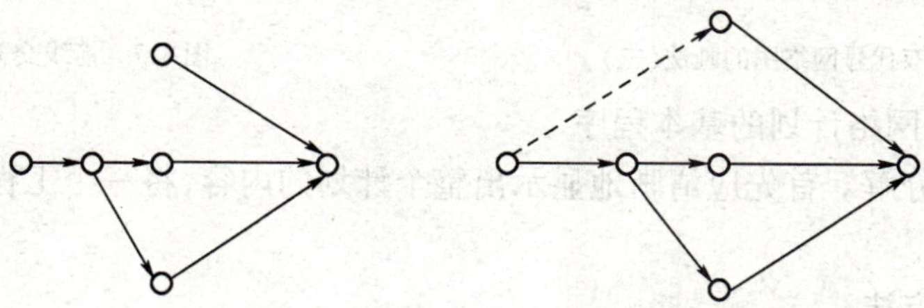

a)错误　　b)正确

图 8.3 双代号网络图的画法(一)

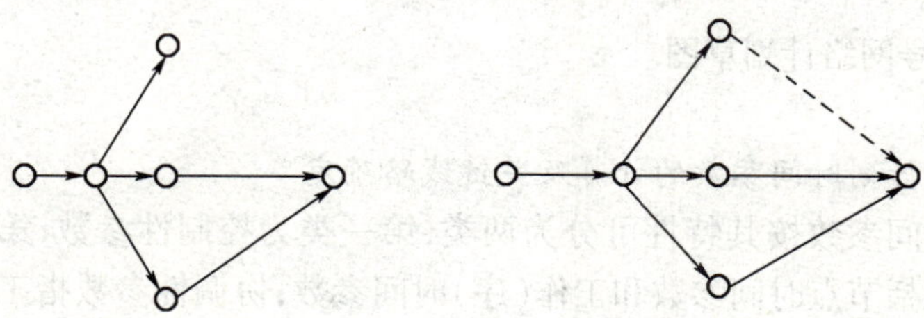

a)错误　　b)正确

图 8.4 双代号网络图的画法(二)

(2)一对节点之间只能有一条箭线。

在双代号网络中，一条箭线和两个代号表示一项工作，如果一对节点之间存在多条箭线，就无法分清这两个代号表示哪一项工作，如出现这种情况，应引进虚箭线，如图 8.4 所示。

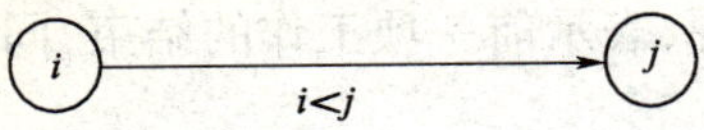

图 8.5　节点编号

网络图的节点编号不能重复,一项工作只能使用唯一的代号。不允许出现相同编号的节点或相同代码的工作。一条箭线的箭头节点编号要大于箭尾节点编号(图 8.5)。

(3)网络图中不允许出现循环线路。

在网络图中,循环线路表示的工作关系是错误的,在工艺顺序上是相互矛盾的,无法反映出先行工作与后继工作,在计算时间参数时也只能循环进行,无法得出结果。遇到这种情况,表示绘制工作的逻辑关系有误,按工作本身的逻辑顺序连线,取消循环线路,见图 8.6。

(4)在网络图中不允许出现无箭头的线段和双向箭头的箭线。

一条箭线表示一项工作,同时也表示工作的施工方向,箭头的方向就是工作的施工前进方向,因此在网络图中不允许出现线段和双向箭头的箭线。

(5)网络计划布局应合理,使图面整齐美观,避免箭线交叉,当箭线的交叉不可避免时,可用"暗桥"法、"断线"法处理,见图 8.7。

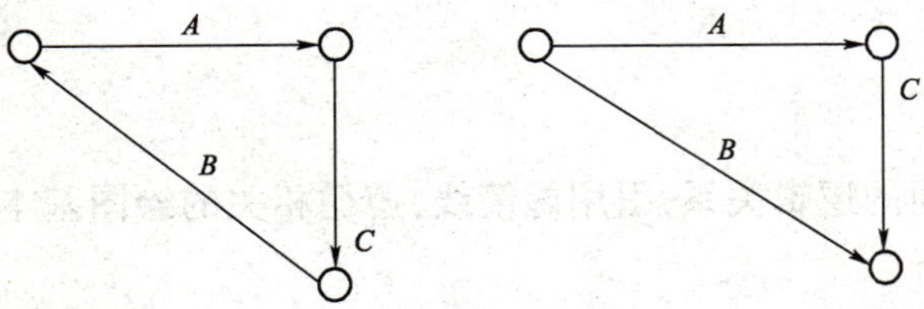

a)错误　　b)正确

图 8.6　双代号网络图的画法(三)

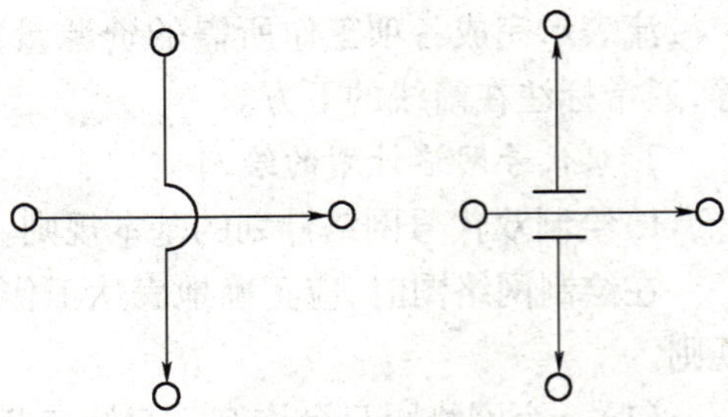

a)"暗桥"法　　b)"断线"法

图 8.7　箭线交叉的画法

2)绘制双代号网络计划的基本程序

(1)工程任务分解。首先应清晰地显示出整个计划的内容,将一个工程项目根据要求分解成若干单项工作。

(2)确定施工方法。

(3)确定各单项工作的关系。

(4)确定各单项工作的持续时间。

(5)资料列表。

(6)绘制双代号网络计划草图。

(7)整理成图。

3. 双代号网络计划时间参数的计算及关键线路确定

网络计划的时间参数按其特性可分为两类,第一类为控制性参数,第二类为协调性参数。控制性参数包括节点时间参数和工作(序)时间参数;协调性参数指工作(序)的机动时间,即时差。

为简化起见,网络计划的时间参数计算统一假定工作(序)的持续时间是已知的,工作的开始时间与结束时间都以时间单位的终了时刻为计算标准。

1)工作(序)时间参数计算

工作(序)时间参数包括最早可能开始时间 ES、最早可能结束时间 EF、最迟必须结束时间 LF、最迟必须开始时间 LS,此外还要计算工作的总时差 TF 和局部时差 FF。以网络图中的工作为对象进行计算。

(1)工作的最早可能开始时间 ES

工作的最早可能开始时间是指一项工作在具备一定的开工条件后,可以开始工作的最早时间。在此时刻,紧前工作都已结束。

在计算时,我们从起点开始,沿箭线方向逐项工作依次计算到终点。与起点节点相连的工作其最早可能开始时间 ES = O。

$$ES_{(ij)} = \max\{ES_{(hi)} + t_{(hi)}\}$$

式中:$ES_{(ij)}$——紧前工作最早可能开始时间;

$t_{(hi)}$——紧前工作持续时间。

(2)工作的最早可能结束时间 EF

工作在最早时间开始,必对应在最早结束时间结束,其计算如下:

$$EF_{(ij)} = ES_{(ij)} + t_{(hi)}$$

网络计划的总工期为与终点节点相连的各工作的最早可能结束时间的最大值,$Tn = \max\{EF_{(jn)}\}$。

(3)工作的最迟必须结束时间 LF

工作的最迟必须结束时间指一项工作在不影响工程按总工期结束的条件下,最迟必须结束的时间,它必须在紧后工作开始前完成。

在计算时,从终点节点开始逆箭线方向至起点节点止,与终点节点相连的各工作的最迟必须结束时间一般就是计划工期,若另有规定就取规定工期。

$$LF_{(hi)} = \min\{LF_{(ij)} - t_{(ij)}\}$$

(4)工作的最迟必须开始时间 LS

在正常情况下,与工作最迟必须结束时间相对应,有工作最迟必须开始时间,其为工作的最迟必须结束时间减去工作持续时间。

$$LS_{(ij)} = LF_{(ij)} - t_{(ij)}$$

(5)总时差 TF

工作的总时差指在不影响紧后工作的最迟开始时间的条件下,工作所拥有的最大的机动时间。

$$\begin{aligned} TF_{(ij)} &= LS_{(ij)} - ES_{(ij)} \\ &= LF_{(ij)} - EF_{(ij)} \end{aligned}$$

(6)局部时差 FF

局部时差指在不影响紧后工作的最早可能开始时间的条件下,工作所拥有的最大的机动时间。

$$FF = ES_{(jk)} - ES_{(ij)} - t_{(ij)} = ES_{(jk)} - EF_{(ij)}$$

2)节点时间参数计算

节点时间参数是以节点作为研究对象进行计算的,节点时间表示工作开始或结束的瞬间,包括节点的最早可能开始时间,即节点最早时间 ET 和节点的最迟必须结束时间,即节点最迟时间 LT。

(1)节点的最早时间 ET

节点的最早时间指以计划起始节点的时间为起点,沿着各条线路达到每一个节点的时刻,它表示该节点紧前工作的全部完成,其紧后工作最早可能开始的时间。

在计算时,我们从起点节点开始,沿箭线方向依次计算每一个节点,直至终点节点。规定起点节点的最早时间 ET = 0。

$$ET_{(j)} = \max\{ET_{(i)} + t_{(ij)}\}$$

终点节点的最早时间就是网络计划的总工期 ETn = Tn。

(2)节点的最迟时间 LT

节点的最迟时间指计划内工期确定的情况下,从网络计划终点节点开始,逆向推算即得各节点的最迟实现时间,它表示该节点前各工作的结束不能迟于这个时间,如果迟于这个时间,就会影响计划工期。

在计算时,从终点节点开始逆箭线方向至起点节点止,终点节点的最迟时间一般就是计划工期,即该节点的最早时间,若另有规定就取规定工期。

$$LT_{(i)} = \min\{LT_{(j)} - t_{(ij)}\}$$

(3)时差的计算

在进行时差的计算时,也应计算工作的总时差与局部时差。

其中:

$$TF_{ij} = LT_j - ET_i - t_{ij}$$

$$FF_{ij} = ET_j - ET_i - t_{ij}$$

3)关键线路及其确定

计算网络图时间参数的目的之一是为了找出关键线路,从而使管理人员抓住主要矛盾,以便合理地调配人力和物资资源,避免盲目赶工,使工程按照计划安排有条不紊地进行。

(1)线路

所谓线路是指网络计划图中顺箭线方向由开始节点至结束节点的一系列节点箭线组成的通路,在一个网络计划图中,存在着多条线路,也可能只有一条线路中包含着若干项工作。

(2)线路长度

线路中包含的各项工作的持续时间之和,就是这条线路的线路长度,也就是线路的总持续时间。

(3)关键线路

网络图的各条线路所包含的工作是不相同的,因此各条线路的线路长度也是不相同的。我们把线路长度最长的线路称为关键线路。在关键线路中,没有任何机动时间,线路上任何工作的持续时间发生变化都会影响工期,是工程按期完成计划任务的关键所在。

(4)关键工作

关键线路上的各项工作都是关键工作,关键工作的总时差为 0。

(5)非关键线路

网络图中除关键线路以外的线路都是非关键线路,在非关键线路上都存在着时差。非关键线路所包含的若干项工作并非全部是非关键工作,其中存在时差的工作是非关键工作。在任何线路中,只要有一个非关键工作存在,它的总长度就会小于关键线路,它就是非关键线路。

(6)关键线路的确定

确定关键线路的方法很多,如线路枚举法、关键工作法、关键节点法。

①线路枚举法:在网络计划图中,找出其包含的所有线路,并算出线路长度,通过最长的线路找出关键线路。

②关键工作法:依次连接网络图中总时差为零的工作,使其组成一条由起点节点到终点节点的通路,此通路就是关键线路。

③关键节点法:计算出双代号网络图的节点参数后,就可以通过关键节点法找出关键线路。当节点的最早时间与最迟时间相等时,此节点就是关键节点。但相邻关键节点间连接的工作不一定都是关键工作,尤其是一个关键节点遇到与多个关键节点相连而可能出现多个关键线路时,所以必须加以辨认。

两个关键节点关键线路的条件是:

箭尾节点时间 + 工作持续时间 = 箭头节点时间

关键工作确定后,关键线路亦确定了。

8.3 路基施工机械

路基施工机械包括土石方机械和压实机械两大类。土石方机械包括推土机、装载机、挖掘机、铲运机、平地机和凿岩机等几个重要机种,是路基施工中用途最广泛的施工机械,它们担负着土石方的铲装、填挖、运输和整平等作业。

8.3.1 推土机

1.性能

推土机是以工业拖拉机或专用牵引车为主机,前端装有推土装置,依靠主机的顶推力,对土石方或散装物料进行切削或搬运的铲土运输机械。推土机担负着切削、推运、开挖、填积、回填、平整、疏松和压实等多种土石方作业,其特点是作业面小,机动灵活,转移方便,短距离运土方便。因此,推土机是路基施工中必不可少的机械设备。

2.适用性

推土机一般适用于季节性较强、工程量集中、施工条件较差的工程环境,主要用于50~100m短距离的作业,如路基修筑、基坑开挖、平整场地、清除树根、堆积散料等,并可为铲运机与挖装机械松土和助铲及牵引各种拖式工作装置等。

3.作业方式

推土机的基本作业是铲土、运土、卸土和空回四个过程,通常有以下作业方法:

(1)波浪式铲土法

这种方法可使发动机功率得到充分发挥并缩短铲土时间和距离,但空回时产生颠簸。如图8.8所示。

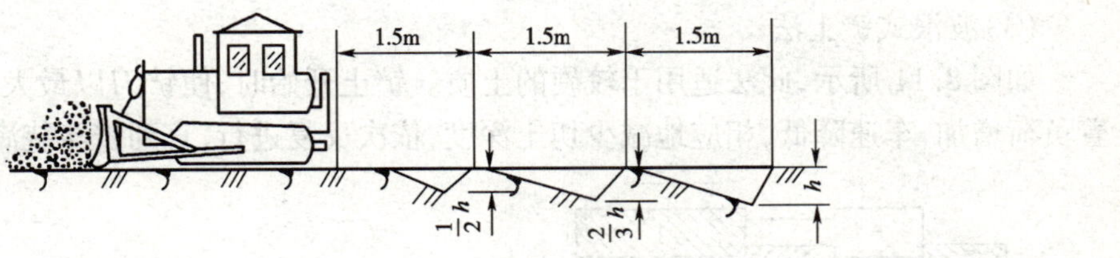

图8.8 波浪式铲土法

(2)接力式推土法

在取土场较长而土质较硬的场地上作业时,可自近而远分段将土推成堆,然后再由远而近地将各段土堆一次推送到卸土处。

(3)槽式推土法

为减少运土损失,可在一固定作业线上多次推运,形成土槽,或利用铲刀两端外漏的土壤形成土埂，再增加一次推运，以提高生产率。

(4)并列推土法

两台以上同类型推土机并列同步推运土方，以减少土方损失，两铲间距以15～20cm为宜，同时，应掌握好每台推土机的运行速度和方向，避免相互影响。

(5)下坡推土法

利用下坡时推土机重力的分力，加速铲土过程和增大运土量，提高作业效率。

8.3.2 铲运机

铲运机主要用于较大运距的土方工程，如填筑路堤、开挖路堑和大面积的平整场地等。由于它本身能完成铲装、运输和卸铺作业，并兼有一定的压实和平整能力，所以在公路工程施工中，铲运机是一种使用范围很广的土方施工机械。

1.适用性

铲运机的适用范围主要取决于土质特性、运距、机器本身的性能和道路状况。

铲运机的经济运距视类型不同而异，一般与斗容量的大小成正比。斗容量$6m^3$以下的铲运机的最短运距以不小100m为宜，最长不应超过350m，经济运距为200～300m。斗容量$10～30m^3$的自行式铲运机，最小运距不小于800m，最长运距可达1500m以上。

铲运机应在Ⅰ、Ⅱ级土中施工，如遇Ⅲ、Ⅳ级土应预松，最适宜在湿度较小(含水率在25%以下)的松散砂土和黏土中施工，但不适宜于在干燥的粉砂土和潮湿的黏性土中作业，更不宜在地下水位高的潮湿地区和沼泽地带以及岩石类地区作业。

铲运机在施工中应尽可能地利用地形下坡铲装和运输以提高生产率。一般铲装时的下坡角不应大于7°～8°，如坡度过大，铲下的土不易进入斗内，效率反而降低。

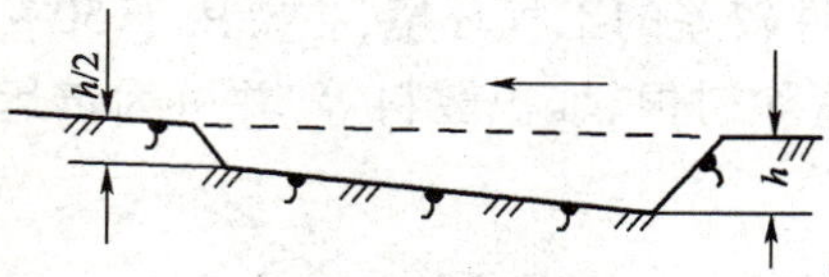

图8.9　一次铲装法

2.作业方式

(1)一次铲装法

铲刀一次切入土中并完成铲土行程，装满铲斗，如图8.9所示。

(2)交替铲装法(跨铲法)

如图8.10所示，先在取土场第一排(1、2、3区)铲土道上取土，相邻两铲土道间留出1/2铲刀宽的土不铲。然后再从第二排铲土道上铲起(4、5区)，且铲土起点后移的距离为铲土道长度的一半，随后依次交替铲土作业。

(3)波浪式铲土法

如图8.11所示，此法适用于较硬的土质。铲土开始时，使铲刀以最大深度切入土中，随着负荷增加，车速降低，相应地减少切土深度，依次反复进行，直到铲斗装满为止。

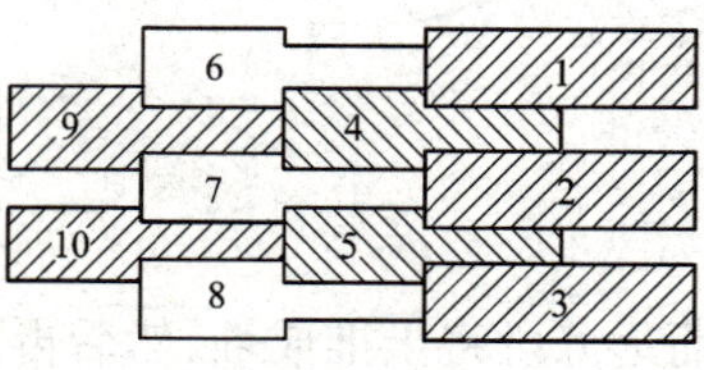

图8.10　交替铲装法

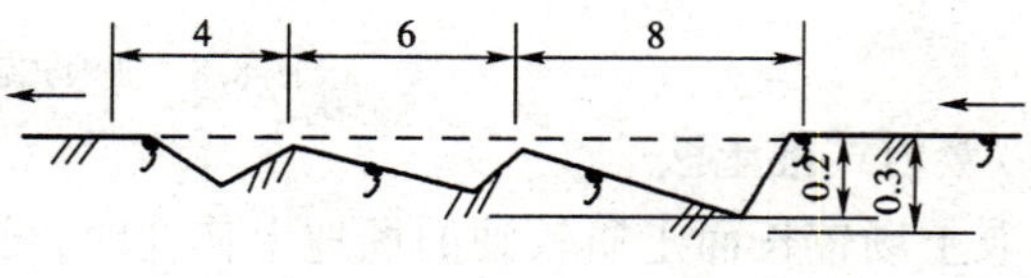

图8.11　波浪式铲土法

(4)下坡铲土法

如图8.12所示。在平地铲土时，先铲挖前一段，然后逐渐向后延伸铲土道，以形成前低后高的自然坡道。当为一小土丘时，先从四周斜向铲起，然后逐渐向后延伸，以利下坡取土。

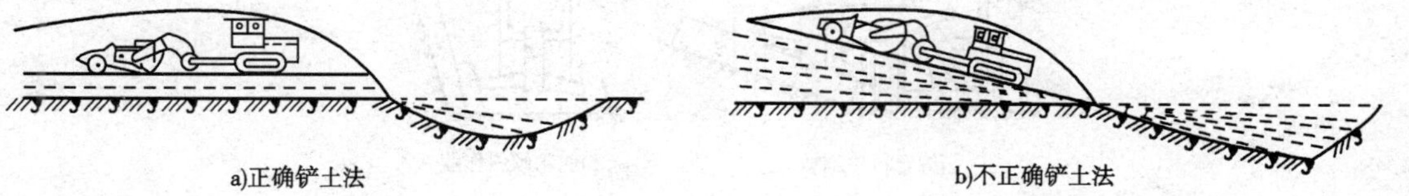

图 8.12　下坡铲土法

8.3.3　平地机

平地机是一种装有以铲土刮刀为主，配备其他多种可换作业装置，进行刮平和整型连续作业的工程机械。平地机的铲土刮刀较推土机的推土铲刀灵活，它能连续进行改变刮刀的平面角和倾斜角，使刮刀向一侧伸出，可以连续进行铲土、运土、大面积平地、挖沟、刮边坡等作业。

1. 适用性

平地机主要用途有：从路线两侧取土，填筑不高于 1m 的路堤；修整路堤的横断面；旁刷边坡；开挖路槽和边沟，以及大面积平整等。此外，还可以在路基上拌和、摊铺路肩上的杂草以及冬季道路除雪等。

平地机是一种铲土、运土、卸土同时进行的连续作业机械，主要工作装置是刮刀，它可以调整四种作业运作，即以刮刀平面回转、刮刀左右端升降、刮刀左右引伸和刮刀外侧倾斜，来完成刮刀角铲土侧移、刮刀刮土侧移、刮刀直移和机身外刮土等作业。

2. 作业方式

(1) 选择铲土角

铲土角指刮刀切削刃与地面的夹角。铲土角的大小由作业类型确定，一般 60°左右的切削角适用于平整作业，切削、剥离土壤时，则需要较小的铲土角。

(2) 选择刮刀回转角

如图 8.13 所示。刮刀回转角 ω，对于切削、剥离、混合作业及硬土切削作业，可取 30° ~ 50°；对于进行最后一道刮平以及进行松软或轻质土刮整作业，可取 0° ~ 30°；在狭窄地段短距离施工时，将刮刀回转 180°。平地机可以在倒退状态下作业。

(3) 斜行作业

利用车架铰接或全轮转向的特点，在很多作业场地需采用斜行作业方法，使车轮避开料堆，保持机械的稳定。

(4) 刮刀侧移

平地机作业时，常需要操作刮刀侧移来辅助实现刮刀的运动轨迹。当在弯道或作业面边界呈不规则的曲线状地段作业时，可同时操作转向和刮刀侧向移动，机动灵活地沿曲折的边界作业。

(5) 刮刀移土作业

将刮刀回转角调整为 0°，此时切削宽度最大，但切入深度较小，主要用于铺平作业，应注意采用适当的回转角，使刮刀前有足够的料。当刮刀侧移作业用于物料混合时，应注意刮刀的回转角大小要适当，并要有较大的铲土角。

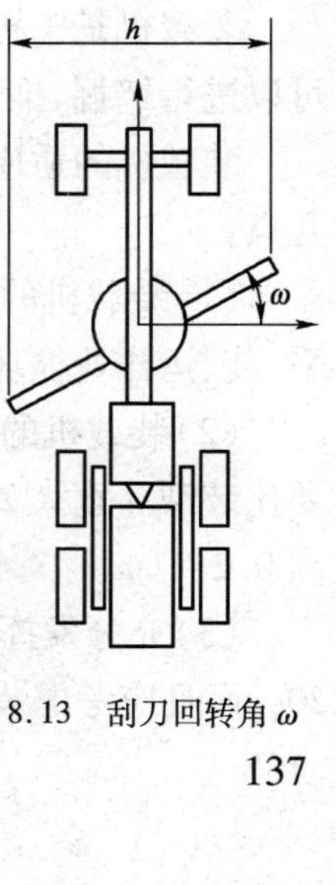

图 8.13　刮刀回转角 ω

图8.14为平地机基本作业示意图。

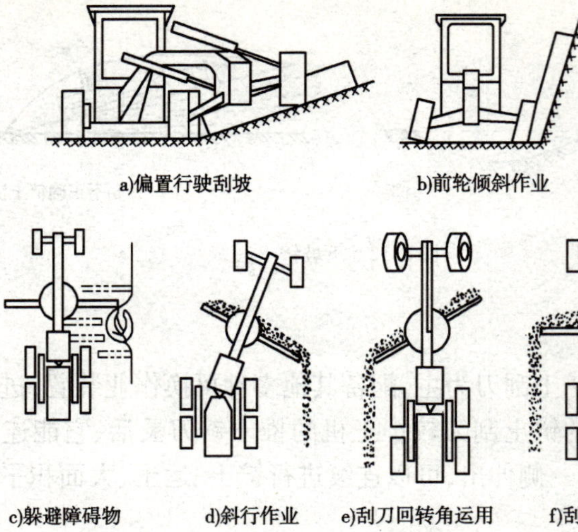

图8.14 平地机基本作业

8.3.4 挖掘机

挖掘机在公路工程中是用于挖掘和装载土、石、砂砾和散粒材料的重要施工机械。

挖掘机是土石方工程施工的主要机械，特点是效率高、产量大，但机动性较差。在公路工程施工中，遇到开挖量较大的路堑和填筑高路堤等大工程量时，选用挖掘机配合运输车辆组织施工是比较合理的。

为了使挖掘机发挥最大效能，在使用挖掘机时应考虑最小工程量和最低工作面高度。工程量较小可选用斗容量较小、机动性强的轮胎式全液压挖掘机。

挖掘机的主要工作条件为：工作物为Ⅰ-Ⅳ级土和松动后的Ⅴ级以上的土；可用于装载和开挖爆破后的石方以及不大于斗容的石块。机械传动的正铲挖掘机，其工作面只能在停机面以上，而机械传动的反铲挖掘机，其工作面只能在停机面以下，液压传动、液压操纵的正反铲挖掘机，其工作面不受这种限制。

8.3.5 装载机

装载机是一种工作效率较高的铲土运输机械，它兼有推土机和挖掘机两者的工作能力，可以进行铲掘、推运、整平、装卸和牵引等多种作业。

装载机的适应范围主要取决于使用场所，土石料特性和工作环境，选用时应注意以下几点：

(1)装载机的经济合理运距。装载机在运距和道路坡度经常变化的情况下，如果整个采、装、运作业循环时间少于3min时，自铲自运是经济合理的。

(2)装载机的斗容与汽车车厢容积的匹配。通常以2~4斗装满一车厢为宜，车厢长度要比装载斗宽大25%~75%，装载机铲斗45°倾斜卸载时，斗齿最低点的高度要比车厢侧壁高0.2~1m。

(3)充分发挥装载机的效率。装载机作业循环时间，小型的不超过15s，大型的不超过20s，而且应考虑装载机走行与转弯速度。

8.3.6 压实机械

路基施工中，采用专用的压实机械进行压实是施工的关键工序之一。压实效果的好坏，直接关系到工程质量的优劣。

1. 压实机械的分类

按压实力作用原理分为静作用碾压机械、振动碾压机械和夯实机械三种类型。

(1)静作用碾压机械

静作用碾压机械是依靠机械自重的静压力作用，利用滚轮在碾压层表面往复滚动，使被压实层产生一定程度的永久变形而达到压实目的。这类压实机械包括各种型号的光轮压路机、轮胎压路机、羊脚压路机及各种拖式压滚等。

(2)振动碾压机械

振动式碾压机械是利用专门的振动机构，以一定的频率和振幅振动，并通过滚轮往复滚动传递给压实层，使压实材料的颗粒在振动和静压力联合作用下发生振动位移而重新组合，使之提高密实度和稳定性，达到压实目的。这类机械包括各种拖式和自行式振动压路机。

(3)夯实机械

夯实机械又可分为冲击夯实和振动夯实两类。冲击夯实是利用机械在运动过程中离开地面上升到一定高度，然后自由落下所产生的冲击力把材料层压实，这类机械包括各种内燃式和电动式夯土机等。

振动夯实除具有冲击夯实力外，还有振动力同时作用于被压实层，这类机械包括振动平板夯和快速冲击夯等。

按走行方式分为拖式和自行式两类。按碾轮形状分为光轮、羊脚轮和充气轮胎三种。

2. 使用范围

(1)光轮压路机

光轮压路机是一种静作用压路机，按其重量可分为特轻型、轻型、中型、重型和特重型五种。这种压路机由于单位线压力小，压实深度浅，适用于一般的筑路工程。

(2)羊脚(凸块)压路机

羊脚(凸块)压路机有较大的单位压力(包括羊脚的挤压力)，压实深度大而均匀，并能挤碎土块，因而有很好的压实效果和较高的生产率。它广泛用于黏性土的分层压实，但不适用非黏性土及高含水率黏土的压实。

(3)轮胎压路机

轮胎压路机机动性好，便于运输，进行压实工作时土与轮胎同时变形，接触面积大，并有揉合的作用，压实效果好。适用于压实黏性土、非黏性土及沥青混合料的复压。

(4)振动压路机

振动压路机单位线压力大，振动力影响深，因此压实深度较大，压实遍数相应减少。振动压路机种类繁多，应用广泛。光轮振动压路机最适用于压实非黏性土(砂土、砂砾)、碎石、块石及不同类型、不同厚度的沥青混合料面层。这种压路机在断开振动机构后还可作为静作用压路机来进行整平作业。羊脚(凸块)式振动压路机既可压实非黏性土，又可压实含水率不大的黏性土和细颗粒砂砾，以及碎石土。

(5)夯实机械

夯实机械分振动夯实及冲击夯实，它们体积小，重量轻，主要用于狭窄工作面的铺层压实。振动夯用于非黏性砂质黏土、砾石、碎石的压实，而冲击夯实机则适宜于黏土、砂质黏土和石灰土的夯实作业。

8.4 路基施工过程的质量控制

8.4.1 前期工作

施工单位进入现场后，需要熟悉所承包的施工路段的周围环境，以便统筹考虑生活住所、料场位置、出行交通及工程初期的安排等。

1. 施工现场核对

熟悉设计文件后，施工单位应会同业主、设计单位代表、工程监理进行现场核对，与设计文件有严重不符的地方，应按相应的合同条款执行。

2. 材料检验与标准试验

施工单位应会同业主、工程监理对设计文件中确定的料场进行实地复查，核定材料的工程性能和产量，必要时，可增加候补的料厂，以满足工程需要。对取土场和路基以内远运利用的料样应取样做试验鉴定。

工程中的钢材、水泥等材料应使用国家免检产品，并随机抽样检验。砂、石、石灰等材料须做常规的工程试验，以确定其路用性能。

对现场材料随机取样，做路基的标准试验，一般有：最佳含水率试验、最大干密度试验、液塑性试验、钢筋的强度和韧度试验、石灰的钙镁含量试验、水泥的强度试验、改善土的灰（石灰、水泥等）剂量试验、构造物的混凝土及砂浆强度试验等。试验的结果应与工程监理的试验结果作对比，经双方确认后，报工地中心试验室审批。

3. 拟订施工方式

根据编制的施工作业计划和工程量的分布情况、难易程度，合理安排施工段落，拟订施工方式。土石方和构造物可以同时施工，也可以分期分段施工，一般采用平行作业法和流水作业法进行多劳力、多作业面施工，以缩短工期。

8.4.2 施工过程质量控制

路基工程包括的项目较多，工作点分散，且施工方式不同，因此，施工单位应根据自身的条件和技术人员的数量、素质合理地确定作业计划，以免影响工程质量。

1. 过程的控制

（1）原地面的处理

路堤地基土密实，且地面横坡不陡于1:10时，可直接填筑；零填或填土高度低于0.50m，应清除表层草皮及腐殖土；横坡较陡时，应开挖台阶。当地基土为耕地或松土时，应压实后再填筑。经过水田、池塘、洼地时，应先排水清淤，后回填、压实。特殊时，可采取挖除、填碎砾石等措施，以保证基底有足够的稳定性。

挖方路堑处的表层土，若利用在路基上，应清除表层草皮、树（竹）根及腐殖土等。

（2）隐蔽工程施工

对特殊地基的处理如砂桩、砂井、碎石桩、插板桩、粉喷桩、土工布等应严格遵循相应的设计和施工规范，并进行数据记录，跟踪检测，掌握地基的变形和沉降速度，以控制路基的稳定。

对构造物的天然基础施工，应检查其基底的平面位置、尺寸大小、基底高程，基地土质的均匀性、地基稳定性及承载力，施工日记及有关试验资料等。

对构造物的桩基础的施工，应由具备相应资质的部门进行桩身检测（结构完整性检测）和单桩承载力检测。同时应对桩基的原材料及半成品、人工挖孔桩孔底进行检测。

(3)路基施工

对路基的填筑，主要控制填土路基土的颗粒大小、杂质含量、分层厚度、含水率、塑性指数和分区的压实度等指标。对填石或土石混填路基，主要控制石块的尺寸、空隙、分层厚度、碾压机械类型、施工方式和压实度等。

零填及挖方地段的施工，应检测地基的承载力和翻松层的压实，挖方边坡的坡面是否平顺，有无浮石、扎堆、坑穴等。

(4)构造物的施工

应检查构造物的施工方式是否合理，施工工序是否规范，控制现场材料的质量、砂浆和混凝土的强度。

(5)特殊地段的施工

挖方地段施工时，应检查开挖面的排水设施，挖方边坡与有关防护工程的衔接，结构物台后填料类型、施工方式和压实度检测。

(6)特殊季节的施工

冬季施工时，不得填筑冻土块；基底应清除积雪；填方路堤应在全宽内分层压实，并预留沉落量；施工工序要紧凑，随挖、随填、随压；路基的填挖结合部，应在冬季前做完，或在天暖后用解冻土填压。

雨季施工时，应加强路基的排水工作，特别注意填料的选择。对低洼地段、高填深挖地段、工程地质水文条件不良地段及受水侵蚀地段，不宜施工。

2. 施工过程的质量抽检

(1)路基的含水率和压实度，应分层分路段全幅控制，路基范围内任意点都应满足规范要求。一般黏性土可采用环刀法，石质土或改善土结合施工方法可采用灌砂法，有条件时，可采用贯入仪法和圆锥仪法。

(2)对取土场的土质应根据开挖的深度，经常进行检测，并根据土质的变化（成分、含水率）随时调整施工的标准试验。同时对进场材料（砂、石等）根据料源经常进行检测，以指导施工配合比。

(3)对路基改善土，应控制其含水率和含灰量，同时现场取样，以7d无侧限抗压强度控制其施工质量。

(4)对构造物工程，应检查石料的强度、砂浆和混凝土试块的抗压强度。

3. 阶段性验收

(1)路基的构造物施工完后，应按照《公路工程质量检验评定标准（土建工程）》（JTG F80/1）进行全面的质量检查，特别是构造物与路基衔接部分的压实须满足规范要求。

(2)特殊路基地段施工完成后，应按有关施工规范进行检测验收，并会同有关专家对其进行鉴定。

(3)路基施工应根据路槽深度（>1.50m；0.80~1.50m；0.30~0.80m及<0.30m）分阶段进行压实度的控制，并在路基施工结束后，按《公路工程质量检验评定标准（土建工程）》（JTG F80/1）进行路基单位工程程的检验与质量评定。

模块9　路基边坡稳定性验算与分析

教学目标

通过模块9的学习，明确路基稳定性验算的基本方法，能够进一步根据相关算例完成需要的路基稳定性验算。

9.1　边坡稳定性验算方法及相关参数确定

9.1.1　边坡稳定性验算方法

高路堤、深挖路堑、陡坡路堤及滑坡与软土等不良地质、水文条件下的路基，需要通过稳定性分析与验算，判断边坡的稳定性，以寻求安全可靠、经济合理的路基结构形式和稳定的边坡值，或据以确定边坡的加固措施。对一般路基结构只需按规范要求确定，无须进行稳定性设计。

路基边坡稳定性分析与验算的方法归纳起来有力学验算法和工程地质比拟法两大类。

1. 力学验算法（极限平衡法）

力学验算法的基本假定是：

(1)不考虑滑动土体本身内应力的分布。

(2)认为平衡状态只在滑动面上存在，滑动土体成整体下滑。

为简化计算，用力学验算法进行边坡稳定性分析时，通常都按平面问题来处理。此法是最常用的方法，计算较精确，但计算烦琐。

2. 工程地质比拟法

工程地质比拟法是根据不同土类及所处的状态，通过长期的生产实践及大量调查，拟出路基边坡稳定值参考数据，在设计时，将影响边坡稳定的因素相比拟，从而采用类似条件下的稳定边坡值。

一般情况下，土质路基边坡的设计是先按力学验算法进行验算，再以工程地质比拟法予以校核。岩石或碎石土类路基的边坡主要采用工程地质比拟法，有条件时也用力学验算法进行校核。

9.1.2　边坡稳定性验算参数

1. 计算参数

(1)均匀土体边坡

边坡稳定性验算参数主要是指填料的物理力学试验参数。黏结力 c(kPa)和内摩擦角 φ(°)

是决定土体抗剪强度的两个参数，亦即土的抗剪强度指标。在验算边坡稳定性时，c、φ 值及土体的重度 γ(kN/m^3)应事先由试验测定。

边坡稳定性验算的精确程度，取决于填料试验资料的可靠性，因此，要求采取与将来路基实际使用情况相符的数据。路堑边坡应取原状土作土样，测定其重度 γ 和抗剪强度参数 c、φ 值。路堤边坡应采用与将来实际压实后情况相符合的土样，测定其重度 γ 和抗剪强度参数 c、φ 值。

(2)多层土体验算的参数确定

由多层土体所构成的边坡，所采用土的边坡稳定性分析参数 c、φ 和 γ 的值应根据边坡稳定性分析方法确定。对于直线法和圆弧法可通过合理的分段，直接取用不同土层的参数值，如用综合土体边坡稳定性分析，可采用加权平均法求得，即

$$c=\frac{c_1h_1+c_2h_2+\cdots+c_ih_i}{h_1+h_2+\cdots+h_i}=\frac{\sum_{i=1}^{n}c_ih_i}{\sum_{i=1}^{n}h_i} \tag{9.1}$$

$$\tan\varphi=\frac{h_1\tan\varphi_1+h_2\tan\varphi_2+\cdots+h_i\tan\varphi_i}{h_1+h_2+\cdots+h_i}=\frac{\sum_{i=1}^{n}h_i\tan\varphi_i}{\sum_{i=1}^{n}h_i} \tag{9.2}$$

$$\gamma=\frac{\gamma_1h_1+\gamma_2h_2+\cdots+\gamma_ih_i}{h_1+h_2+\cdots+h_i}=\frac{\sum_{i=1}^{n}\gamma_ih_i}{\sum_{i=1}^{n}h_i} \tag{9.3}$$

式中：c_i——土层 i 的黏聚力(m)；

φ_i——内摩擦角(°)；

γ_i——土层 i 的重度(kN/m^3)；

h_i——土层 i 的厚度(kPa)。

加权平均法适用于较为粗略的边坡稳定性分析。

2. 边坡稳定性分析的边坡取值

边坡稳定性分析时，对于折线形或阶梯形边坡(见图 9.1)，一般可取平均值。例如，图 9.1a)取 AB 线，图 9.1b)则取坡脚点和坡顶点的连线。

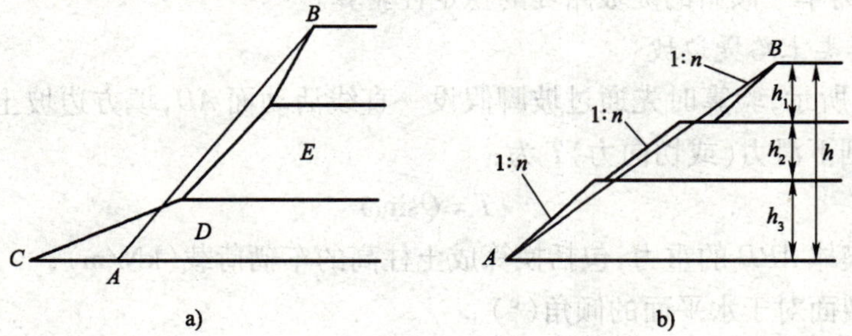

图 9.1　边坡取值示意图

9.1.3　汽车荷载当量换算

路基除承受自重作用外，还承受行车荷载的作用。在进行边坡稳定性验算时，需要按车辆最不利情况排列，如图 9.2 所示，并将车辆的设计荷载换算成当量土柱高(即以相等压力的土层厚度来代替荷载)，以 h_0 表示。计算式为：

$$h_0 = \frac{NQ}{\gamma BL} \tag{9.4}$$

式中：h_0——行车荷载换算高度(m)；

L——前后轮最大轴距(m)，按《公路工程技术标准》(JTG B01—2003)规定，对于标准车辆荷载取 $L = 12.8\text{m}$；

Q——一辆重车的重力(kN)，标准车辆荷载为550kN；

N——并列车辆数，双车道 $N = 2$，单车道 $N = 1$；

γ——路基填料的重度(kN/m^3)；

B——横向荷载分布宽度，按下式计算：

$$B = Nb + (N-1)d + \Delta \tag{9.5}$$

式中：d——后轮轮距(m)，取1.8m；

b——相邻两辆车后轮的中心间距(m)，取1.3m；

Δ——轮胎着地宽度(m)，取0.6m。

行车荷载对较高路基边坡的稳定性影响很小，换算高度可以近似分布于路基全宽上，以简化滑动体的重力计算。采用近似方法(如图解或表解等)计算时，也可以不计算荷载。

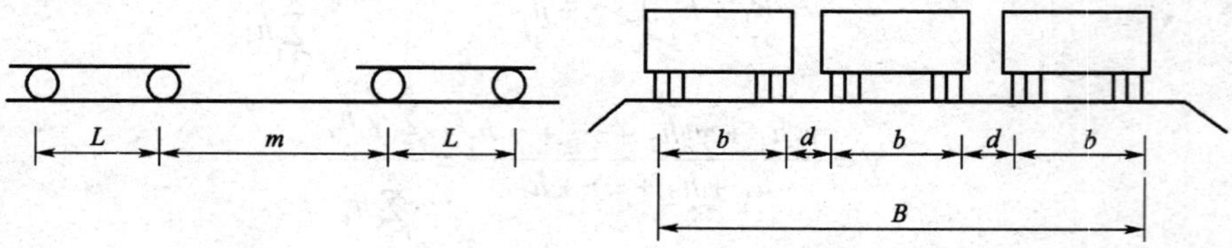

图9.2　汽车荷载布置示意图

9.2　边坡稳定性分析方法

9.2.1　直线法

直线法适用于由砂土或砂性土组成，抗力以摩阻力为主，滑动面为平面的路堤或路堑边坡，以及原地面为单一倾斜的陡坡路堤的稳定性验算。

1. 均质砂砾类土路堤边坡

如图9.3a)所示，验算时先通过坡脚假设一直线活动面 AD，填方边坡土楔体 ABD 沿破裂面 AD 滑动，则下滑力(或切向力)T 为：

$$T = Q\sin\omega \tag{9.6}$$

式中：Q——土楔体 ABD 的重力，包括换算成土柱高的车辆荷载(kN/m)；

ω——破裂面对于水平面的倾角(°)。

阻止土楔下滑的抗滑力 F 为：

$$F = N\tan\varphi + cL = Q\cos\omega\tan\varphi + cL \tag{9.7}$$

式中：φ——路堤土体的内摩擦角(°)；

c——路堤土体的单位黏聚力(kPa)；

L——破裂面 AD 的长度(m)；

N——作用于破裂面上的法向力(kN)。

根据静力平衡原理，$T>F$ 表示下滑力大于抗滑力，部分土体不稳定；反之，$T<F$ 表示稳定；$T=F$，表示土体处于极限平衡状态。因此，工程设计中采用两力之比 K(稳定系数)来表示边坡的稳定性，即：

$$K=\frac{\text{抗滑力}}{\text{下滑力}}=\frac{F}{T}=\frac{Q\cos\omega\tan\varphi+cL}{Q\sin\omega} \tag{9.8}$$

若 $K>1$，则破裂面上的土楔体稳定；

若 $K=1$，则破裂面上土楔体达到极限平衡状态；

若 $K<1$，则破裂面上土楔体不稳定，而将向下滑动。

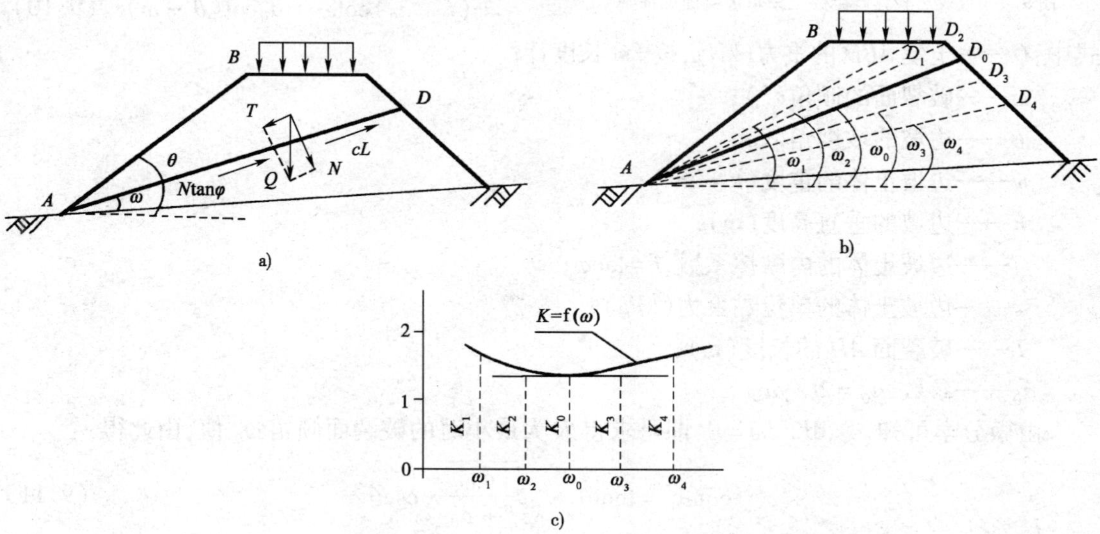

图9.3　直线法验算砂砾类土高路堤边坡稳定性

通过坡脚 A 点，继续假定 3～4 个可能的破裂面[见图9-6b)]，按式(9.8)求出相应的稳定系数 K_1、K_2、K_3 等值，并绘出 $K=f(\omega)$ 曲线及曲线最低点的水平切线，曲线的切点即为稳定边坡的最小稳定系数 K_{min} 值，其所对应的破裂角为最危险破裂面倾角 ω_0 值。

由于考虑到滑动面的近似假定，土工试验所得出的数据也有一定的局限性以及气候环境条件变化的影响，施工中也不可能做到每点都符合要求，为保证边坡稳定性必须有足够的储备，稳定系数 K 一般要求达到 1.25～1.50，过大，则认为工程不经济。

当路堤填料为纯净的粗砂、中砂、碎(砾)石时，其黏聚力很小，可忽略不计，则式(9.8)可简化为：

$$K=\frac{\text{抗滑力}}{\text{下滑力}}=\frac{F}{T}=\frac{\tan\varphi}{\tan\omega} \tag{9.9}$$

由式(9.9)可知，当 $K=1$ 时，$\tan\varphi=\tan\omega$，抗滑力等于下滑力，则滑动面的土体处于极限平衡状态，此时极限坡度等于砂土的内摩擦角，该角相当于自然休止角；当 $K>1$ 时，$\tan\varphi>\tan\omega$，滑动面上的土体是稳定的，而且与坡度无关；当 $\tan\varphi<\tan\omega$ 时，则滑动面上的土体不论坡度高多少，都不能保持稳定。

2. 均质砂砾类土路堑边坡

从式(9.9)可知，$K=f(\omega)$，即 K 是关于破裂面倾角 ω 的函数。因此，对路堑边坡或不计荷载的路堤边坡，可以直接导出 K_{min} 及 ω_0 的关系式，一次计算即可得出结论。

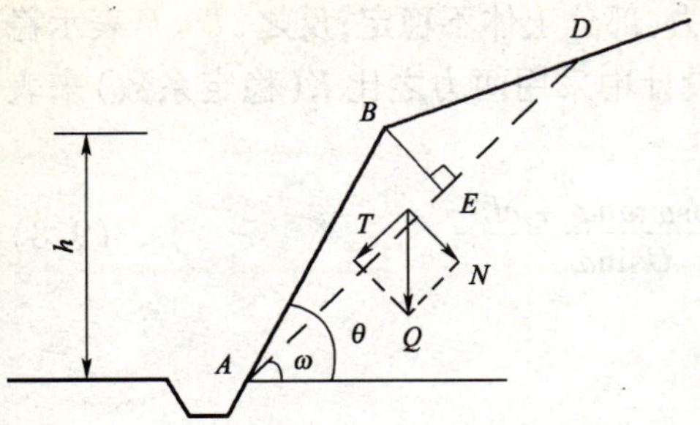

图9.4 直线法验算砂砾类土路堑边坡稳定性

如图9.4所示，假定土楔 ABD 沿破裂面 AD 滑动，其稳定系数 K 可按下式计算：

$$
\begin{aligned}
K &= \frac{R}{T} = \frac{fQ\cos\omega + cL}{Q\sin\omega} = f\cot\omega + \frac{cL}{Q\sin\omega} \\
&= f\cot\omega + \frac{cL}{\frac{1}{2}\gamma hL\frac{\sin(\theta-\omega)\sin\omega}{\sin\theta}} \\
&= f\cot\omega + a_0[\cot\omega + \cot(\theta-\omega)] \\
&= (f + a_0)\cot\omega + a_0\cot(\theta-\omega)
\end{aligned}
\quad (9.10)
$$

式中：Q——土楔 ABD 的重力(kN)，按1m长度计；

ω——破裂面的倾角(°)；

θ——边坡的坡度角(°)；

γ——边坡土体的重度(kN/m^3)；

h——边坡的垂直高度(m)；

f——边坡土体的内摩擦系数，$f=\tan\varphi$；

c——边坡土体的单位黏聚力(kPa)；

L——破裂面 AD 的长度(m)；

a_0——参数，$a_0=2c/\gamma h$。

由微分学可知，令 $dK/d\omega=0$，即可求得 K 为最小时的破裂面倾角 ω_0 值，由此得：

$$\cot\omega_0 = \cot\theta + \sqrt{\frac{a_0}{f+a_0}}\cdot\csc\theta \quad (9.11)$$

将式(9.11)代入式(9.10)，得最小稳定系数为：

$$K_{min} = (2a_0 + f)\cot\theta + 2\sqrt{a_0(f+a_0)}\cdot\csc\theta \quad (9.12)$$

式(9.12)中涉及的 γ、c、φ、h 及 θ 在计算前可以确定，因此，用式(9.12)可以一次求得边坡的最小稳定系数。

9.2.2 圆弧法

1. 圆弧条分法

圆弧条分法又称瑞典法，是由瑞典工程师费伦纽斯(Fellenius)首先提出的边坡稳定验算方法，因此也叫费伦纽斯法。此法有数解法及其简化的表解和图解法。其中数解法又称条分法，最为常用。这种方法适用于一般黏性土均质边坡、不同土层的边坡以及部分被水淹没的均质土边坡折线或台阶形的黏性土边坡。

1)基本原理

设滑动面为图9.5所示的 AB 弧。

将圆弧滑动面上的土体分成若干竖向土条，依次计算每一土条对于圆心的滑动力矩 M_{si} 和抗滑力矩 M_{ri}，然后叠加出整个滑动土体的抗滑力矩 M_r 与滑动力矩 M_s，并取它们的比值 K，由 K 来判别边坡是否稳定。

2)验算步骤及计算过程

(1)通过坡脚任意选定一个可能的圆弧滑动面 AB，其半径为 R，取路线纵向为单位长度1m。将滑动土体分成若干个相等宽度的垂直土条，分条数根据路基宽度确定，每条宽度一般为1～2m，分条宽度可以相等，也可以不等。过圆心建立 x-y 坐标系，土条被 y 轴分成左、右两部分。

(2)计算每个土条土体重力 Q_i,引至圆弧线上并分解为:

$$\left.\begin{aligned}&\text{切向分力}\qquad T_i = Q_i\sin\alpha_i\\&\text{法向分力}\qquad N_i = Q_i\cos\alpha_i\end{aligned}\right\}\tag{9.13}$$

式中:α_i——通过第 i 条土体重心引垂线与圆弧相交,即交点法线与铅垂线的夹角(量出各土条中心对 y 轴的横距 x_i,按 $a_i = \arcsin x_i/R$ 关系,即可得各土条对 y 轴的夹角 α_i);

Q_i——土条的重力,$Q_i = A_i\gamma$;

A_i——土条面积。

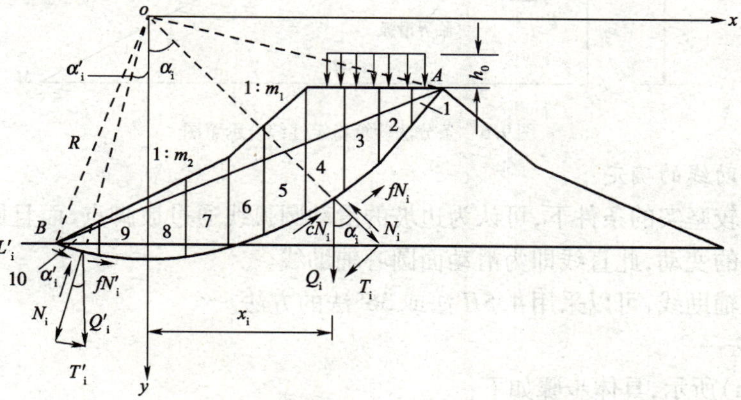

图 9.5 圆弧条分法验算边坡稳定性示意图

(3)求滑动力矩 M_s。各土条对圆心的滑动力矩等于切向力 T_i 乘以半径 R。整个滑动体的总滑动力矩 M_s 等于各土条分力矩的代数和(y 轴左边土条的滑动力矩为负),即

$$M_s = R(\sum T_i - \sum T'_i)\tag{9.14}$$

式中:T'_i——y 轴左边土条的切向力;

T_i——y 轴右边土条的切向力。

(4)求抗滑力矩 M_r。各土条的抗滑力矩,由滑动面上的摩擦力和黏结力对圆心的力矩所构成。滑动体的总抗滑力矩 M_r 为:

$$M_r = R(\sum N_i f + \sum cl_i)\tag{9.15}$$

(5)求稳定系数 K:

$$K = \frac{M_r}{M_s} = \frac{R(\sum N_i f + \sum cl_i)}{R(\sum T_i - \sum T'_i)} = \frac{f\sum Q_i\cos\alpha_i + cL_{AB}}{\sum Q_i\sin\alpha_i - \sum Q_i\sin\alpha'_i}\tag{9.16}$$

式中:l_i——各土条滑弧长度(m);

L_{AB}——圆弧 AB 的总长度(m);

f——边坡土体的内摩擦系数,$f = \tan\varphi$;

c——边坡土体的黏聚力(kPa)。

(6)依上述方法,绘出若干个可能的滑动圆弧,分别求各个滑动面的稳定系数 K,绘出 K 值曲线,如图 9.6 所示。然后作平行于圆心辅助线且切于曲线的直线,即得切点。由切点向辅助线作垂线,垂线与辅助线的交点 O,即为临界圆心。过此圆心作过坡脚的滑动面即是最危险破裂面,该滑动面的稳定系数就是边坡的最小稳定系数 K_{min} 值。

若 $K_{min} \geqslant [K]([K]=1.25\sim1.5)$，则边坡稳定。取值时，可根据土的特性、抗剪强度指标的可靠程度、公路等级和地区气候特点及经验综合考虑。当 $K_{min}<[K]$ 时，可采取相应的措施如放缓边坡、更换填料等，增加边坡的稳定性，重新按上述方法进行稳定性验算。

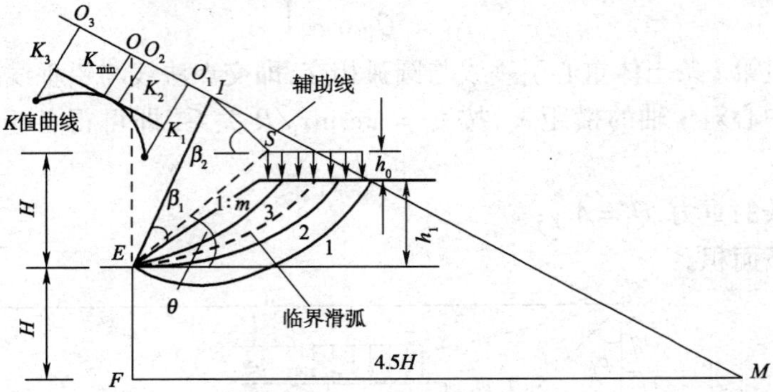

图 9.6　条分法验算稳定性综合示意图

2. 圆心辅助线的确定

在地基比较坚实的条件下，可认为边坡的滑动圆弧线通过坡脚点，而且圆心大致沿着某条线作有规则的变动，此直线即为滑动面圆心辅助线。

确定圆心辅助线，可以采用 4.5H 法或 36°法的方法。

1）4.5H 法一

如图 9.7a）所示，具体步骤如下：

（1）自坡脚 E 点向下作垂直线 $EF=H$（包括换算土柱高 h_0），得 F 点。

（2）自 F 点向右作水平线，在水平线上量取 4.5H 得 M 点，M 点为圆心辅助线上一点。

（3）计算平均边坡 i_0，并连接 E、S 虚线（不考虑荷载时，S 点为路肩外边缘点）。根据 i_0 值查表 9.1 得 β_1 和 β_2 值。

（4）自 E 点以 ES 线为一边，逆时针转 β_1 角得一边线；自 S 点以水平线为边线，顺时针转 β_2 角得另一边线。两边线的延长线相交于 I 点，I 点即为圆心辅助线上另一点。

（5）连接 M、I 点，并向左上角延长至 G，则 MG 即为圆心辅助线。

2）4.5H 法二

若不考虑荷载换算土层高度 h_0，则方法可以简化［如图 9.7b）］，即 $H=h$，斜度 i_0 按边坡脚、坡顶的连线 AB 与水平线的夹角来计算，β_1 和 β_2 仍由 i_0 按表 9.1 查得。

由坡脚 A 向下引竖线，在竖线上截取高度 $H=h$（边坡高度）得 F 点。

其他步骤同 4.5H 法一。

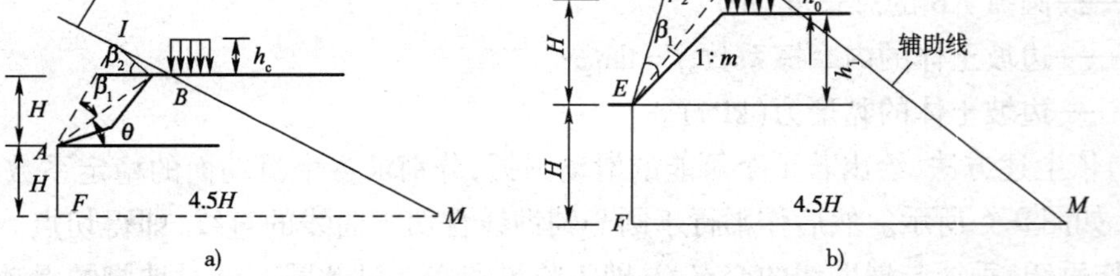

图 9.7　4.5H 法绘制圆心辅助线

坡脚圆最危险滑动弧圆($\varphi=0$)数值表 表9.1

边坡坡度 i_0	边坡倾斜角 θ	α	ω	β_1	β_2
1:0.5	63°26′	33°15′	37°00′	29°30′	40°
1:0.75	53°08′	40°00′	32°15′	29°	39°
1:1	45°00′	45°00′	28°15′	28°	37°
1:1.25	38°40′	48°30′	25°00′	27°	35°30′
1:1.5	33°41′	51°15′	22°15′	26°	35°
1:1.75	29°41′	53°15′	20°00′	25°	35°
1:2.0	26°34′	55°00′	18°00′	25°	35°
1:2.25	23°58′	56°00′	16°30′	25°	35°
1:2.5	21°48′	57°00′	15°15′	25°	35°
1:3	18°26′	58°45′	13°15′	25°	35°
1:4	14°02′	60°45′	10°15′	25°	36°
1:5	11°19′	62°00′	8°15′	25°	37°

3)36°法一[图9.8a)]

由荷载换算土柱高顶点顺时针转动作与水平线成36°角的线 SF,即得圆心辅助线。

4)36°法二[图9.8b)]由坡顶处顺时针转动与水平线成36°角的线 SF,为圆心辅助线。

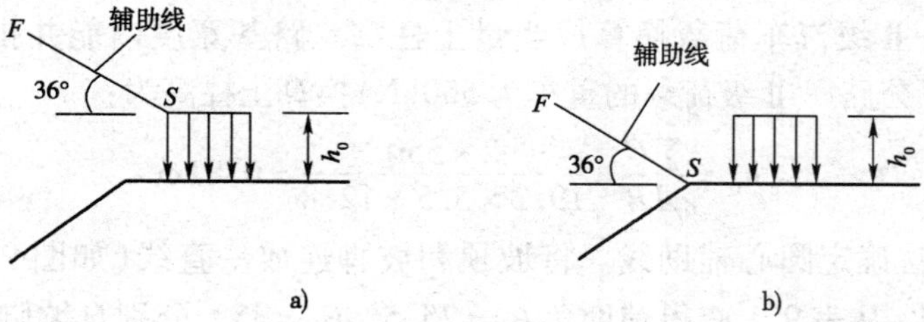

图9.8 36°法绘制圆心辅助线

上述四种确定圆心辅助线的方法的计算结果相差不大,均可采用。为求解简便,一般用36°线法。但方法(1)较精确,且求出的稳定系数 K 值最小,故常用于边坡稳定性分析重要建筑物的稳定性。不过对于1:(1 ~1.75)的边坡及滑动面通过坡脚者四字中方法均适用。

9.2.3 工程地质法

在地形复杂地区修筑路基,正确合理地确定路堑横断面形状和边坡坡度是重要的。由于地层在长期自然生成和演变过程中,一般都具有较复杂的地质结构,在开挖后,地层的平衡条件受到人为的改变和影响,边坡稳定性的影响因素极为复杂,难以进行计算和预测。目前是根据对自然山坡和已有的人工边坡进行稳定性分析,通过工程地质条件对比,以条件相类似的稳定边坡值,作为路堑边坡设计的依据,这就是工程地质法。

采用工程地质法对路堑边坡比拟设计,关键是通过认真、详细地调查和勘测,如实反映路段的地层土质和水文地质状况,据以进行对比分析。按地层性质不同,一般可分为两种类型,即土质(包括粗粒土)路堑和岩石路堑。对土质路堑,应着重调查土的成分和类别、组织结构、密实程度、地下水埋藏情况以及土的成因类型及生成时代等;对岩石路堑,应着重调查岩性、结构和构造、岩石的风化破碎程度、地下水等。

9.2.4 工程案例(圆弧条分法)

某高路堤顶宽 8.5m,高 25m,初步拟订横断面如图 9.9 所示。折线性边坡,上段坡高 8m,坡比 1:1.5;下段坡高 17m,坡比 1:1.75。填料重度 $\gamma = 19.2 kN/m^3$,单位黏聚力 $c = 42.5kPa$,内摩阻角 $\phi = 15°$,设计荷载为公路—Ⅱ级汽车荷载。试验算其稳定性。

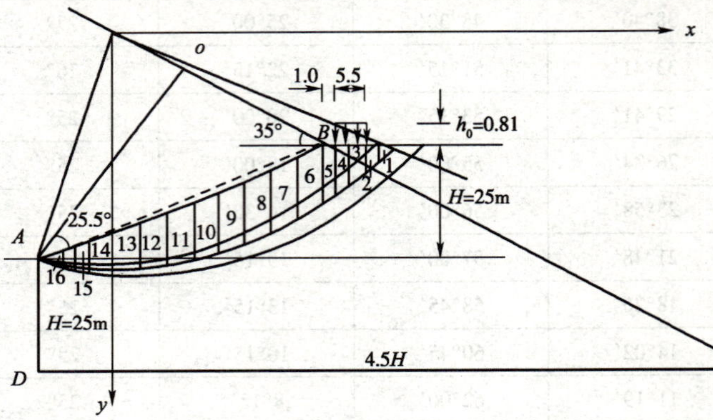

图 9.9 圆弧条分法验算边坡稳定性图示(单位:m)

解析过程:

(1)用坐标纸以 1:50 的比例尺绘制出路堤横断面。

(2)将公路—Ⅱ级汽车荷载换算成当量土柱高。路基宽度内能并排两辆重车。据式(9.4),车辆荷载(公路—Ⅱ级荷载的重车为 550kN)换算土柱高为:

$$h_0 = \frac{\sum G}{\gamma LB} = \frac{2 \times 550}{19.2 \times 5.5 \times 12.8} = 0.81\text{m}$$

(3)用 4.5H 法确定圆心辅助线。将坡顶和坡脚连成一直线(如图 9.9 中虚线所示)。根据该连线的坡比,从表 9.1 查得辅助角 $\beta_1 = 25.5°$,$\beta_2 = 35°$,分别自坡脚作 β_1 和自坡顶点作 β_2,两直线相交于 O 点;在坡脚 A 点作垂线 $AD = H = 25\text{m}$,过 D 作水平线 $DE = 4.5H = 112.5\text{m}$;连接 OE,滑动曲线圆心即在 EO 的延长线上。

(4)绘出不同位置的过坡脚的滑动曲线。本计算以第 1 条滑动曲线为例,$R = 47.5\text{m}$。

(5)将圆弧土体分段。本例第 1 条滑动曲线分为 16 段。

(6)算出滑动曲线每一分段中点与圆心连线对 y 轴的夹角 α_i,然后得:

$$\sin\alpha_i = \frac{X_i}{R}$$

式中:X_i—— 各分段中点的横坐标值;

R——滑动圆弧半径。

计算结果见表 9.2。

(7)计算每一分段面积。将曲线形底部近似取直线,各分段图形简化成矩形、梯形或三角形,求出其面积,其中包括换算土柱部分的面积。

(8)计算各分段的重力 Q_i。以路堤 1m 长计算,得 $Q_i = \gamma \cdot A_i$。

(9)将每一分段的重力分解为两个分力。

滑动曲线的法向分力:$N_i = Q_i \cdot \cos\alpha_i$

滑动曲线的切向分力:$T_i = Q_i \cdot \sin\alpha_i$

分别求出两者的总和$\sum N$和$\sum T$,见表9.2。

圆弧条分法验算边坡稳定性计算表　　表9.2

土条号	土条宽 b_i(m)	土条高 h_i(m)	土条重 Q_i(kN)	x_i (m)	$\sin\alpha_i$	$Q\sin\alpha_i$ (kN)	$Q\cos\alpha_i$ (kN)	$Q\cos\alpha_i\tan\varphi$ (kN)	L (m)	cL (kN)
1	2.16	2.6	108	40.0	0.842	91	58	16		
2	2.0	6.4	246	38.3	0.806	198	146	39		
3	2.75	9.5 +0.81	554	35.9	0.756	419	363	97		
4	2.75	12.4 +0.81	698	33.2	0.699	488	499	134		
5	1.0	14.1	271	31.3	0.659	179	204	55		
6	4.0	14.8	1137	28.8	0.606	689	904	242		
7	4.0	14.8	1137	24.8	0.522	593	970	260		
8	4.0	14.4	1106	20.6	0.434	480	996	267		
9	4.0	13.6	1045	16.8	0.354	370	977	262	61.65	2620
10	4.0	12.6	968	12.8	0.269	260	932	250		
11	4.0	11.4	876	8.8	0.185	162	861	231		
12	4.0	9.8	753	4.8	0.101	76	749	201		
13	2.8	8.1	436	1.4	0.029	13	436	117		
14	3.2	6.4	393	-1.6	-0.034	-13	393	105		
15	4.0	4.3	330	-5.2	-0.109	-36	328	88		
16	3.6	1.5	104	-8.4	-0.177	-18	102	27		
Σ						3951		2391		

(10)算出滑动曲线总长L。

(11)计算稳定系数:

$$K=\frac{f\sum N+cL}{\sum T}=\frac{\sum(Q_i\cos\alpha_i\tan\varphi+cl_i)}{\sum Q_i\sin\alpha_i}=\frac{2391+2620}{3951}=1.268$$

用同样方法可以求得另外3条滑动曲线的稳定系数:$K_2=1.318$,$K_3=1.283$,$K_4=1.335$。比较4个圆心位置可知,O_1点的K值最小,即$K_{min}=1.268>1.25$,因此所拟边坡稳定。

思考及训练

1. 为了验算某陡坡路堤沿基底的滑动稳定性,需对填土和基底进行试验,测得它们的黏结力c和内摩擦角ϕ值。经试验知,填土的ϕ、c值为:$c=19.6$kPa,$\phi=24°$;基底土的c、ϕ值为:$c=17.64$kPa,$\phi=17°$,验算时应取c、ϕ值为(　　)。

A. $c=19.6$kPa　$\phi=24°$　　B. $c=17.6$kPa　$\phi=17°$

C. $c=18.64$kPa　$\phi=20.5°$　　D. $c=17.64$kPa　$\phi=24°$

2. 已知:路基高度15m,顶宽10m,路基边坡为1:1.5,路基中心高度与边坡高度大致相同。路基填土为粉质中液限黏土,土的黏聚力$c=9.0$kPa,内摩擦角25°,重度$\gamma=17\text{kN/m}^3$,荷载为挂车-80(一辆车重力800kN)。试分析其边坡稳定性。

3. 已知:路基高度14m,顶宽10m,路基边坡为1:1.5,路基中心高度与边坡高度大致相同。路基填土为粉质中液限黏土,土的黏聚力$c=10.0$kPa,内摩擦角25°,重度$\gamma=16\text{kN/m}^3$,

荷载为挂车－80（一辆车重力 800kN）。高水位时水深为 7m。饱和后黏聚力为 10kPa，土的重度 2.6kN/m³，孔隙率 30%，水力坡降 0.08，试分析其稳定性。

4. 已知某路堤由双层土体组成。上层边坡坡率为 1∶1.5，土层高为 8 m，上层土单位体积的重力为 17.5kN/m³，内摩擦角为 30°，黏聚力为 5.0kPa；下层边坡坡率为 1∶1.75，土层高为 7m，下层土的单位体积的重力为 19.0kN/m³，内摩擦角为 40°，黏聚力为 2.0kPa。试确定边坡稳定性验算参数单位体积的重力、内摩擦角和黏聚力的取值。

5. 已知某碎石路堑边坡，高 11m，坡率为 1∶0.75，碎石土的单位体积的重力 22kN/m³，内摩擦角 40°，黏聚力 $c=12$kPa，试分析此边坡的稳定性。

6. 某平原微丘区二级公路，原地面水平，路堤高 16m，路基宽度为 12m，路基填土为亚黏土，由试验得到黏聚力 $c=14$kPa，内摩擦角 25°。单位体积的重力 8kN/m³，设计荷载为汽车－20 级，现拟定路堤边坡采用折线形，上部 8m 高，坡率为 1∶1.5，下部 8m 高，采用 1∶1.75 坡率，试问该路堤是否稳定？

模块 10　综合实训——施工图设计文件

总说明书

一、概述

××公路是××县河滩镇“十二五”总体规划中的一条重要旅游路线，起点位于××族自治县河滩镇，与东塬至祁杨公路 K13 +200 处相接，由南向北途经苏孟村、韩杨村、汪胡村、团结村、河东村等，终点至东干村，主线长 8.34km。根据规划，衔接两条支线，支线 1 起点与折达二级公路相接，长 0.555km，支线 2 与河滩镇 Y540 线雀窝—新寨公路相接，长 1.12km，路线全长 10.015km，

河滩镇是 20 世纪 60 年代为建设刘家峡水电站而安置移民的库区安置点，多年来交通闭塞，当地移民出行困难，经济发展速度非常缓慢。加之库区水位涨落频繁，在洪水位 1735.00m 附近的农田频遭库区蓄水淹没，给当地移民的生产、农田种植造成很大损失，洪水一涨，农田大面积被淹没，庄稼颗粒未收，地表种植土全部浸泡在水中；随着洪水减退，种植土全部随洪水流入库区，造成植被破坏、土地沙化，大量淤泥涌入库区，降低库区蓄水能力。

××县河滩镇尕常至东干公路基本濒临刘家峡水库上游库区修建，建成后东干、河东、祁杨等库区沿岸广大地域可以临水兴建宾馆、生态旅游度假村等基础设施，配套建设水上娱乐设施，还可以大规模发展水产养殖业，完全能够形成吃、住、购、娱等旅游项目综合开发的格局，这条公路建成后还可以加速临夏州两大品牌旅游景点黄河三峡风景区和松鸣岩 AAAA 级国家风景区的通融能力，将会使外地的游客只用一日游、两日游达到浏览两大风景名胜区的目的，同时，辐射带动临夏市及全州旅游业的发展。

二、设计标准

采用标准、规范如下：

(1)《公路工程技术标准》(JTG B01—2003)

(2)《公路路线设计规范》(JTG D20—2006)

(3)《公路沥青路面设计规范》(JTG D50—2006)

(4)《公路路基设计规范》(JTG D30—2004)

(5)《道路交通标志与标线》(GB 5768—2009)

(6)《公路工程地质勘测规范》(JTJ 064—98)

(7)《公路工程水文勘测设计规范》(JTG C30—2003)

(8)《公路桥涵设计通用规范》(JTG D60—2004)

(9)《公路工程抗震设计规范》(JTT 004—89)

(10)《公路环境保护设计规范》(JTJ/T006—98)

(11)《公路工程基本建设项目设计文件编制办法》(交公路发[2007]358号文发布施行)

三、自然地理条件

1.地质概况

(1)地质

本区地质构造属祁连山褶皱带东南段与西秦岭褶皱带间的第三系构造盆地—临夏盆地的西北部,区内新构造运动主要受青藏高原强烈抬升作用,这种构造运动中以印支和喜马拉雅回旋运动对临夏盆地影响较大。喜马拉雅回旋运动使区内上新统地层大部为水平产出,仅在与较老地层邻接地带受断层影响而形成小的褶皱和挠曲,构成宽广的向斜盆地,从盆地边缘至中心地层,由倾斜逐渐转为近水平,盆地中心大致位于××、××、××三县之间。临夏组上为更新统冲积、风积和全新统冲积、洪积、残积物所覆盖,以风成黄土砂质黏土为主,厚度为6~17m,有的地方大于50m。大部分地区覆盖着较厚的第四纪松散的沉积物,部分地方因受侵蚀作用,有第三纪沉积物露头(图10.1)。

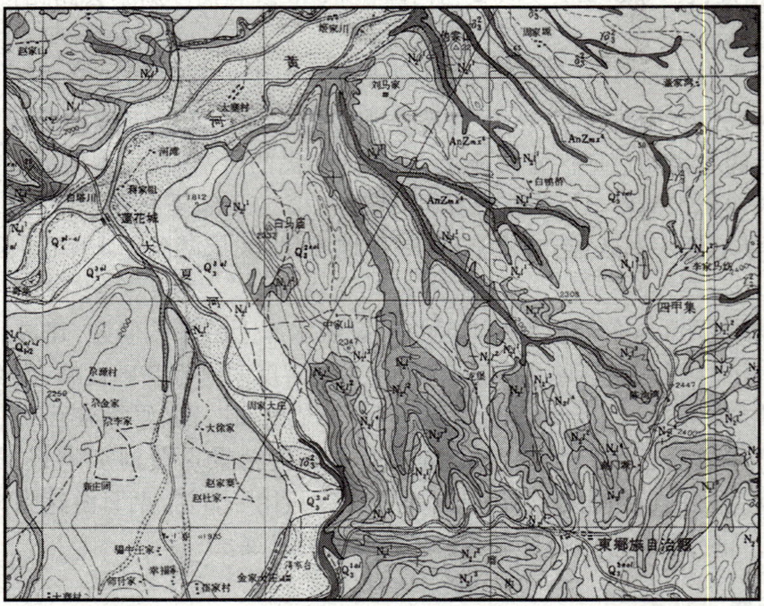

图10.1 区域地质图

其地层自新到老为:

第四系(Q_4)。

全新统冲洪积物(Q_4^{al+pl})分布在大夏河及各支流沟谷河漫滩、Ⅰ、Ⅱ级阶地之上,由砂卵石层及砂质黏土组成。砾卵石层磨圆好,颗粒粒径一般为2~5cm不等。

上更新统黄土(Q_3^{2eol})主要分布在Ⅲ级阶地和山梁顶部,岩性为粉砂质黄土,疏松多孔、含钙质多、色偏白、垂直节理发育、厚度5~20m不等。

中下更新统冲积层(Q_{1-2}^{al+pl})分布于Ⅲ、Ⅳ级阶地的底部。多为粒径2~12cm,磨圆较好的卵石、砂砾组成,胶结差,结构混杂,无分选,易受侵蚀。

新第三系(N_2)(临夏组)主要出露在崖坎或支沟中,岩性为紫红色砂质泥岩与砂岩互层,及淡褐红色含钙质团块泥岩、砂质泥岩夹薄层砾岩。

加里东中期侵入岩($\gamma\delta_3^2$)分布在大夏河沿岸,位于临夏组的底部,为灰白色过渡花岗闪长岩。

(2)工程地质

与本公路修建直接有关的为高阶地的马兰黄土覆盖层的粉砂质类黄土和下伏砾石层。

马兰黄土和类黄土的土壤主要物理性能如表10.1,砾石层的颗粒特征如表10.2。

土壤物理性能表

表10.1

位置	含水率(%)	天然重度(kN/m³)	液限(%)	塑限(%)	塑指	标准击实	
						最佳含水率(%)	最大干密度(kN/m³)
K2+100	11.3	13.4	32.9	21.4	11.9	12.6	18.9
K5+300	13.5	14.3	30.9	21.5	9.4	13.5	18.9
K7+500	10.3	12.1	32.8	21.0	11.8	12.2	19.0

砾石颗粒组成

表10.2

地点 \ 粒径(mm)	>40	20~40	10~20	5~10	2~5	0.5~2	<0.5
三级阶地砾石	7.12	12.45	21.82	20.41	15.33	10.76	12.11

根据规范规定及类似地区试验资料,建议的地层承载力如表10.3。

建议基底承载力表

表10.3

土壤类型	粉砂质土	马兰黄土	砂砾	弱风化砂岩
承载力(kPa)	180	110	350	500

(3)地下水

本地区地下水类型为第四系砂砾卵石层孔隙潜水和基岩孔隙裂潜水—微承压水。第四系潜水含水层一般比较稳定,含水层主要为位于基岩顶部以上2~4m厚的砂砾卵石层。新第三系砂质泥岩层有少量裂隙水以零星泉水出露。地下水化学类型属HCO_3—Ca^{++}型,总矿化度小于0.3g/L。

2.气象、气候

本地区气候属温带大陆性半干旱季风气候,气候特征是:四季不分明,冬长无夏,春秋相连。冬无严寒,夏季温凉,无霜期短,日照丰富。降水较少,分布不均,雨季来的较迟,易发生干旱。因地形复杂,海拔高差大,各地气候差异悬殊,山地气候特征显著。

(1)气温

据县城锁南镇气象站观测,年平均气温为4.9℃,7月月平均气温最高15.9℃,1月月平均气温最低为-7.4℃。河滩乡由于海拔较低,气温略高,平均气温为7.1℃,1月为-6.8℃,7月为19.2℃,极端最高气温34.8℃,极端最低气温-23.5℃,年均日温差为12.9℃,最大日温差27.2℃。无霜期为150天左右。

(2)降水

××县城锁南镇多年平均降水量为559.8mm,最多为728.5mm(1961年),最少为

336.5mm(1980 年),相差 392mm。夏季降水量为 118.4 ~ 328.6mm,占年降水量的 55%;秋季为 50.0 ~ 139.1mm,占年降水量的 23%;冬季为 15.0 ~ 55.0mm,占年降水量的 3%;春季为 42.1 ~ 116.8mm,占年降水量的 19%。全年 8 月份降水强度最大,平均 8.5mm/雨日,其次 7 月、9 月;冬季降水强度小,12 月最小,为 0.6mm/雨日。河滩乡一带年降水量约为 420mm。

(3)地温和冻土

锁南镇地面温度年平均 7.5℃,7 月地面温度最高为 20.5℃,1 月最低为 -7.2℃;极端最高温度为 64.4℃,极端最低温度为 -32.9℃。地面冻结开始日期平均在 11 月 10 日,最早在 10 月 9 日,出现在 1981 年,最迟在 12 月 11 日,出现在 1968 年。终日平均在 4 月 9 日,最早 3 月 11 日,最迟 4 月 20 日。地面冻结初日与终日之间平均 151 天。最大冻土深度 96cm。

(4)蒸发

× × 县城历年平均年蒸发量为 1390.3mm,是年降水量的 2.5 倍,也是 × × 干旱频率高的一个重要原因。最多年蒸发量 1582.4mm(1980 年),最小 1246.0mm(1984 年)。一年中,最大为 5 月,平均为 198.5mm,最小为 1 月,平均为 46.0mm。

(5)风

× × 地处山区,地形复杂,风的日变化比较明显,是临夏州内最为明显的山谷风地区。风速较大,年平均 2.4m/s。春季 4 ~ 5 月 3.0m/s;冬季风速较小,12 ~ 1 月 1.9m/s;最大风速夏季可达 20m/s 以上,冬季 9 ~ 11m/s。历史上最大风速为 24m/s。风向受季风影响,春季盛行偏北风,秋季盛行东南风,夏季和冬季为北风、东南风各占一半。8 级以上大风日数年平均 15.5 天,最多 24 天。6 月大风日数最多,月平均 3.0 天,最多 8 天。

3. 水文

大夏河发源于夏河县的仁青勒包山,水流由西北向东南向东北流动,出甘南藏族自治州后经临夏市进入 × × 县,流经东塬、河滩、柳树 3 个乡,× × 县境内岸线长 22km。至冯家台的流域面积为 $6851km^2$,50 年一遇设计流量为 $1130m^3/s$,20 年一遇设计流量为 $861m^3/s$。

东干渠始建于 1946 年,由于工程质量差,未能发挥效益,1955 年 11 月至 1956 年 7 月重新修建,长 14km,修各种建筑物 147 座,灌溉面积 1.64 万亩。原从折桥口引大夏河水,1967 年改从泄湖峡电站前池引水,干渠缩短 1km,引水量为 $1.5m^3/s$,年引水量 $1562 \times 10^4 m^3$。1980 年后进行了整修,有效灌溉面积扩大为 2.26 万亩。2003 年又进行了整修,大部分渠道进行了重新铺砌。

四、道路工程设计

1. 采用标准及指标

本公路根据 × × 县河滩镇"十二五"总体规划,路线线形指标采用三级公路技术标准。其主要技术指标见表 10.4。

2. 路线设计

× × 县河滩镇尕常至东干公路路线主要沿刘家峡水库上游库区边缘布设。

支线 1 按照城市道路设计,见图 10.2 路基宽度采用 24m,道路横断面布置如下:2.5m(人行道) +8.5m(车行道) +2.0m(中央分隔带) +8.5m(车行道) +2.5m(人行道),路基全幅宽度 24m。

主要技术指标表 表 10.4

技术指标 \ 路段/等级	K0 +000 ~ K8 +340 及 Z2K0 +000 ~ Z2K1 +120	Z1K0 +000 ~ Z1K0 +555
	三级公路	城市Ⅱ级主干道
设计速度(km/h)	40	40
路基宽度(m)	16	24
行车道宽度(m)	12	15
停车视距(m)	40	40
一般最小半径(m)	85	—
缓和曲线最小长度(m)	35	—
最大纵坡(%)坡长(m)	3.83	3.62
路基、涵洞设计洪水频率	1/50	1/50
桥涵设计荷载	公路—Ⅱ级	公路—Ⅱ级

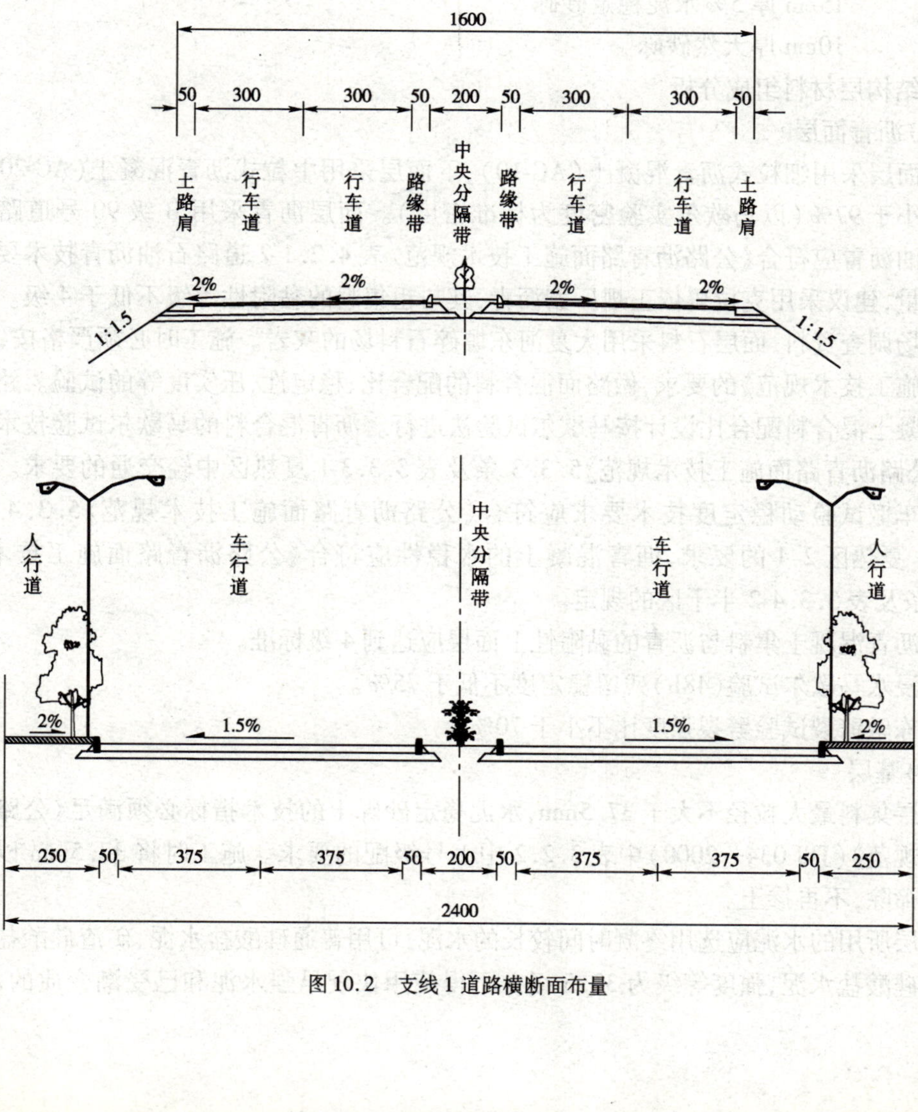

图 10.2 支线 1 道路横断面布置

方案特点：两幅路断面适用于单向两条机动车道以上，非机动车较少的道路。本方案车行道采用双向四车道，车行道适中，上、下车辆分行，互相干扰少，行车舒适；道路中央设有中央分隔带，道路绿化率较高，景观性好，且能降低司机的疲劳感。

3. 路面结构设计

项目所处地区属甘东黄土山地区（$Ⅲ_3$），降雨量较小，为干旱地区，路基多为干燥状态。

依据交通量、公路等级并充分考虑路面的多种功能的要求和沿线材料供应情况，本着合理取材、方便施工、利于养护的原则，组合路面结构，通过计算确定了厚度。

1）路面结构

车行道：上面层：细粒式密级配沥青混凝土（AC-10）厚2cm

黏结沥青：（0.5L/m^2）

下面层：中粒式密级配沥青混凝土（AC-20）厚4cm

透层沥青：（0.9L/m^2）

基层：水泥稳定砂砾厚25cm（水泥掺量5%）

垫层：天然砂砾厚20cm

人行道：4cm厚人行道板砖

2cm厚M7.5水泥砂浆

15cm厚5%水泥稳定砂砾

10cm厚天然砂砾

2）结构层材料组成分析

（1）沥青面层

上面层采用细粒式沥青混凝土（AC-10），下面层采用中粒式沥青混凝土（AC-20），压实度不得小于97%（以马歇尔实验密度为标准密度）。面层沥青采用B级90号道路石油沥青。石油沥青应符合《公路沥青路面施工技术规范》表4.2.1-2道路石油沥青技术要求。为保证质量，建议采用克拉玛依正规厂家沥青，其与粗集料的黏附性等级不低于4级。根据对沿线料场调查资料，面层石料采用大夏河东塬碎石料场的灰岩。施工时必须严格按《公路沥青路面施工技术规范》的要求，做路面混合料的配合比、稳定性、压实度等的试验。路面面层沥青混凝土混合料配合比设计按马歇尔试验法进行。沥青混合料的马歇尔试验技术标准应符合《公路沥青路面施工技术规范》5.3.3条及表5.3.3-1夏热区中轻交通的要求。沥青混凝土的车辙试验动稳定度技术要求应符合《公路沥青路面施工技术规范》5.3.4条及表5.3.4-1夏热区2-4的要求，沥青混凝土的水稳性应符合《公路沥青路面施工技术规范》5.3.4条及表5.3.4-2半干区的规定。

①沥青混凝土集料与沥青的黏附性上面层应达到4级标准。

②浸水马歇尔试验(48h)残留稳定度不低于75%。

③冻融劈裂试验劈裂强度比不小于70%。

（2）基层

基层集料最大粒径不大于37.5mm，水泥稳定砂砾土的技术指标必须满足《公路路面基层施工规范》（JTJ 034—2000）中表3.2.2中1号级配的要求。施工时将37.5mm以上粒径的直接筛除，不再掺土。

基层所用的水泥应选用终凝时间较长的水泥，可用普通硅酸盐水泥、矿渣硅酸盐水泥和火山灰硅酸盐水泥，强度等级为32.5级。不得使用快硬早强水泥和已受潮变质的水泥，水泥的初凝时间应长于3h,终凝时间宜在6h以上,水泥终凝时间因气候原因不能满足生产需要时,应掺加缓凝剂,水泥及必要的外掺剂的物理性能及化学成分必须符合现行国家标准的相应规定见表10.5。

基层、底基层集料级配　　表10.5

层位	通过下列筛孔(方孔筛,mm)的质量百分率(%)							
	37.5	31.5	19.0	9.50	4.75	2.36	0.6	0.075
基层	100				50~100		17~100	0~30

基层混合料的压实度不小于98%,7d无侧限抗压强度不小于3MPa。施工时严格控制基层水泥掺量并做好施工配合比试验。

基层所用水可采用刘家峡水库蓄水。

(3)透层、黏层

下面层与基层之间必须浇洒透层油,沥青面层之间需撒布黏层油,另外,护肩与沥青混凝土接触面之间应涂黏层油。透层油、黏层油的材料规格和用量应符合《公路沥青路面施工技术规范》(JTG F40—2004)的要求。黏层沥青材料宜采用快裂的洒布型乳化沥青,用量为0.3~0.6L/m²(具体用量根据现场试验确定)。透层沥青宜采用经试验渗透性强、防水性能好、慢裂的洒布型乳化沥青,用量为0.7~1.5L/m²(具体用量根据现场试验确定)。

4.路基设计

1)路基边坡

(1)填方边坡

本项公路填方路基边坡在0~8m以内时,采用1:1.5;当路堤高度8~20m时,边坡为1:1.75。对横坡陡于1:5的坡地上的填方路基,在填筑前对地面开挖台阶,台阶宽度不小于2m,台阶顶面做成3%的反向横坡。

(2)挖方边坡

挖方地段大多为黄土,边坡高度在0~12m以内时,采用1:0.5;边坡高度在12~30m时,边坡为1:0.75。

2)路基填筑

(1)本项目路基填料以6km外的砂砾石土为主。路基不同层位填料的最小强度、最大粒径以及压实度要求按现行部颁《公路工程技术标准》、《公路路基设计规范》、《公路路基施工技术规范》规定执行。路基压实标准采用重型击实标准。考虑到路基压实度(包括原地面处理要求)应保证路基具有足够的强度和稳定性,使路面有一个必要的稳固土基,在填筑路堤时,应将填土分层压实。

(2)路基填筑时,严禁使用腐殖土、膨胀土和盐渍土填筑。路基土、石方调配过程中,已考虑了压实系数、填前碾压、路基增宽所增加土方及挖路槽等部分的数量。为尽量减小路基沉降,保证路基的强度和稳定性,必须严格控制路基填土的压实度,路基压实度应符合表2的规定。

(3)路堤填筑前应将地基及原旧路表层碾压密实,压实度(重型)不应小于90%。

(4)与涵洞等构造物相接处应分层夯压密实,以达到设计要求的压实标准。填筑时应选用渗水性良好的天然砂砾填料,数量已单独计量。

(5)路基压实度及路基填料最小强度和最大粒径见表10.6。

路基填料的最小强度和压实度要求 表 10.6

项目分类	名称	路面底面以下深度（m）	填料最小强度（CBR）（%）	填料最大粒径（mm）	压实度（%）
填方路基	上路床	0～0.30	6	<100	≥95
	下路床	0.30～0.80	4	<100	≥95
	上路堤	0.80～1.50	3	<150	≥94
	下路堤	1.50 以下	2	<150	≥92
零填及挖方路基	上路床	0～0.30	6	<100	≥95
	下路床	0.30～0.80	4	<100	≥95

3）特殊路基处理

本项目路线所经过路段库区水位涨落频繁，冬季水位上涨，夏季水位回落，因此路基施工时尽量选在库区枯水期，原地面出露于水面之上，需对原地面进行清表换填；如要缩短工期，在水下进行施工，建议在施工时采用石方填筑路基，待填至水位以上，再采用一般路基土填筑。

5. 路面排水

考虑到该项目所在地区年平均降水较少，本次设计主线及支线 2 采用了一般公路排水，挖方路段采用边沟与排水沟有机结合，将水引到路基以外，填方路段由于纵向坡度比较平缓，路面积水主要靠路面横坡漫流排水。本设计将机动车道坡度定为 1.5%，人行道坡度定为 2.0%。支线 1 采用城市道路排水系统，在路面机动车道外侧设置雨水口，通过支管汇入雨水井，然后通过雨水主管道将水排出。

6. 路基防护

本项目为环刘家峡水库公路，路线基本沿库区边布设，修建公路既是一条旅游线路，同时也是一道堤坝，临库一侧路基如何防护是本项目的设计重点和难点，经多方调研和实地勘察后，提出以下方案。

1）护岸墙

路线所经区域原地面低于设计洪水位 1735m 的路段，坡面均采用 C20 混凝土护坡，基础采用 C20 片石混凝土，埋深最小为 2.5m，为防止冲刷，基础外侧采用铁丝石笼防护。

2）路肩墙

路线所经区域为高填方路段，为了减少土方工程量，采用路肩墙防护，由于库区水位涨落频繁，冬季水位上涨，夏季水位回落，路肩墙处于浸水状态时间较长，墙身和基础均采用 C20 片石混凝土，墙顶现浇 50cm 厚的 C20 素混凝土，与路面衔接。

7. 桥梁、涵洞

全线共 19 道涵洞，11 道圆管涵（新建），8 道钢筋混凝土盖板涵（新建）。设计荷载为公路—Ⅱ级，明涵与路基同宽，设计洪水频率均为 1/50。

钢筋混凝土盖板涵主要排泄上游折大二级公路涵洞所泄地表水和东干渠浇灌土地余水。路线濒临刘家峡上游库区，设计时将涵位选择在沟边，提高涵位，以防冬季库水倒灌。考虑到地基土多为低液限粉砂质土，设计时将基底换填三七灰土，保证地基承载力不得低于 0.25MPa；出水口顺接挡墙或通过八字墙配套急流槽顺接护坡，进水口增设排水沟，沟底纵坡视填土造地情况而定，本设计仅为示意。

圆管涵管节采用承插式钢筋混凝土预制管节，施工时须做渗水试验。在出水口排水沟壁内侧预留 11cm×15cm 的凹槽，嵌入闸板，闸板为 100cm×100cm×10cm 钢筋混凝土预制板，预留孔连接升降螺杆。冬季库区水位上涨时关闭闸门，以防库水倒灌，耕种季节打开闸门正常排泄东干渠浇灌土地余水至库区。主要建筑材料见表 10.7。

主要建筑材料 10.7

部件	材料	部件	材料
管节	C25 混凝土	预制盖板	C30 混凝土
钢筋	直径≤8mm 为Ⅰ级钢筋，其余为Ⅱ级钢筋	涵台身	C20 混凝土
基础	C15 混凝土，厚度为 30cm	涵台基础	C15 片石混凝土
垫层	三七灰土，管节中部厚度为 30cm，端部厚度为 50cm	洞口建筑等	M7.5 浆砌片石
竖井、端墙	M7.5 浆砌片石		

8. 交叉工程及沿线设施

本项目交叉工程均为平面交叉。全线共设 7 处交叉，其中 6 处与村道相交，1 处与东干码头相交。由于原村道较低，因此交叉处需填至与本项目路基对应设计高程一致，交叉村道路面采用砂砾路面。主线与东干码头相交处，路基高度比码头顶面高出 5m 多，设计时将主线左侧码头包裹填筑，整体抬高与主线顺接，路基宽度由原来的 4.5m 拓宽至 6.5m，采用水泥混凝土路面。

五、施工注意事项

1. 路基防护施工

路基防护所用石料强度必须符合设计要求，应是结构密实、石质均匀、不易分化、无裂缝的硬质石料。所采用的片石厚度不小于 15cm，宽度及长度不小于厚度的 1.5 倍，其强度不小于 30MPa，并严禁大面立砌。

1）挡土墙

挡土墙施工前，应做围堰、排水及防渗设施。施工过程中应对地质情况进行核对，与设计不符时，应及时处理；基坑开挖宜分段跳槽进行；基坑内积水应随时排干。基坑开挖后，应检测地基承载力，若地基承载力达不到设计要求，需调整基础深度或采用换填措施（换水泥稳定砂砾）来加固地基。雨季在土质基坑中砌筑基础时，应在基坑挖好后及时封闭坑底。基坑应随砌筑分层回填夯实，并在表面留 3% 的向外斜坡。挡土墙施工时应分段砌筑，一般情况下，每 10～15m 设伸缩缝一道，缝宽 2cm，用沥青麻絮填塞。对于地形或地质有变化的地方，还应设置变形缝，其形式与伸缩缝相同。墙身要分层错缝，砌出地面后基坑应及时回填夯实，并完成其顶面排水、防渗设施。泄水孔应在砌筑墙身过程中设置，确保排水畅通，并应保证墙背反滤、防渗设施的施工质量。挡土墙砌筑后，当强度达到设计强度的 75% 以上时，方可填筑墙后填土，填土必须达到设计的内摩擦角。在距墙背 0.5～1.0m 以内，不宜用重型振动压路机碾压。路肩式挡土墙施工时应结合安全设施设置段落按设计间距将设置波形梁护栏的段落提前预留基础。

2）护岸墙

护岸墙施工时考虑到施工的季节性，应与路基填筑同时进行。本项目护岸墙顶面与路面高程一致，坡脚处可根据实际陡坡高度合理调整护岸墙高度，但基础埋深不得减少。

2. 路面施工

1）沥青混凝土面层

沥青采用90号B级道路石油沥青，所有沥青应符合道路石油沥青的技术要求，购买时必须检验每批沥青的技术指标。用于面层的集料应按要求加强检验检测，集料应洁净、干燥、无风化、无杂质，并具有足够的强度和耐磨性，且应有良好的颗粒形状。表面层应选用坚硬、耐磨、抗冲击性好的碎石。矿料级配应满足抗滑指标。细集料应采用优质的天然砂或机制砂，天然砂含量不得大于10%，其余采用机制砂。填料必须采用石灰岩或岩浆岩中的强基性岩石等憎水性石料经磨细得到的矿粉。

油石比设计是决定沥青路面质量和耐久性最重要的参数指标，油石比过大会引起路面结构性失稳，产生车辙和路面泛油；油石比过小导致集料的沥青膜变薄，引起路面松散和早期路面龟网裂发生，因此在进行施工前应严格进行沥青混合料的目标配合比设计、生产配合比设计及性能验证来确定油石比，建议AC－13C的油石比不小于4.9，热拌沥青碎石的油石比不小于3.6（最终油石比确定必须依据试验确定）。原材料的技术指标参数决定油石比的大小，因此在原材料选择时必须严格控制细集料的技术参数，严格按照试验确定的级配范围进行施工。

（1）备料：沥青混合料在拌和前，应认真检验原材料的质量，只有符合质量标准的材料才能进场使用，并在施工过程中随时进行抽检。沥青混合料生产拌和前，应通过有资质的实验设计单位对原材料进行认真的目标配合比设计，在检验所设计的混合料的性能指标达到设计要求的条件下，才允许作为沥青拌和站的目标控制级配见表10.8。

沥青混合料施工温度及其碾压参数控制指标　　表10.8

施工项目	施工机具	施工温度要求（℃）
		普通沥青混凝土
出厂	沥青混合料拌和厂	150～165
摊铺	沥青混合料摊铺机	≥140
初压	6～8t钢轮	≥120
复压	12～20t轮胎或三钢轮	≥100
终压	8～12t钢轮	≥90

（2）配合比：为保证路面质量，沥青混合料的级配组成、配合比等均应在开工前，参照规范级配范围和要求，根据材料、气候、气象等条件，通过试验进一步确定，并在施工中严格控制，以保证达到设计的各项技术指标。

（3）通车：路面施工结束后待表面温度降到50℃以下方可开放交通。

2）基层

（1）强度标准：要求水稳碎石基层试件的7d浸水无侧限抗压强度达到3.0MPa。设计中推荐的水泥含量（水泥质量/干集料）基层为4.3%，底基层为3.5%，施工时必须进行现场试验，在满足设计要求强度标准的情况下通过试验选用合适的水泥掺量，并确定最佳含水率与最大干密度等指标以控制混合料的施工。

（2）配料：施工时混合料的级配应通过试验确定使其满足规范要求。施工时可参考设计单位提供的水泥稳定基层配合比设计试验报告，严格按比例掺配进行配合比试验，严禁使用超过级配标准的集料。注意严格控制最大粒径以免离析，严格控制粗集料与0.075mm以下细料用量，使混合料配合比满足设计级配曲线，形成密实骨架型结构。

(3)碾压：碾压后的基层混合料应达到至少98%的压实度，在基层成型后如发现局部存在较大离析或不平整，禁止用水泥（砂）浆抹盖（平），应采取局部挖除换补的处理措施。

(4)养生：基层的养生手段、交通管制与养护时间均同于底基层。

3)垫层（天然砂砾）

天然砂砾垫层的最大粒径应小于60mm，含泥量不大于5%。施工时应注意使凹曲线底部路段的垫层连通，并能使水流横向排出。

4)透层（乳化沥青）

(1)基层施工结束表面稍干后即可浇洒透层沥青，对于存在泥浆和污染的基层表面，喷洒透层油之前必须进行严格的清理，必要时可洒水润湿基层表面；

(2)透层油采用乳化沥青，推荐用量为0.7～1.5L/m^2，施工时应根据现场温度在范围内适当调整透层沥青的稠度与用量，渗透深度应大于3mm；

(3)为保证透层油能均匀满布，应采用洒布车或至少手持洒布机进行透层沥青的施工；

(4)在透层沥青充分渗入基层后应尽快铺筑上层沥青层；

(5)在透层施工后应立即在其顶面撒布薄层石屑或粗砂，并用6～8t的钢轮压路机稳压一遍，施工车辆通行时应控制车速，当透层沥青发生局部剥落时要及时修补。

5)黏层（乳化沥青）

(1)在洒布黏层沥青之前，应清除黏层基面的杂质，确保其表面干燥、洁净；

(2)为保证黏层沥青能均匀满布，应采用洒布车进行洒布；

(3)黏层材料采用快裂的洒布型阳离子乳化沥青，推荐用量为0.3～0.6L/m^2。施工时应根据现场温度适当调整黏层沥青的稠度与用量，施工后应形成均匀、饱和的油面；

(4)为避免沥青混凝土铺筑过程中黏层沥青被运输车车轮带走，可视现场情况在黏层表面轮迹部位均匀撒布用量为3～5kg/m^2，粒径为2～5mm，油石比为0.6%的预拌沥青石屑。

(5)在黏层沥青破乳并干燥后方可进入下道工序。

3. 涵洞施工

涵洞施工注意事项详见涵洞工程设计说明。

4. 施工组织

施工时应合理安排施工组织计划，尽早填筑填土路堤，以使路堤在施工期间的动荷载和土体自重荷载作用下及早完成压缩沉降，尽可能使路堤在铺筑路面前能经受较长时间的沉降变形，避免过大的工后沉降使路面遭受破坏。同时应进行动态的观测研究，及时处理施工过程中出现的问题，进一步总结经验，确保工程安全和使用周期。

施工中应综合考虑路基工程、路面工程、交通工程及沿线设施的衔接。结构物施工时应做好波形梁护栏、混凝土基础等。

5. 土工材料技术标准

(1)全线构造物上采用的复合土工膜（一布一膜），按中华人民共和国国家标准《土工合成材料非织造复合土工膜》（GB/T 17642—98），须使用强度高，防老化的产品。技术指标为：单位面积质量700g/m^2，膜材厚度0.30mm，断裂强度12.0kN/m，CBR顶破强度2.20kN，耐静水压规定值0.50MPa，撕破强度0.40kN。

(2)土工布，按中华人民共和国交通行业标准《公路工程土工合成材料等九项》（JT/T 513～521—2004）中的短纤针刺非织造土工布，须使用强度高，防老化的产品。技术指标为：单位面积质量350g/m^2，厚度为2.7mm，纵横向断裂强度≥11kN/m，断裂伸长率30%～

80％，CBR 顶破强度≥1.8kN，纵横向撕破强度≥0.28kN。

本说明未尽事宜施工时可参照有关规范、规程执行。

六、动态设计及监控方案

对于本项目的防护基础，若地质情况与设计不符或根据边坡实际地质情况认为设计有安全隐患时，应及时与设计部门联系，会同设计部门进行处理，做到动态施工，动态设计，务必确保施工安全。特别对于施工时库区水位高于原地面的填方路基，应设置观测站，严格监测土体位移、变形情况。

本项目填方边坡较高，且部分路段施工时处于水位以下，施工前应制订合理的施工方案，施工时应及时核对地质情况，并对边坡进行动态监测，及时分析处理检测数据。若发现地质或其他情况（如地下水等）变化较大时，应及时上报，确定合理的处置方案。施工单位要有较强的施工技术和经验，要有预见问题和分析问题的能力，随时掌握施工工程中可能出现问题的动向，加大安全投入，把安全隐患消灭在萌芽状态。

鉴于地质构造及地质水文的复杂性和变异性，施工中须根据具体情况，及时核对设计区段的地质资料和设计参数，设计部门要进行必要的跟踪服务，适时指导施工。如在施工中遇到与设计资料不符的情况，施工单位应会同有关人员进行认真核对，并及时反馈给设计部门，进行必要的变更，使设计更加符合实际的地质情况，使其达到经济合理、安全可靠。

七、部分图表

部分图表见图 10.3～图 10.8、表 10.9～表 10.13。

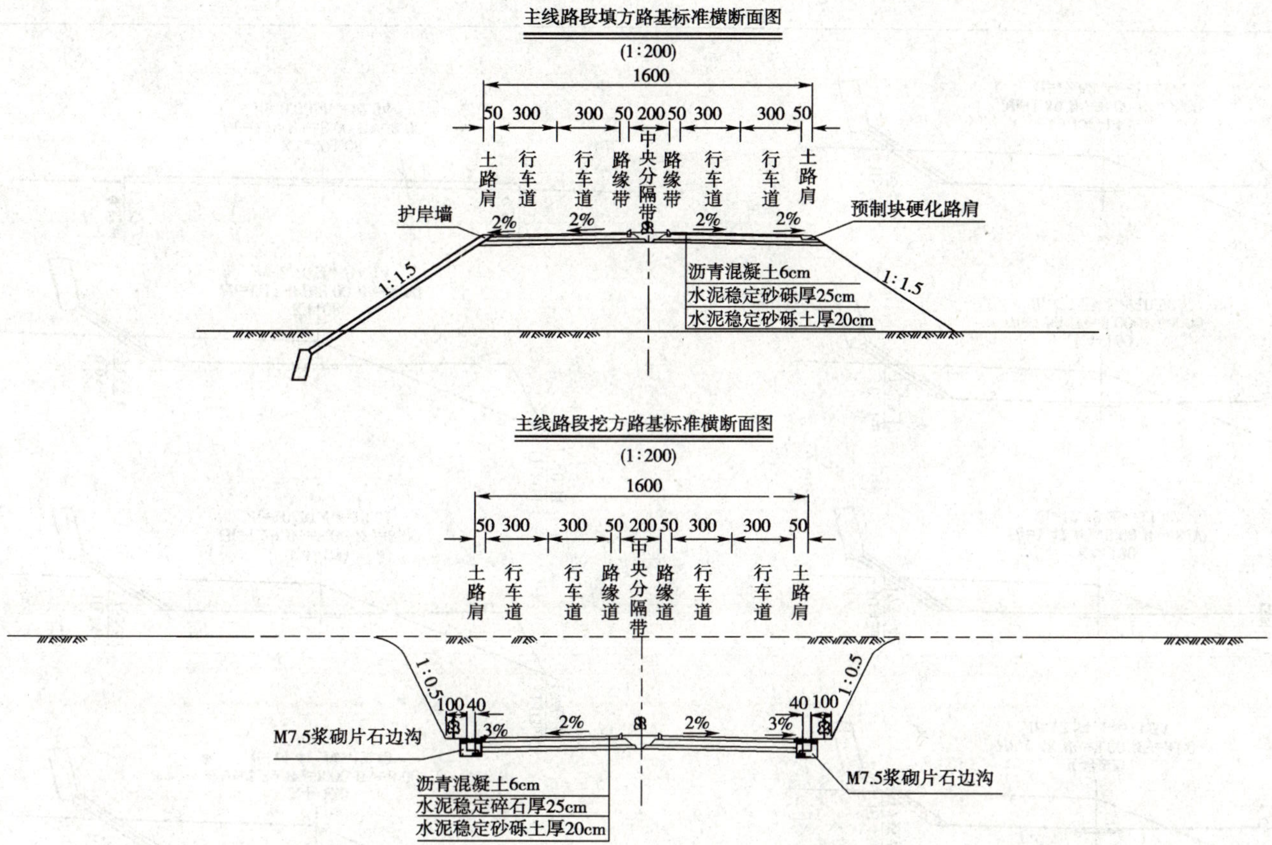

附注：

1.本图尺寸均以cm计，比例1:200。
2.图中边沟、护岸墙、中央分隔带等的具体形式详见本设计文件的有关部分。
3.本图适用于路段填、挖方标准横断面。

路基标准横断面图	设计		复核		审核		图号	SⅢ-X

图 10.3

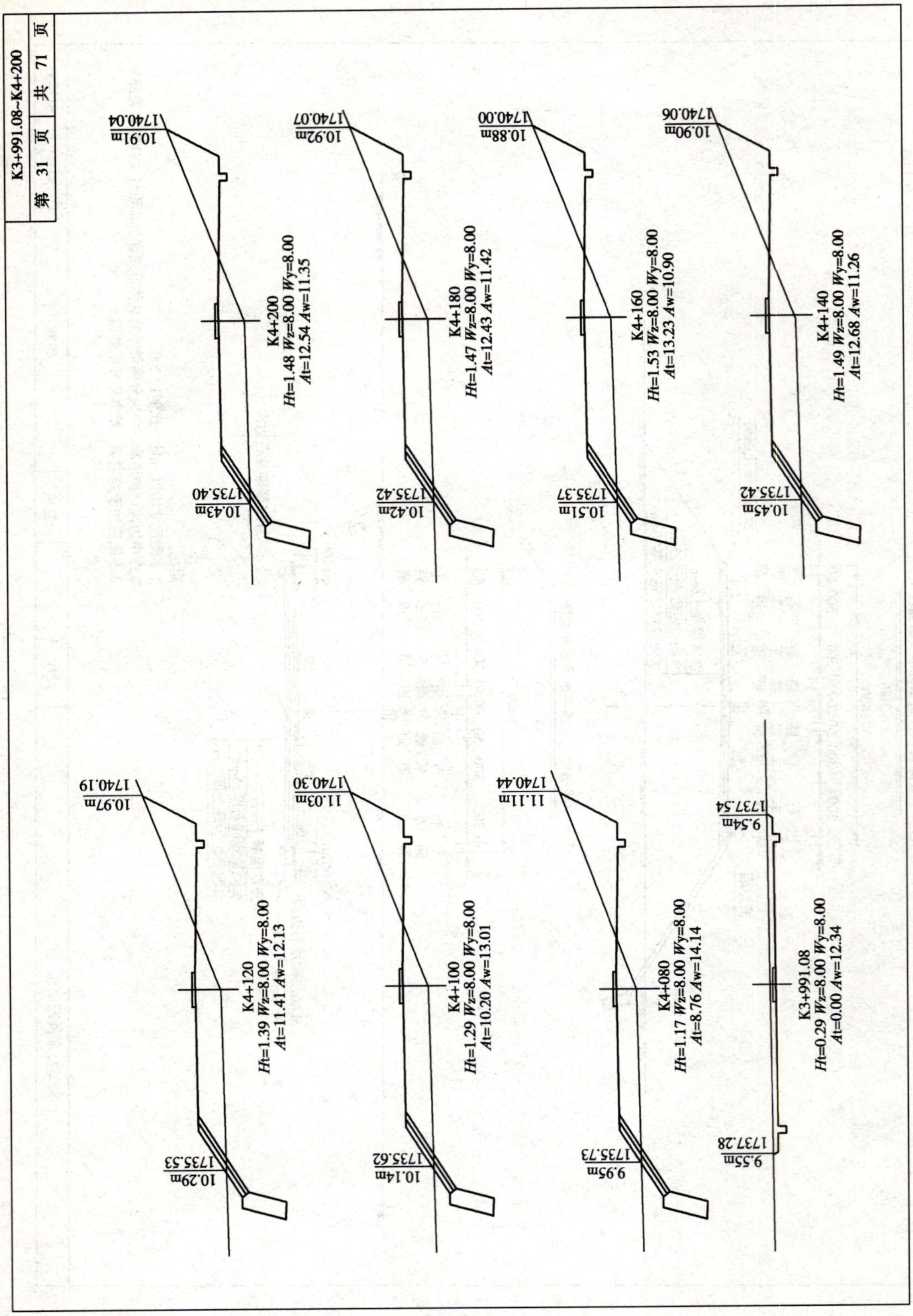
K3+991.08~K4+200
第 31 页 共 71 页
K4+200
Ht=1.48 Wz=8.00 Wy=8.00
At=12.54 Aw=11.35
10.91m
1740.04
10.43m
1735.40
K4+180
Ht=1.47 Wz=8.00 Wy=8.00
At=12.43 Aw=11.42
10.92m
1740.07
10.42m
1735.42
K4+160
Ht=1.53 Wz=8.00 Wy=8.00
At=13.23 Aw=10.90
10.88m
1740.00
10.51m
1735.37
K4+140
Ht=1.49 Wz=8.00 Wy=8.00
At=12.68 Aw=11.26
10.90m
1740.06
10.45m
1735.42
K4+120
Ht=1.39 Wz=8.00 Wy=8.00
At=11.41 Aw=12.13
10.97m
1740.19
10.29m
1735.53
K4+100
Ht=1.29 Wz=8.00 Wy=8.00
At=10.20 Aw=13.01
11.03m
1740.30
10.14m
1735.62
K4+080
Ht=1.17 Wz=8.00 Wy=8.00
At=8.76 Aw=14.14
11.11m
1740.44
9.95m
1735.73
K3+991.08
Ht=0.29 Wz=8.00 Wy=8.00
At=0.00 Aw=12.34
9.54m
1737.54
9.55m
1737.28

图 10.4

护岸标准横断面一

1:100

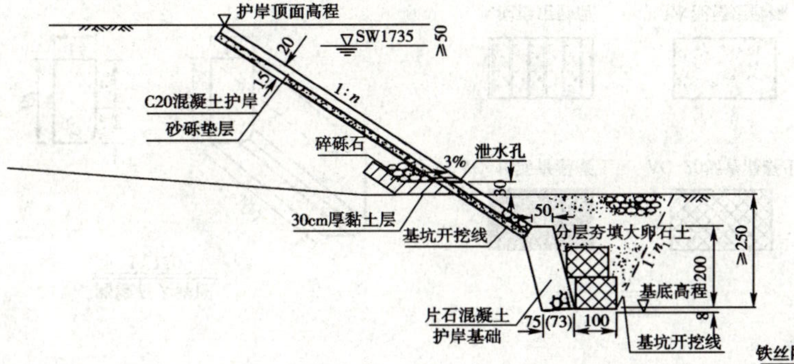

护岸及基础大样图一

1:50

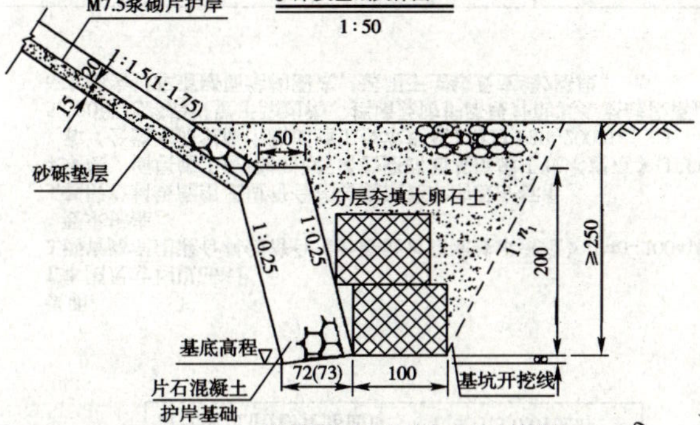

(注:括号内为边坡坡率1:1.75时情况)

单个石笼立体图

1:50

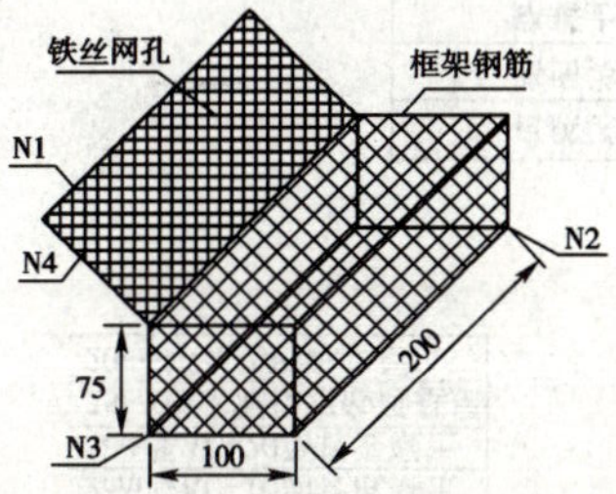

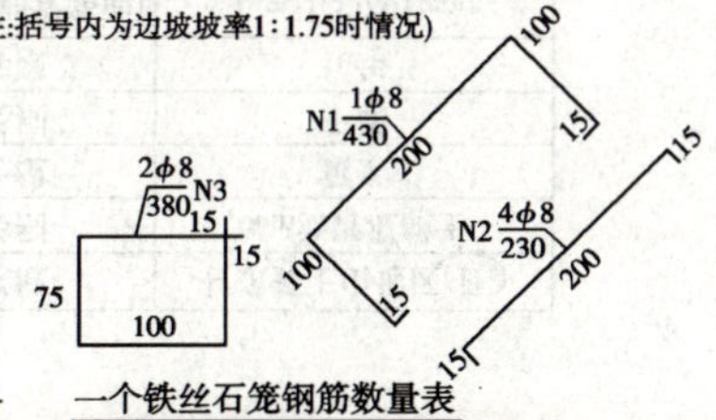

每延米护岸工程数量表(基础为2m)

护坡高度H(m)		2.0	2.5	3.0	3.5	4.0	4.5	5.0	5.5	6.0
C20混凝土护岸 (m^3)	n=1.5	0.72	0.9	1.08	1.26	1.44	1.62	1.81	1.98	2.17
	n=1.75	0.81	1.01	1.21	1.41	1.61	1.82	2.02	2.22	2.42
片石混凝土护岸基础 (m^3)	n=1.5	1.526								
	n=1.75	1.491								
砂砾垫层 (m^3)	n=1.5	0.55	0.69	0.82	0.96	1.10	1.23	1.37	1.50	1.64
	n=1.75	0.62	0.77	0.92	1.07	1.22	1.37	1.52	1.67	1.83
沥青麻絮伸缩缝 (m^2/道)	n=1.5	1.59	1.78	1.95	2.14	2.31	2.5	2.68	2.86	3.04
	n=1.75	1.66	1.86	2.06	2.26	2.46	2.67	2.87	3.07	3.27

一个铁丝石笼钢筋数量表

钢筋编号	直径(mm)	长度(cm)	根数(根)	总长(cm)	钢筋重量(kg)
N1	ϕ8	430	1	430	1.70
N2	ϕ8	230	4	920	3.63
N3	ϕ8	380	2	760	3.0
N4	ϕ3			12267	6.76

附注:

1.本图尺寸除注明者外,其余均以cm计。

2.此图适用于差距离河道较近,因水流冲刷危及路基安全,在原河坎河堤处设置护岸,图中SW为设计洪水位,H为护岸高度,1:n为护岸面坡坡度,1:n_1为基坑开挖坡度,当基坑土质为砂砾土时,n_1=0.75;当土质为黄(黏)土时,n_1=0.5。

3.护岸坡面需尽量与自然坡面平齐。护岸每隔10~15m设置一道伸缩缝,缝宽2cm,用沥青麻絮填塞。为排除护岸面层背后可能的积水,在护岸中下部设置交错排列的泄水孔,间距2~3m,底部泄水孔高出地面(或常水位)30cm,护岸泄水孔进口处用碎砾石做成反滤层,基厚度不小于30cm。

4.护岸注意与两侧土坎的衔接,两侧嵌入土体不小于2.0m,河流冲刷路段,基础应置于最大冲刷下不小于1m,若基底为岩石应嵌入新鲜岩面不小于0.5m。

5.水下施工时应做围堰,排于基坑范围内以便施工,施工前做好排水及其他安全生产的工作,避免在汛期施工,施工完成后应拆除临时工程,保证河道畅通。

护岸墙设计通用图	设计		复核		审核		图号	SⅢ-X

图 10.5

路面结构设计图 I

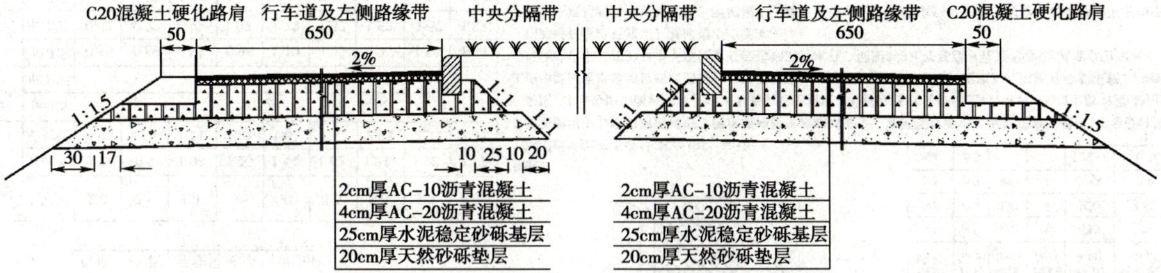

自然区域	甘东黄土山地区($Ⅲ_3$)
路面类别	6cm沥青混凝土
路基土组	黄土
干湿类别	干燥
设计年限	10年
设计弯沉值(沥青路面)	L_R=51.3(0.01mm)

路缘石大样图

1∶150

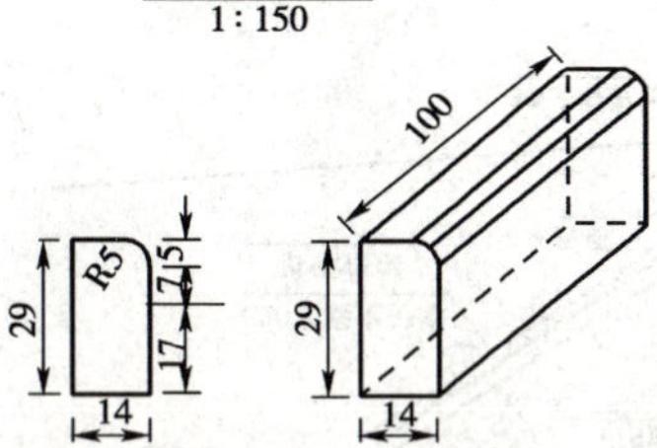

图例

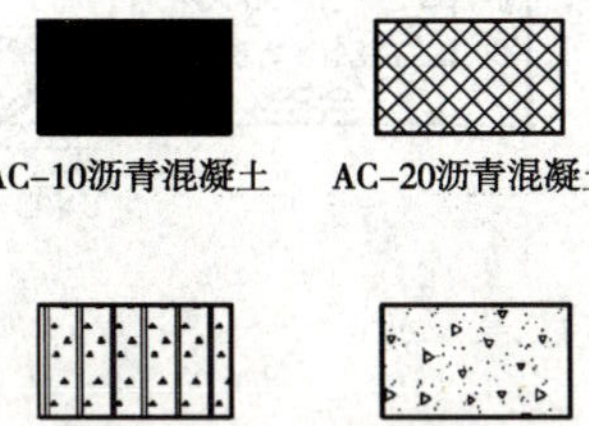

说明:
1.本图尺寸均以cm计。
2.沥青路面用混合料须符合《公路沥青路面技术规范》(F40-2004)相关级配要求标准。
3.基层粒料级配组成应符合相关规范要求的级配标准。
4.基层、面层施工应严格执行《公路路面基层施工技术规范》(JTJ 034-2000)和《公路水泥混凝土路面施工技术规范》(JTJ F30-2003)。
5.C20硬化路肩设置于除边沟、挡墙及防护路段外的其余路线段落。
6.本图为行车道路面结构图式，适用于主线及支线2路段。

路面结构方案图	设计		复核		审核		图号	SⅢ-X

图 10.6

边沟

1 : 40

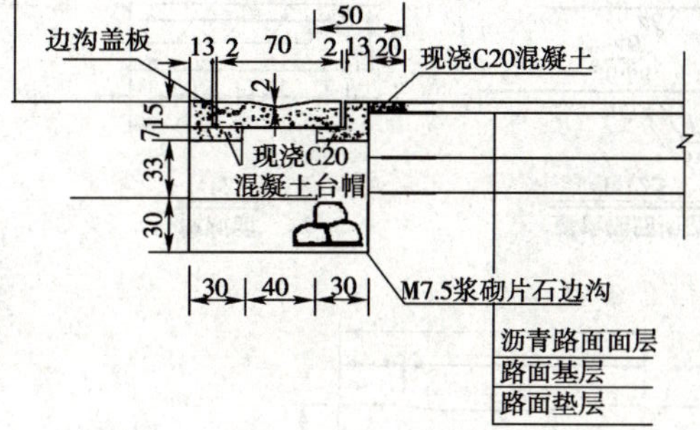

每10延米工程数量表

工程名称	拆除原硬化路肩圬工体积(m^3)	现浇C20混凝土(m^3)	复合土工膜一布一膜(m^2/处)	M7.5水泥砂浆(m^3)	现浇C20混凝土边沟(m^3)	片石混凝土边沟(m^3)	片石混凝土护肩(m^3)	沥青麻絮伸缩缝(m^2/道)	人工开挖土方(m^3)	人工夯填土方(m^3)	M7.5浆砌片石M10水泥砂浆勾缝(m^3)	M10水泥砂浆抹面(厚2cm)(m^2)
边沟		0.81	5.40					0.50	8.49		4.98	

附注：
1.图中尺寸均以cm计。
2.施工时注意水流方向和沟底纵坡，沟底纵坡一般不小于0.3%，若与沟底错台可适当调整沟底高程，以确保水流通畅。
3.边沟每5m设一道伸缩缝，采用沥青麻絮填塞。

边沟设计图	设计		复核		审核		图号	SⅢ-X

图 10.7

C型矩形边沟盖板构造设计图

边沟盖板立面
1:12.5

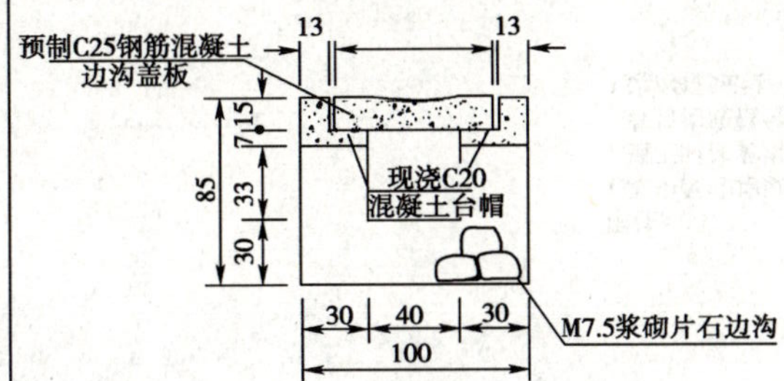

平面
1:12.5

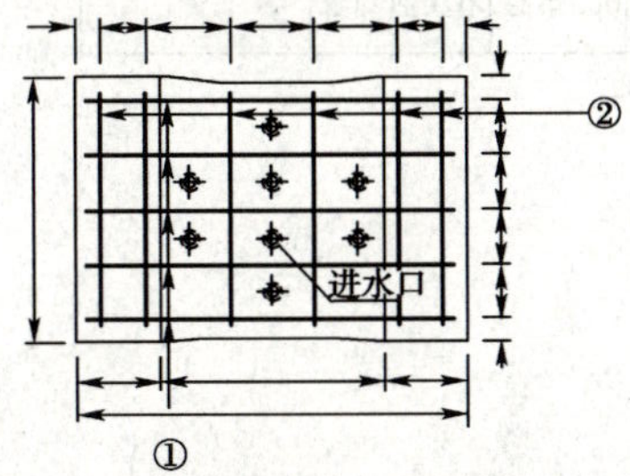

纵断面
1:12.5

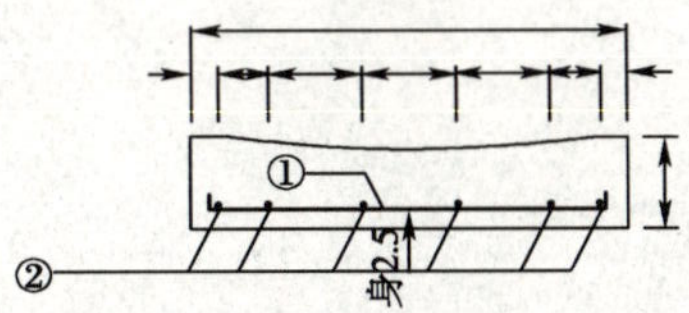

横断面
1:12.5

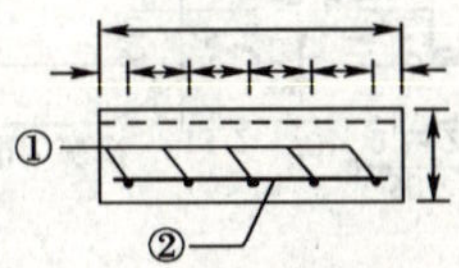

边沟盖板纵断面
1:12.5

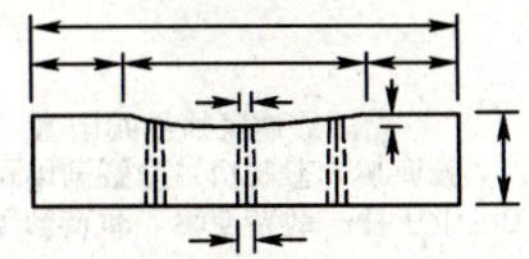

边沟盖板平面图
1:12.5

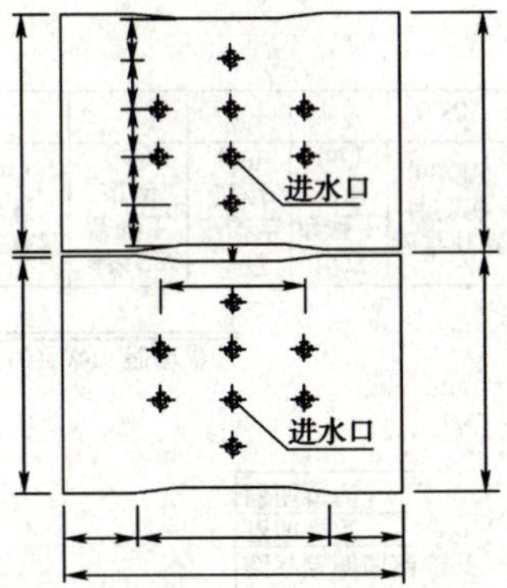

盖板钢筋构造图
1:12.5

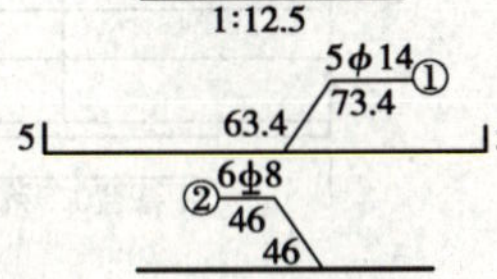

一块盖板材料总表

编号	钢筋直径(mm)	每根长度(cm)	数量(根)	总长(m)	共重(kg)	总重(kg)	预制板体积(m^3)	安装重量(t)
1	φ14	73.4	5	3.67	4.44	5.53	0.050	0.121
2	φ8	46	6	2.76	1.09			

每延米边沟盖板工程数量表

工程项目		单位	数量
预制C25盖板	混凝土	m^3	0.10
	R235钢筋	kg	2.18
	HRB335钢筋	kg	8.88

附注：
1.本图尺寸除钢筋直径以mm计外，其余均以cm计。
2.本图适用于矩形边沟。
3.相邻边沟盖板间用M10砂浆砌缝，砌缝宽1cm。

边沟盖板设计图	设计		复核		审核		图号	GⅢ-X

图 10.8

路基土石方数量计算表

表 10.9

桩号	横断面积 (m²)			距离 (m)	挖方分类及数量 (m³)													填方数量 (m³)			利用方数量及调配 (m³)							借方数量 (m²) 及运距 (km)		弃方数量 (m²) 及运距 (km)		总运量 (m²·km)		备注
	挖	填			总数量	土						石									本桩利用		填缺		挖余		远运利用纵向调配示意							
						Ⅰ		Ⅱ		Ⅲ		Ⅳ		Ⅴ		Ⅵ																		
		土	石			%	数量	%	数量	%	数量	%	数量	%	数量	%	数量	土	校正土方	石	土	石	土	石	土	石		土	石	土	石	土	石	
K0+420	71.9			20.0	1458.1	20	291.6	60	874.9	20	291.6														1458.1									
K0+440	73.9			20.0	1575.7	20	315.1	60	945.4	20	315.1														1575.7									
K0+460	83.7			20.0	1754.4	20	350.9	60	1052.6	20	350.9														1754.4									
K0+480	91.8			20.0	1787.9	20	357.6	60	1072.7	20	357.6														1787.9									
K0+500	87.0			9.0	818.1	20	163.6	60	490.8	20	163.6														818.1									
K0+509	94.8			11.0	536.8	20	107.4	60	322.1	20	107.4							72.0	75.6		75.6				461.2									
K0+520	2.8	13.1		20.0	69.0	20	13.8	60	41.4	20	13.8							142.0	149.1		69.0		80.1											
K0+540	4.1	1.1		7.0	41.4	20	8.3	60	24.8	20	8.3							5.0	5.3		5.3				36.1									
K0+547	7.7	0.3		13.0	405.9	20	81.2	60	243.5	20	81.2							2.1	2.2		2.2				403.7									
K0+560	54.7			20.0	1354.5	20	270.9	60	812.7	20	270.9														1354.5									
K0+580	80.7			8.0	324.3	20	64.9	60	194.6	20	64.9							8.1	8.5		8.5				315.8									
K0+588	0.3	2.0		12.0	21.3	20	4.3	60	12.8	20	4.3							63.2	66.4		21.3		45.0											
K0+600	3.2	8.5		8.0	44.0	20	8.8	60	26.4	20	8.8							34.1	35.8		35.8				8.2									
K0+608	7.8	0.0		1.0	58.6	20	11.7	60	35.2	20	11.7							0.0	0.0		0.0				58.6									
K0+609	109.4			11.0	1153.7	20	230.7	60	692.2	20	230.7														1153.7									
K0+620	100.3			20.0	1855.6	20	371.1	60	1113.3	20	371.1														1855.6									
K0+640	85.2			3.0	261.6	20	52.3	60	157.0	20	52.3														261.6									
K0+643	89.2			4.0	346.6	20	69.3	60	208.0	20	69.3														346.6									
K0+647	84.2			13.0	1377.7	20	275.5	60	826.6	20	275.5														1377.7									
K0+660	127.8			15.0	2024.0	20	404.8	60	1214.4	20	404.8														2024.0									
K0+675	142.1			3.0	362.0	20	72.4	60	217.2	20	72.4														362.0									
K0+678	99.2				17631.2		3526.2		10578.7		3526.2							326.5	342.9		217.7		125.1		17413.4									
小计																																		

路基防护工程数量表

表 10.10

序号	起讫桩号	工程名称	位置	长度(m)	主要结构尺寸	工程项目及数量													备注
						M7.5浆砌片石M10砂浆勾缝(m^3)	M7.5浆砌片石(m^3)	M10水泥砂浆抹面(m^2)	C20现浇片石混凝土(m^3)	C20现浇混凝土(m^3)	沥青麻絮伸缩缝(m^2)	φ100PE管(m)	透水土工布(m^2)	复合土工膜(m^2)	墙背回填砂砾土(m^3)	干处开挖基坑土方(m^3)	湿处开挖基坑土方(m^3)	草麻袋围堰(高4m)(m)	
1	K3+370~K3+510	仰斜式路肩墙	右	140					4088.4	35.0	159.0	203.0	8.7	34.8	4550		573.9	280.0	
2																			
3																			
4																			
5																			
6																			
7																			
8																			
9																			
10																			
11																			
12																			
13																			
14																			
15																			
16																			
17																			
18																			
19																			
20																			
21																			
22																			
23																			
24																			
	小计			140		0.0	0.0	0.0	4088.4	35.0	159.0	203.0	8.7	34.8	4550	0.0	573.9	280.0	

编制： 复核： 审核：

路基防护工程数量表

表 10.11

序号	起讫桩号	工程名称	位置	主要尺寸及说明	长度(m)	采用图纸编号	工程项目及数量								备注
							C20 混凝土护岸(m^3)	C20 片石混凝土护岸基础(m^3)	砂砾垫层(m^3)	沥青麻絮伸缩缝(m^2)	片石(m^2)	铁丝石笼钢筋(m^2)	夯填卵石土(m^3)	湿处开挖土方(m^3)	
1	K2 +260 ~ K2 +360	护岸墙	左	墙高 2.5m,埋深 2.5m,厚度 0.2m	100		90	152.6	69	16.02	150	1509	488	787	护岸墙施工时应尽量选在库区枯水期(6 ~ 8 月),以便施工;如在其它时间或水位线位于路基坡脚以上时,施工需设置围堰,工程量暂未计入
2	K2 +360 ~ K2 +920	护岸墙	左	墙高 5.0m,埋深 2.5m,厚度 0.2m	560		1013.6	854.56	767.2	147.4	840	8450.4	2732.8	4407	
3	K2 +940 ~ K3 +000	护岸墙	左	墙高 5.0m,埋深 2.5m,厚度 0.2m	60		108.6	91.56	82.2	13.4	90	905.4	292.8	472	
4	K3 +990 ~ K4 +240	护岸墙	左	墙高 2.0m,埋深 2.5m,厚度 0.2m	250		180	381.5	137.5	38.16	375	3772.5	1220	1968	
5	K4 +240 ~ K4 +450	护岸墙	左	墙高 3.5m,埋深 2.5m,厚度 0.2m	210		264.6	320.46	201.6	42.8	315	3168.9	1024.8	1653	
6	K4 +500 ~ K4 +595	护岸墙	左	墙高 2.5m,埋深 2.5m,厚度 0.2m	95		85.5	144.97	65.55	15.13	142.5	1433.6	463.6	748	
7	K4 +800 ~ K5 +510	护岸墙	左	墙高 5.5m,埋深 2.5m,厚度 0.2m	710		1405.8	1083.46	1065	200.2	1065	10714	3464.8	5588	
8	K5 +610 ~ K5 +730	护岸墙	左	墙高 6.0m,埋深 2.5m,厚度 0.2m	120		260.4	183.12	196.8	33.44	180	1810.8	585.6	944	
9															
10															
11															
12															
13															
14															
15															
16															
17															
18															
19															
20															
21															
	合计				2105		3408.5	3212.23	2584.85	506.55	3157.5	31764	10272	16566	

编制： 复核： 审核：

路面工程数量表

表 10.12

序号	起讫桩号	路面						行车道及路缘带工程数量					中央分隔带		C20 混凝土硬化路肩	备注
		铺筑长度	图纸	厚度(cm)				加宽面积	天然砂砾垫层	水泥稳定砂砾基层	AC-20 沥青混凝土下面层	AC-10 沥青混凝土上面层	中央分隔带培土	C25 混凝土路缘石	C20 混凝土硬化路肩	
		(m)	编号	垫层	基层	下面层	上面层	($1000m^2$)	($1000m^2$)	($1000m^2$)	($1000m^2$)	($1000m^2$)	(m^3)	(m^3)	(m^3)	
1	2	3	4	5	6	7	8	9	10	11	12	13	15	16	17	18
1	K0+000 ~ K8+340	8340	SⅢ-X	20	25	4	2	0	126.27	119.93	108.42	108.42	1771.42	638.04	1043.52	主线
2	K0+000 ~ K1+120	1120	SⅢ-X	20	25	4	2	0	16.96	16.11	14.56	14.56	237.89	87.36	206.40	支线 2
合计		9460							143.23	136.04	122.98	122.98	2009.31	725.40	1249.92	

编制：　　　　复核：　　　　审核：

表 10.13

排水工程数量表

序号	起讫桩号	工程名称	采用图纸编号	位置	长度（m）	现浇 C20 混凝土（m^3）	复合土工膜一布一膜（m^2/处）	现浇 C20 片石混凝土（m^3）	沥青麻絮伸缩缝（m^2/道）	人工开挖土方（m^3）	人工夯填土方（m^3）	M7.5 浆砌片石 M10 水泥砂浆勾缝（m^3）	预制 C25 盖板混凝土（m^3）	R235 钢筋（kg）	HRB335 钢筋（kg）	备注
A	B	C	D	E	F	H	I	J	K	L	M	N	O	P	Q	R
1	K0 +120 ~ K0 +580	边沟	GⅢ – X	左、右	920	74.5	496.8		46.0	781.1		458.2	92.0	2005.6	8169.6	
2	K0 +610 ~ K0 +710	边沟	GⅢ – X	左、右	200	16.2	108.0		10.0	169.8		99.6	20.0	436.0	1776.0	
3	K0 +740 ~ K0 +810	边沟	GⅢ – X	左、右	140	11.3	75.6		7.0	118.9		69.7	14.0	305.2	1243.2	
4	K0 +810 ~ K0 +826	边沟	GⅢ – X	左	16	1.3	8.6		0.8	13.6		8.0	1.6	34.9	142.1	
5	K0 +855 ~ K0 +865	边沟	GⅢ – X	右	10	0.8	5.4		0.5	8.5		5.0	1.0	21.8	88.8	
6	K1 +360 ~ K1 +700	边沟	GⅢ – X	右	340	27.5	183.6		17.0	288.7		169.3	34.0	741.2	3019.2	
7	K3 +550 ~ K3 +990	边沟	GⅢ – X	左、右	880	71.3	475.2		44.0	747.1		438.2	88.0	1918.4	7814.4	
8	K3 +990 ~ K4 +300	边沟	GⅢ – X	左	310	25.1	167.4		15.5	263.2		154.4	31.0	675.8	2752.8	
9																
10																
11																
12																
13																
14																
15																
16																
17																
18																
19																
20																
21																
22																
23																
24																
25																
合计					2816.0	228.1	1520.6	0.0	140.8	2390.8	0.0	1402.4	281.6	6138.9	25006.1	

编制：　　　　　　复核：　　　　　　审核：

参 考 文 献

[1] 王明怀. 高等级公路施工技术与管理[M]. 北京:人民交通出版社,2000.

[2] 杨文渊,钱绍武. 道路施工工程师手册[M]. 北京:人民交通出版社,2003.

[3] 何挺继. 公路机械化施工手册[M]. 北京:人民交通出版社,2003.

[4] 宋金华. 道路施工技术与管理[M]. 北京:中国建材工业出版社,2005.

[5] 孙重光,贺晓红. 公路施工材料手册[M]. 北京:人民交通出版社,2002.

[6] 粟振锋,李素梅,等. 路基路面工程[M]. 北京:人民交通出版社,2006.

[7] 何兆益,杨锡武. 路基路面工程(上)[M]. 重庆:重庆大学出版社,2010.

[8] 于国锋. 路基工程施工. [M]. 北京:人民交通出版社,2009.

[9] 刘志. 路基施工技术[M]. 北京:人民交通出版社,2011.

[10] 俞高明,杨仲元. 公路施工技术[M]. 北京:人民交通出版社,2009.

[11] 付清华,费月英. 公路工程 [M]. 成都:西南交大出版社,2009.

[12] 中华人民共和国行业标准. JTG B01—2003 公路工程技术标准[S]. 北京:人民交通出版社,2004.

[13] 中华人民共和国行业标准. JTG D30—2004 公路路基设计规范[S]. 北京:人民交通出版社,2004.

[14] 中华人民共和国行业标准. JTG F10—2006 公路路基施工技术规范[S]. 北京:人民交通出版社,2006.

[15] 中华人民共和国行业标准. JTG E40—2007 公路土工试验规程[S]. 北京:人民交通出版社,2007.

[16] 中华人民共和国行业标准. JTG F80/1—2004 公路工程质量检验评定标准[S]. 北京:人民交通出版社,2004.

公路工程现行标准、规范、规程、指南一览表

（2015年7月版）

序号	类别		编　　号	书名(书号)	定价(元)
1	基础		JTG A02—2013	公路工程行业标准制修订管理导则(10544)	15.00
2			JTG A04—2013	公路工程标准编写导则(10538)	20.00
3			JTJ 002—87	公路工程名词术语(0346)	22.00
4			JTJ 003—86	公路自然区划标准(0348)	16.00
5			JTG B01—2014	公路工程技术标准(活页夹版,11814)	98.00
6			JTG B01—2014	公路工程技术标准(平装版,11829)	68.00
7			JTG B02—2013	公路工程抗震规范(11120)	45.00
8			JTG/T B02-01—2008	公路桥梁抗震设计细则(1228)	35.00
9			JTG B03—2006	公路建设项目环境影响评价规范(0927)	26.00
10			JTG B04—2010	公路环境保护设计规范(08473)	28.00
11			JTG/T B05—2004	公路项目安全性评价指南(0784)	18.00
12			JTG B05-01—2013	公路护栏安全性能评价标准(10992)	30.00
13			JTG B06—2007	公路工程基本建设项目概算预算编制办法(06903)	26.00
14			JTG/T B06-01—2007	★公路工程概算定额(06901)	110.00
15			JTG/T B06-02—2007	★公路工程预算定额(06902)	138.00
16			JTG/T B06-03—2007	★公路工程机械台班费用定额(06900)	24.00
17			交通部定额站2009版	公路工程施工定额(07864)	78.00
18			JTG/T B07-01—2006	公路工程混凝土结构防腐蚀技术规范(0973)	16.00
19			交通部2007年第30号	国家高速公路网相关标志更换工作实施技术指南(1124)	58.00
20			交通部2007年第35号	收费公路联网收费技术要求(1126)	62.00
21			JTG B10-01—2014	公路电子不停车收费联网运营和服务规范(11566)	30.00
22			交通运输部2011年	公路工程项目建设用地指标(09402)	36.00
23	勘测		JTG C10—2007	★公路勘测规范(06570)	28.00
24			JTG/T C10—2007	★公路勘测细则(06572)	42.00
25			JTG C20—2011	公路工程地质勘察规范(09507)	65.00
26			JTG/T C21-01—2005	公路工程地质遥感勘察规范(0839)	17.00
27			JTG/T C21-02—2014	公路工程卫星图像测绘技术规程(11540)	25.00
28			JTG/T C22—2009	公路工程物探规程(1311)	28.00
29			JTG C30—2015	公路工程水文勘测设计规范(12063)	70.00
30	设计	公路	JTG D20—2006	★公路路线设计规范(0996)	38.00
31			JTG/T D21—2014	公路立体交叉设计细则(11761)	60.00
32			JTG D30—2015	公路路基设计规范(12147)	98.00
33			JTG/T D31—2008	沙漠地区公路设计与施工指南(1206)	32.00
34			JTG/T D31-02—2013	公路软土地基路堤设计与施工技术细则(10449)	40.00
35			JTG/T D31-03—2011	★采空区公路设计与施工技术细则(09181)	40.00
36			JTG/T D31-04—2012	多年冻土地区公路设计与施工技术细则(10260)	40.00
37			JTG/T D32—2012	公路土工合成材料应用技术规范(09908)	42.00
38			JTG D40—2011	★公路水泥混凝土路面设计规范(09463)	40.00
39			JTG D50—2006	★公路沥青路面设计规范(06248)	36.00
40			JTG/T D33—2012	公路排水设计规范(10337)	40.00
41		桥隧	JTG D60—2004	公路桥涵设计通用规范(05068)	24.00
42			JTG/T D60-01—2004	公路桥梁抗风设计规范(0814)	28.00
43			JTG D61—2005	公路圬工桥涵设计规范(0887)	19.00
44			JTG D62—2004	公路钢筋混凝土及预应力混凝土桥涵设计规范(05052)	48.00
45			JTG D63—2007	公路桥涵地基与基础设计规范(06892)	48.00
46			JTJ 025—86	公路桥涵钢结构及木结构设计规范(0176)	20.00
47			JTG/T D65-01—2007	公路斜拉桥设计细则(1125)	28.00
48			JTG/T D65-04—2007	公路涵洞设计细则(06628)	26.00
49			JTG D70—2004	公路隧道设计规范(05180)	50.00
50			JTG/T D70—2010	★公路隧道设计细则(08478)	66.00
51			JTG D70/2—2014	公路隧道设计规范　第二册　交通工程与附属设施(11543)	50.00
52			JTG/T D70/2-01—2014	公路隧道照明设计细则(11541)	35.00
53			JTG/T D70/2-02—2014	公路隧道通风设计细则(11546)	70.00
54		交通工程	JTG D80—2006	高速公路交通工程及沿线设施设计通用规范(0998)	25.00
55			JTG D81—2006	★公路交通安全设施设计规范(0977)	25.00
56			JTG/T D81—2006	★公路交通安全设施设计细则(0997)	35.00
57			JTG D82—2009	公路交通标志和标线设置规范(07947)	116.00
58		综合	交公路发〔2007〕358号	公路工程基本建设项目设计文件编制办法(06746)	26.00
59			交公路发〔2007〕358号	公路工程基本建设项目设计文件图表示例(06770)	600.00

续上表

序号	类别		编　　号	书名(书号)	定价(元)
60	检测		JTG E20—2011	公路工程沥青及沥青混合料试验规程(09468)	106.00
61			JTG E30—2005	公路工程水泥及水泥混凝土试验规程(0830)	32.00
62			JTG E40—2007	★公路土工试验规程(06794)	79.00
63			JTG E41—2005	公路工程岩石试验规程(0828)	18.00
64			JTG E42—2005	公路工程集料试验规程(0829)	30.00
65			JTG E50—2006	★公路工程土工合成材料试验规程(0982)	28.00
66			JTG E51—2009	公路工程无机结合料稳定材料试验规程(08046)	48.00
67			JTG E60—2008	公路路基路面现场测试规程(07296)	38.00
68			JTG/T E61—2014	公路路面技术状况自动化检测规程(11830)	25.00
69	施工	公路	JTG F10—2006	公路路基施工技术规范(06221)	40.00
70			JTG/T F20—2015	公路路面基层施工技术细则(12367)	45.00
71			JTG/T F30—2014	公路水泥混凝土路面施工技术细则(11244)	60.00
72			JTG/T F31—2014	公路水泥混凝土路面再生利用技术细则(11360)	30.00
73			JTG F40—2004	公路沥青路面施工技术规范(05328)	38.00
74			JTG F41—2008	公路沥青路面再生技术规范(07105)	25.00
75		桥隧	JTG/T F50—2011	★公路桥涵施工技术规范(09224)	110.00
76			JTG/T F81-01—2004	公路工程基桩动测技术规程(0783)	20.00
77			JTG F60—2009	公路隧道施工技术规范(07992)	42.00
78			JTG/T F60—2009	公路隧道施工技术细则(07991)	58.00
79		交通	JTG F71—2006	★公路交通安全设施施工技术规范(0976)	20.00
80			JTG/T F72—2011	公路隧道交通工程与附属设施施工技术规范(09509)	35.00
81	质检安全		JTG F80/1—2004	公路工程质量检验评定标准　第一册　土建工程(05327)	46.00
82			JTG F80/2—2004	公路工程质量检验评定标准　第二册　机电工程(05325)	26.00
83			JTG G10—2006	公路工程施工监理规范(06267)	20.00
84			JTG F90—2015	公路工程施工安全技术规程(12138)	68.00
85	养护管理		JTG H10—2009	公路养护技术规范(08071)	49.00
86			JTJ 073.1—2001	公路水泥混凝土路面养护技术规范(0520)	12.00
87			JTJ 073.2—2001	公路沥青路面养护技术规范(0551)	13.00
88			JTG H11—2004	公路桥涵养护规范(05025)	30.00
89			JTG H12—2015	公路隧道养护技术规范(12062)	60.00
90			JTG H20—2007	公路技术状况评定标准(1140)	15.00
91			JTG/T H21—2011	★公路桥梁技术状况评定标准(09324)	46.00
92			JTG H30—2015	公路养护安全作业规程(12234)	90.00
93			JTG H40—2002	公路养护工程预算编制导则(0641)	9.00
94	加固设计与施工		JTG/T J21—2011	公路桥梁承载能力检测评定规程(09480)	20.00
95			JTG/T J22—2008	公路桥梁加固设计规范(07380)	52.00
96			JTG/T J23—2008	公路桥梁加固施工技术规范(07378)	30.00
97	改扩建		JTG/T L11—2014	高速公路改扩建设计细则(11998)	45.00
98			JTG/T L80—2014	高速公路改扩建交通工程及沿线设施设计细则(11999)	30.00
99	造价		JTG M20—2011	公路工程基本建设项目投资估算编制办法(09557)	30.00
100			JTG/T M21—2011	公路工程估算指标(09531)	110.00
1	技术指南		交公便字〔2006〕02 号	公路工程水泥混凝土外加剂与掺合料应用技术指南(0925)	50.00
2			交公便字〔2006〕02 号	公路工程抗冻设计与施工技术指南(0926)	26.00
3			厅公路字〔2006〕418 号	公路安全保障工程实施技术指南(1034)	40.00
4			交公便字〔2009〕145 号	公路交通标志和标线设置手册(07990)	165.00

注:JTG——公路工程行业标准体系;JTG/T——公路工程行业推荐性标准体系;JTJ——仍在执行的公路工程原行业标准体系。

带“★”的表示有勘误,详见中国交通运输标准服务平台 www.yuetong.cn/bzfw。